北京文化通志

城墙与城门卷

孙冬虎 著

北京出版集团
北京出版社

图书在版编目（CIP）数据

北京文化通志. 城墙与城门卷 / 孙冬虎著. — 北京：北京出版社，2025.4
ISBN 978-7-200-18534-8

Ⅰ. ①北… Ⅱ. ①孙… Ⅲ. ①北京—地方史②城墙—介绍—北京 Ⅳ. ①K291②K928.77

中国国家版本馆 CIP 数据核字（2024）第 032936 号

北京文化通志·城墙与城门卷
BEIJING WENHUA TONGZHI·CHENGQIANG YU CHENGMEN JUAN

孙冬虎 著

*

北 京 出 版 集 团
北 京 出 版 社 出版
（北京北三环中路6号）
邮政编码：100120

网　　址：www.bph.com.cn
北 京 出 版 集 团 总 发 行
新 华 书 店 经 销
北京华联印刷有限公司印刷

*

880 毫米 ×1230 毫米　32 开本　12.625 印张　319 千字
2025 年 4 月第 1 版　2025 年 4 月第 1 次印刷
ISBN 978-7-200-18534-8
定价：98.00 元
如有印装质量问题，由本社负责调换
质量监督电话：010-58572393
编辑部电话：010-58572414；发行部电话：010-58572371

目 录

引　言 / 001

一、何处寻觅古蓟城 / 006
　　（一）蓟城始建年代与命名之源 / 006
　　（二）蓟城所在的地理位置 / 019
　　（三）城墙与城门的蛛丝马迹 / 034

二、始为陪都辽南京 / 050
　　（一）延续前代格局的四面城垣 / 051
　　（二）城门设置及其命名缘由 / 063
　　（三）城门决定的城市干道布局 / 078

三、三面展拓金中都 / 083
　　（一）城垣展拓 / 083
　　（二）大城之门 / 097
　　（三）中都遗响 / 117

四、新址崛起元大都 / 134
　　（一）元大都的规划布局和建设 / 135

（二）大都城门命名的文化渊源 / 155
　　（三）历史与文学中的城墙城门 / 176

五、承前启后明北京 / 201
　　（一）洪武元年北墙南缩与城门更名 / 201
　　（二）永乐年间南墙外拓与城门异地同名 / 210
　　（三）洪熙至正统年间的修城与城门定名 / 214
　　（四）嘉靖年间增筑外城确立"凸"字形格局 / 227
　　（五）明代北京皇城的规划与管理 / 242
　　（六）明北京内外城的城门命名之源 / 251
　　（七）兵临城下的激战防守与溃败 / 256
　　（八）明代诗人笔下的北京城墙城门 / 270

六、一仍旧贯清北京 / 287
　　（一）城门更名与皇城管理 / 287
　　（二）《清实录》所见"盛世"城门史事 / 303
　　（三）清代诗词里的北京城门 / 337

七、当时城迹已无多 / 356
　　（一）城墙城门从改造到拆除 / 356
　　（二）城墙城门的文化记忆 / 368

参考书目 / 378

后　记 / 392

引 言

从乡间聚落的壁垒到护卫城市的高墙,在古代都属于"城"的范畴。为使一地免遭外敌入侵,最本能的做法就是筑起尽量高大坚固的围墙,"御敌于国门之外"。墙上事先预留或嗣后增开的洞口供内出外入,这些扼守交通咽喉要路的门户就是城门。战乱的经历告诉人们,一道城墙未必足以御敌,于是修筑了墙外之墙,这就是"郭"或"外城",内、外城并称"城郭"。城门是军事防守的关键所在。古代完备的城门往往配备瓮城和箭楼,共同构成一个彼此协防的体系。都城的城墙与城门当然更有讲究,《周礼·考工记》提出了理想化的都城模式,虽然并未被后世严格遵守,但包括城围幅度、城门设置在内的规划思想,一直是古代礼制的组成部分。再加上八卦、五行、五德、五方、四象、四时、干支等文化观念对城门设置与命名的影响,辅以不同时期的人类活动与文学艺术创作,最终把一部城墙与城门的变迁史装点成了绚丽多彩的专题文化史,北京的城墙与城门就是其中独具特色的文化载体。

北京城墙与城门的变迁及其文化特质的形成，是整个城市发展历程最突出的标志之一。从至少自商代后期就已存在的蓟国之都蓟城到大致在西周后期出现的燕都蓟城，再到汉唐幽州，直至辽南京、金中都，它们相继在古蓟城的旧址之上不断成长，实现了从方国之都、军事重镇到国家陪都与首都的转变。元代另择新址营建大都城，为此后作为统一国家首都的明清北京奠定了基础。明北京尤其具有承前启后的作用，它的城市格局与城门命名不仅被清北京全盘吸收，而且直接影响到当代北京的地理空间与文化脉络。以城址选择、城墙修建、城门设置与命名为核心内容，以历代涉及城墙与城门的人类活动为线索，以存在于诗词与民间文学中的城墙城门为文化镜像，深入探究北京城墙与城门的来龙去脉，追溯历代城门命名的文化渊源，解析或看似寻常、或冷僻深奥的命名语词的内涵与外延，往往可以发现一片崭新的文化天地。在为前贤的绝妙构思拍案惊奇之余，更能领略以北京为典型代表的中国古都文化的博大精深及其当代价值。

北京城墙与城门的变迁，是一个既波澜壮阔又充满遗憾的过程。前者因为它们曾在政治、经济、军事、文化等领域发挥的巨大作用，后者源于它们的物质实体大多已经无可挽回。历史上的是非曲直势必逐渐淡化为过眼云烟，各种文字、绘画、影像成了人们追怀旧时风景的依凭。与北京城墙和城门密切联系在一起的现当代中外学者，有两位最令人感怀。中国建筑学家梁思成先生（1901—1972），为从整体上保护以城墙为标志的北京这个"都市计划的无比杰作"，尽了最大的努力，但终究壮志难酬；瑞典的美术史家奥斯伍尔德·喜仁龙（Osvald Sirén，1879—1966，又作喜龙仁）于20世纪20年代以测绘、拍摄、研究为基础撰写的《北京的城墙和城门》，经侯仁之先生（1911—2013）介绍、宋惕冰与许永全先生翻译，在1985年、2017年先后以不同的面貌回到中国。[①]正如原作者1924年所期望的那样，唤起了学术界与北京历史文化爱好者对已经逝去多年的那些城墙和城门的关注。这里摘引两段，作为引领我们追寻北京城墙与城门的文化轨迹的先导。

梁思成先生指出：

> 北京是在全盘的处理上，完整的表现出伟大的中华民族建筑的传统手法和在都市计划方面的智慧与气魄。这整个的体形环境增强了我们对于伟大的祖先的景仰，对于中华民族文化的骄傲，对于祖国的热爱。北京对我们证明了我们的民族在适应自然、控制自然、改变自然的实践中有着多么光辉的成就。这样一个城市是一个举世无匹的杰作。

---

① ［瑞典］奥斯伍尔德·喜仁龙：《北京的城墙和城门》，许永全译、宋惕冰校，北京燕山出版社1985年版；宋惕冰、许永全译，北京联合出版公司2017年版。

我们承继了这份宝贵的遗产，的确要仔细的了解它——它的发展的历史、过去的任务，同今天的价值。不但对于北京个别的文物，我们要加深认识，且要对这个部署的体系提高理解，在将来的建设发展中，我们才能保护固有的精华，才不至于使北京受到不可补偿的损失。并且也只有深入的认识和热爱北京独立的和谐的整体格调，才能掌握它原有的精神来做更辉煌的发展，为今天和明天服务。①

喜仁龙博士写道：

北京这座城市将五十万以上生命用围墙圈了起来，如果我们把它比作一个巨人的身躯，城门就好像巨人的嘴，其呼吸和说话皆经由此道。全城的生活脉搏都集中在城门处，凡出入城市的生灵万物，都必须经过这些狭窄通道。由此出入的，不仅有大批车辆、行人和牲畜，还有人们的思想和欲望、希望和失意，以及象征死亡或崭新生活的丧礼或婚礼行列。在城门处，你可以感受到全

---

① 梁思成：《北京——都市计划的无比杰作》，《新观察》1951年第2卷第7、8期。

城的脉搏，似乎全城的生命和意志通过这条狭道流动着——这种搏动，赋予北京这一极其复杂的有机体以生命和运动的节奏。……这些门楼一旦毁坏，北京的建筑群就将失去它独具一格、极其迷人的特色。

如果我能够引起人们对北京城墙和城门这些历史古迹的新的兴趣，能够多少反映出它们的美，那么，就满足了我的心愿，并感到自己对中国这座伟大的都城尽了一点责任。[1]

---

[1] ［瑞典］奥斯伍尔德·喜仁龙：《北京的城墙和城门》，宋惕冰、许永全译，北京联合出版公司2017年版，第73—74页。

一、何处寻觅古蓟城

当代常见于各类传播媒介的北京"三千多年建城史",是以先秦时期的蓟城为发端做出的大致估算。这座历史悠久的城邑至今尚无遗址可寻,基本存在于古代文献简略模糊的描述之中,近年可能出现的考古学的关键性突破还需再加等待。现当代考古学、历史地理、区域史等研究领域的多方探索,为认识蓟城的时代、位置、规模和变迁过程提供了若干直接或间接的证据,再辅以遵循通行学术规范所做的合理推测,原本一片混茫的零星印象逐渐化作似隐似现的初步轮廓。城墙与城门附丽于城邑之上,因此,探寻早期北京城墙与城门问题的首要条件,就是寻找蓟城的源头与城址所在。

(一)蓟城始建年代与命名之源

传世文献与考古学证实的蓟城始建年代,决定着北京的城市史究竟从何时发端。蓟城的命名之源,则须从历史地理与地名学的视角出发,对其语词含义、命名背景等做出解释。

1. 约略推定的建城之始

北京是历史悠久的政治中心与文化古都，确立其始建年代意义重大，这也是世界著名城市显示历史传统与文化自豪感的惯常做法。1987年5月4日，北京大学教授侯仁之先生（1911—2023）致信北京市领导，建议尽早考虑北京建城始于何年的问题。[1]几乎与此同时，北京师范大学赵光贤教授（1910—2003）发表论文《武王克商与周初年代的再探索》，提出周武王十一年伐纣的年份相当于公元前1045年。[2]在北京历史与考古学界做了较多讨论之后，侯仁之先生于1990年发表的《论北京建城之始》认为："现在只有以公元前1045年作为分封蓟国之始，而蓟正是北京最初见于记载的名称。"[3]以此为依据，1995年北京举行了庆祝建城3040年的系列活动。2000年，中国社会科学院主持的夏商周断代工程公布阶段成果，将公元前1046年作为武王伐纣的首选之年。相对而言，后者的研究手段更加丰富。同时，陕西西安市临潼出土的周代青铜利簋铭文记载的天象与日期，也与《尚书·牧誓》所载周武王率军到达

---

[1] 侯仁之：《关于京东考古和北京建城的年代问题——致北京市领导的一封信》，《北京史研究通讯》1987年9月8日第2期。
[2] 赵光贤：《武王克商与周初年代的再探索》，《人文杂志》1987年第2期。
[3] 侯仁之：《论北京建城之始》，《北京社会科学》1990年第3期。

商都郊外牧野时的情形相符,①由此推定的公元前1046年应当更精准些。当然,夏商周时期的纪年问题相当复杂,包括武王伐纣之年在内长期存在争议。目前,无论选择与哪个公元年份对应都只是暂且如此,有待将来通过发现更多的证据、进行更深入的研究,最终确定一个矛盾较少、可以服众的结论。

北京建城之始在传世文献中并无具体记载,考古学也未能提供足够的确切证据。有鉴于此,只能以距今久远而约略可查的某个重大事件发生的年份为标志,综合多种因素做出一个相对的推定。我国古代文明发展到商朝已经具有很高的水准,百十个方国在商王统治下构成了一个以中原地区为重心的国家。商朝后期迁都于殷,即今河南安阳,因此又有"殷"或"殷商"之称。商朝末年,崛起于陕西关中地区的周人誓师东进,在周武王的统率下讨伐殷纣王,这就是著名的"武王伐纣"。随之而来的诸国分封,把这个重大事件与北京建城之始联系起来。《礼记·乐记》称:

> 武王克殷,反商,未及下车而封黄帝之后于蓟,封帝尧之后于祝。②

---

① 夏商周断代工程专家组:《夏商周断代工程1996—2000年阶段成果报告》(简本),世界图书出版公司北京公司2000年版,第49页。

② 《礼记正义》卷三十九《乐记》,上海古籍出版社1997年影印《十三经注疏》本,第1542页。

《史记·周本纪》的记载与《礼记》稍有差别：

> 武王追思先圣王，乃褒封神农之后于焦，黄帝之后于祝，帝尧之后于蓟……封召公奭于燕。①

按照东汉经学家郑玄的注解，《礼记·乐记》中的"反商"当为字形相似的"及商"之误，意为进入殷商的都城。②据此可知，周武王举兵讨伐纣王获胜后，乘坐战车刚刚进入商都朝歌，没来得及下车就迅速把黄帝的后裔分封在蓟，把尧帝的后裔分封在祝，使他们拥有各自的封国。《史记·周本纪》则说，周武王因为追思上古圣王的功绩，把神农、黄帝、尧的后裔分别"褒封"于焦、祝、蓟，同时把来自关中的勋臣召公奭"封"在燕。不论受封者究竟是黄帝后裔还是尧帝后裔，蓟国既然是西周初年的封国，它就理应有一个作为本国政治中心的城邑，城名与国名都称作"蓟"，只是后来者为相互区别而配以通名，称作"蓟城"。既然发生了这样重大的历史事件，以武王伐纣而蓟、燕等国受封的年份作为古代北京建城之始，当然不失为一种相对可行的选择。

基于上述认识，北京在1995年举行了纪念建城3040

---

① 司马迁：《史记》卷四《周本纪》，中华书局1997年版，第127页。
② 《礼记正义》卷三十九《乐记》，上海古籍出版社1997年影印《十三经注疏》本，第1542页。

年的一系列活动，其中之一就是在宣武区（2010年并入西城区）广安门外的滨河公园竖立"蓟城纪念柱"（图1-1）。上面镌刻着十六字的隶书铭文："北京城区，肇始斯地。其时惟周，其名曰蓟。"纪念柱前有侯仁之先生撰文的《北京建城记》碑（图1-2）。由此向世人表明，北京城的

图1-1　蓟城纪念柱

图1-2　《北京建城记》碑

起源至少可以上溯到西周的武王伐纣之年，时为蓟国之都蓟城，中心地带位于今天的广安门外。

但是，如果仔细忖度城市发展的普遍规律与《史记》行文的微言大义，作为北京建城之始的蓟城的出现，无疑比武王伐纣之年早得多。在蓟城上升为蓟国的政治中心之前，此地必定存在一个同样以"蓟"为名的原始聚落，这是嗣后从乡村到古代意义上的"城邑"的物质基础。这个原始聚落何时变为"城"，迄今无从确定其上限，但《史记》所载周武王对古圣王神农、黄帝、尧后裔的"褒封"，显然应该不同于对燕国的"封"而无"褒"。这里的"褒封"如果依据字面解释为褒奖封赏之意看似可通，但东汉何休《春秋公羊传解诂》阐述道："有土嘉之曰褒，无土建国曰封。"[①] 换句话说，对于原本就有领土之国予以嘉勉，叫作"褒"；白手起家新建一国，称为"封"。周人是外来的新兴势力，蓟国属于商代北方旧族的领地。武王的"褒封"是对自己尚未控制的区域在政治上予以承认，目的在于减少殷商旧有势力的反对，尽量迅速地稳定大局。这就意味着，蓟国的存在至少不会晚于商代后期，早在武王伐纣之前的某个时期就已经是"有土"的政权，否则在改朝换代之际也无从被"褒封"，作为国都的蓟城更不会晚于

---

① 《春秋公羊传注疏》卷一《隐公元年》，上海古籍出版社1997年影印《十三经注疏》本，第2197页。

同一时代，只是目前无法确定其上限而已。

2. 燕都遗址与北京之源无涉

根据《史记·周本纪》所载，武王把尧帝后裔"褒封"在蓟国的同时，又"封召公奭于燕"。根据这个一气呵成的连贯表达，再加上对司马迁与《史记》的高度崇信，后来者往往以为蓟国南面的燕国也是武王伐纣之年所封，到此就封的第一任燕君就是西周初年大名鼎鼎的召公奭。1962年发现北京房山琉璃河镇董家林燕都遗址后，遂有考古界人士陆续宣称其为"北京城之源"，西周燕都遗址博物馆等也不免以此为号召。考诸古代文献与近现代学者的研究，上述看法并不符合历史事实。

前人早已发现，对于周初分封之事，司马迁只是做了取其大略的笼统叙述。唐代经学家孔颖达指出，这是因为"由武王克商得封建诸国，功归于武王耳"[①]。也就是说，没有武王伐纣这个开创历史的大前提，西周之初不可能形成分封数十诸侯国拱卫周室的政治格局，因此要把这个功绩归于周武王。显然，这并不等同于它们都是武王所封。近人王国维先生（1877—1927）在其享有盛誉的《殷周制度论》中论证说，大批诸侯国是周公率军平定武庚之乱后所

[①] 《春秋左传正义》卷五十二《昭公二十八年》孔颖达疏，上海古籍出版社1997年影印《十三经注疏》本，第2119页。

封,其中包括"乃建……召公之子于燕"①,时在晚于周武王的成王时期,比武王"褒封"蓟国晚了将近10年。琉璃河燕都遗址1193号墓出土的罍、盉两件青铜器,盒盖与器沿内壁都刻着周成王"令克侯于匽"的铭文。②匽,即燕。周成王为了褒扬太保即召公奭辅政的功绩,于是命其长子克在燕地为侯。这两件青铜器的铭文不但证实了王国维的推论,而且以实物揭示出燕国始封之君是召公奭的长子克。燕国代表着周人北进的嫡系力量,它的建立标志着以中原为政治重心的国家政权对今北京地区正式统辖的开始。琉璃河董家林燕都的出现不是自然发展的结果,而是有目的、有计划的政治行为。燕国之设本来就具有监视周边殷商旧族的意义,嗣后吞并蓟国也是事所必然。

强大的燕国吞并了弱小的蓟国之后,辗转把国都迁到地理位置更加优越的蓟城。在这样一番鸠占鹊巢的变化之后,燕都蓟城开始书写影响久远的历史篇章,而此前作为蓟都蓟城的踪迹则几近湮灭。这个巨大转折发生在何时,古代文献并无明确记载。历来但凡涉及这个问题,最受重视的证据就是《韩非子·有度》篇所称:"燕襄王以河为

---

① 王国维:《殷周制度论》,《王国维手定观堂集林》,浙江教育出版社2014年版,第247页。
② 中国社会科学院考古研究所、北京市文物研究所琉璃河考古队:《北京琉璃河1193号大墓发掘简报》,《考古》1990年第1期,第25页。

境，以蓟为国。袭涿、方城，残齐，平中山。"①但是，燕国历史上不曾有人径直称作"襄王"，当代绝大多数论者因此以为《韩非子》把"燕襄公"误作了"燕襄王"，于是在论著中括注"应为燕襄公"之类字样，继而据此推断燕国"以蓟为都"是在春秋中期的燕襄公（前657—前618年在位）时代。更有甚者，居然置基本的文献学规范于不顾，把《韩非子》里的"燕襄王"直接篡改为"燕襄公"且不加任何说明，以期符合内心既定的推论。

事实上，燕国历史上击败齐国、平定中山国的国君，只有战国中后期以招贤纳士著称的燕昭王（前311—前279年在位）。《汉书·武五子传》述及燕国的世系，称其"上自召公，下及昭襄"②；1973年长沙马王堆汉墓出土的帛书《战国纵横家书》则有"因天下之力，伐雠国之齐，报惠王之耻，成昭襄王之功，除万世之害，此燕之利也，而君之大名也"的记载。该书注释者指出："昭襄王，即燕昭王。战国时，国君谥法常用两个字，而后来记载往往略去一字。《秦策》只作昭王。"③由此可见，世人熟知的燕昭王本来被谥为"昭襄王"，《战国策·秦策》省称为"昭王"与《韩

---

① 《韩非子》卷二《有度》，中华书局影印《诸子集成》王先慎《韩非子集解》本，第21页。
② 班固：《汉书》卷六十三《武五子传》，中华书局1997年版，第2752页。
③ 马王堆汉墓帛书整理小组编：《战国纵横家书》，文物出版社1976年版，第81、83页。

非子·有度》省称为"襄王"一样，都符合后世惯例而并无不妥，这里的"燕襄王"当然也绝非古人误书之"燕襄公"。更为关键的一点是，考察《韩非子》行文的语境，所谓"燕襄王以河为境，以蓟为国"，只是择要说明他建立前述功业时的国土范围与都城所在，也就是他的军事行动所依赖的政治条件与地理基础，其间毫无此时才"开始"以蓟城为燕国之都的意味。当代粗枝大叶、不明就里的猜度，不仅相当于把《韩非子》原文理解为燕襄王"始"以河为境、以蓟为国，而且使后续的"残齐、平中山"这段历史脱离了它的主导者。唐代张守节《史记正义》所谓"蓟、燕二国俱武王立……蓟微燕盛，乃并蓟居之"①，也只是笼统地追溯历史进程，并没有指出立国的确切年代与迁都的大致时期。考古工作者依据琉璃河燕都遗址的城墙、护城河及陶片分布等显示的层位关系等推断，"该城的废弃年代不晚于西周晚期"②。琉璃河燕都的废弃，显然是此前蓟国已经灭亡、燕国迁都蓟城的连带效应。据此推断，这个重大转折应当发生在西周晚期或再早一些的某个年代。

　　梳理蓟与燕相互关系的过程表明：当代北京的城市之源，只能从永定河流域的蓟城寻找。只有始于蓟城的历史、地理、文化，才是贯穿后世崛起的辽南京、金中都、

---

① 《史记》卷四《周本纪》张守节正义，第128页。
② 赵福生：《琉璃河遗址访谈录》，《北京文博》1997年第1期。

元大都、明清北京、民国北京（北平）直至当代北京的一根主线。西周初年"褒封"的蓟国及其国都蓟城，远比稍后"分封"的燕国及其位于琉璃河畔的燕都历史悠久。即使早在商代已有蓟、燕两个方国南北并峙之说可以成立，蓟国的早期地位也应高于燕国，这也是周武王或周成王对两国予以区别对待的基本原因。燕国在西周晚期或稍早时候"以蓟为国"，只是封国和城邑的主宰者发生了更替，"燕人"可以把"燕文化"带到蓟城，但在空间上相隔七八十里的两座城邑却无从通过"缩地法"有丝毫的彼此趋近，因此也就断无以琉璃河燕都遗址作为北京建城之源的道理。由于现当代行政区划系统的不断调整，长期隶属河北（直隶）省的房山县变为北京市所辖的房山县或房山区，该区（县）境内的琉璃河燕都遗址随之成为北京市辖境之内一处宝贵的文物埋藏区，其历史文化价值无疑应该得到高度重视，但当判定它在北京城市发展史上的地位时，也绝不能违背通行的科学规范与实事求是精神。换言之，琉璃河燕都遗址固然非常重要，但北京城市历史地理最本质的代表者只能是蓟城。只有与当代城址所在的地理空间同为一体、自古及今的发展进程不可分割的蓟城，才是严格意义上北京城的前身。

3. 蓟城的命名缘由

北魏郦道元《水经注·㶟水》解释过蓟城的命名缘由：

> 今城内西北隅有蓟丘，因丘以名邑也，犹鲁之曲阜、齐之营丘矣。①

这就是说，在以城墙为标志的蓟城之内，西北角有土丘称作蓟丘。古人以这座土丘派生命名了蓟城，城邑的中心地带应在蓟丘东南不远。对照《水经注》记载的河湖水系，结合当代考古发掘的结果，蓟丘故址位于今北京西便门外的白云观西侧，20世纪60年代中期还保留着一些遗迹，1974年被最终铲平。战国时期的燕昭王末年，名将乐毅率军攻下齐国七十余城。后来他在回报燕惠王的书信中，以"蓟丘之植植于汶篁"等语形容当年的巨大战果。南朝宋裴骃、唐代张守节等《史记》注释者，或以为这是比喻把燕国的疆界推进到了齐国的汶水流域，或理解为燕国的蓟丘种上了来自齐国汶水流域的竹子。②无论如何，这座蓟丘不仅是寻找蓟城踪迹的最佳标志，历史上还一度成为整个燕国的地理象征。

蓟城既然至少在商代后期已经崛起为一国之都，此前势必存在着一个历史更加久远的原始聚落，这是城市形成与发展的一般规律。按照郦道元提示的命名思路，此地独具特色的野生植物"蓟"，是从土丘、聚落再到城邑、方

---

① 郦道元：《水经注》卷十三《漯水》，上海古籍出版社1990年版，第272页。
② 《史记》卷八十《乐毅列传》，第2431—2432页。

国的命名之源。北宋熙宁八年（1075）沈括出使契丹，他在《梦溪笔谈》中记载：

> 予使虏至古契丹界，大蓟茇如车盖，中国无此大者。其名蓟，恐其因此也。①

现代植物分类系统的菊科，有大蓟与小蓟。小蓟就是乡间用作猪草的刺儿菜，大蓟则是多年生草本植物，茎高可达1米以上（图1-3）。沈括看到的大蓟，叶片支撑开来

图1-3 怀柔箭扣村大蓟（左）与北方常见的小蓟（右）

① 沈括：《梦溪笔谈》卷二十五《杂志二》，《元刊梦溪笔谈》本，文物出版社1975年版，第16页。

与古时的车盖相似，在北宋境内的中原地区已很少见。如此引人注目的标志性植物，当然很容易成为命名所在地域的自然地理依据。这样，以独特的植物大蓟为参照物，生长大蓟的土丘，被命名为蓟丘；依据蓟丘派生命名的原始聚落，遂称作蓟；在原始聚落的基础上崛起的同名城邑，在后世增加了通名，即叫作蓟城；因为蓟丘、蓟城而得名的商代方国，随之亦以蓟或蓟国相称。上述一系列名称的语源之间，形成了环环相扣的派生关系。当代北京周边的大蓟一般生长在山区，这可能是历史上的农业开垦迫使大蓟由平原退向山野所致。

鉴于"蓟丘"作为区域地理标志的突出影响，古人曾以它来代指北京。例如，明代万历十四年（1586）进士王嘉谟，他的诗文集以《蓟丘集》为名[①]，意在表明自己是顺天府人，里面也确实收录了不少关于北京历史与地理风物的作品。

（二）蓟城所在的地理位置

由于自然地理环境的变迁，尤其是古永定河水系河道的往复摆动引起的洪水冲积和淤沙掩埋，再加上人类多次在同一范围内修筑或扩建城池带来的大规模环境改造，迄

[①] 王嘉谟：《蓟丘集》，国家图书馆藏明刻本，另有《明代诗文集珍本丛刊》（国家图书馆出版社2019年版）影印本。

今尚未发现蓟城留下的城址。现当代学者对历史地理研究的深入与考古发现的不断增多，为寻找蓟城提供了可资参考的直接或间接的可靠证据。尽管还有不少疑点有待通过进一步的学术争鸣予以澄清，但对蓟城的方位与四至（四面城墙的所在）等问题的探索，毕竟从以往相对模糊的状态变得逐渐清晰起来。

1. 考古印证的蓟城中心与据此推测的城墙位置

在缺乏可见的古代城址遗迹的情况下探寻蓟城所在位置与城邑规模，必须依赖在解读古代文献基础上所做的历史地理分析，再加上考古发掘与古地理研究获得的间接证据。秦汉以来长期以"灢水"相称的永定河，在当代被推崇为"北京的母亲河"——永定河哺育了北京的成长。因此，梳理一条河流与一座城市的关系正是寻找蓟城的基础工作。

蓟城在先秦时期是蓟国与燕国之都，秦代广阳郡与两汉燕国或广阳国、广阳郡及其所辖的蓟县，治所都在蓟城。大约成书于三国时期的《水经》称灢水"过广阳蓟县北"，显示古永定河从蓟城以北流过。但是，北魏郦道元《水经注·灢水》注释这条经文时，却改称"灢水又东北迳蓟县故城南"。他把《水经》说的灢水流经蓟城之北改为蓟城之南，依据来自大约三国时期的《魏土地记》所称

"蓟城南七里有清泉河"。清泉河是北魏时期㶟水流经的河道,既然彼时它在蓟城以南七里而"不迳其北",郦道元由此断定"盖《经》误证矣",也就是说《水经》搞错了。实际上,当代地质地貌与历史地理学的研究证实,《水经》所载的㶟水流路不仅没有错误,而且正确地反映了河流频繁改道的事实。郦道元所处时代的㶟水河道恰恰已与汉末三国时期不同,他只是因为忽略了地理环境的变化而误以为《水经》有差。历史上的永定河冲出北京西山之后的往复摆动非止一次,几乎扫遍了整个西山山前平原。根据20世纪80年代北京大学王乃梁教授等所做的研究,距今7000多年以来,永定河在这个范围内留下的古河道,就有古清河、古金沟河、古㶟水、古永定河等多条。[1]此外,存在于东汉三国之前的一条永定河古河道,大约由今石景山以南冲出西山,向东或东北经衙门口、八宝山、田村、西直门北、什刹三海,再向东南过龙潭湖、马驹桥,在天津附近入海,今人称之为"三海大河"。[2]这条"三海大河",正是《水经》所称经行于秦汉蓟县以北的那条永定河古河道,对于蓟城的发展变迁影响尤其重大。

---

[1] 王乃梁等:《北京西山山前平原永定河古河道迁移、变形及其和全新世构造运动的关系》,《第三届全国第四纪学术会议论文集》,科学出版社1982年版。

[2] 孙秀萍等:《北京城区全新世埋藏沟坑的分布及演变》,《北京史苑》第二辑,北京出版社1985年版。

《水经注·㶟水》所述蓟城周边的河湖水系与地理形势，为寻找蓟城的位置提供了重要线索。北魏时期的㶟水已从蓟城之南流过，冲出西山之后的河段先自西北向东南，再转为大致自西向东的流向，这一段㶟水叫作清泉河。在清泉河的北岸，有洗马沟前来汇入。在蓟城西北郊外，平地涌出的泉流汇聚在一起，注入"东西二里，南北三里"的大湖（亦称西湖）。西湖水继续流出，"侧城南门东注"，也就是紧贴着蓟城的南门外朝东流去，由此在蓟城以南形成的河道称作洗马沟，继而汇入清泉河（即㶟水）。此外，郦道元在叙述"昔周武王封尧后于蓟"之后，立即以亲眼所见的语气写道："今城内西北隅有蓟丘，因丘以名邑也。"[①]这样，㶟水及其支流洗马沟、蓟城西南的西湖，尤其是蓟城西北隅的蓟丘，就成了确定城址所在的关键参照。

　　1955年，侯仁之先生根据《水经注》的记载并参考当代地理形势，把蓟城定位于当时的北京城区西南，西湖故址则在广安门外的莲花池，由此东南流的小河即古之洗马沟。[②]1959年，他又撰文称，鉴于《水经注》称洗马沟"侧城南门东注"，而蓟城南门又是"昔铫期奋戟处"，即西汉末年铫期奋力保护刘秀冲出蓟城的城门，因此推断"自东

---

① 《水经注》卷十三《㶟水》，第272—273页。
② 侯仁之：《北京都市发展过程中的水源问题》，《北京大学学报》（人文科学）1955年第1期。

汉以来，蓟城城址未有改变"。此外，唐代在蓟城东南隅修建悯忠寺，其地即今法源寺，这也是确定蓟城所在位置的重要标志物。1951年以来在北京城内外出土的唐代墓志所反映的蓟城地理形势，也为确定城址所在提供了证据。综合上述分析，侯仁之先生指出：

> 自春秋战国以来，历东汉、北魏至唐，蓟城城址，并无变化。其后辽朝，虽以蓟之故城置为南京，但是并无迁移或改筑。只是到了金朝建为中都之后，才于东西南三面扩大了城址。元朝另选新址，改筑大都，遂为今日北京内城的前身。辽金以前，所知蓟城城址的沿革，大略如此。

至于蓟丘与蓟城的具体位置，他也做了基本判断：

> 细读《水经注》并参考有关的文献记录，可以肯定郦道元所记的蓟城，约当今北京外城之西北部。现在白云观所在，差不多正处于蓟城的西北隅附近。根据这一线索，可以推想：现在白云观以西的高丘，有可能即是古代蓟丘的遗址。①

---

① 侯仁之：《关于古代北京的几个问题》，《文物》1959年第9期。

后来的研究与考古发掘，证实了这个推论的可靠性。考古学者回忆和查证，经过多年的风雨侵蚀与人类活动影响，白云观以西的蓟丘在1974年被夷为平地之前，尚有东西60余米、南北40余米的残存，其地在今白云西里北部的机械工业管理干部学院。①

　　为配合城市建设而做的考古工作，提供了确定蓟城中心地带位于广安门内外的证据，举凡瓦当、瓦井（或陶井）、墓葬、陶文的发现都有这样的意义。瓦当或半瓦当上面装饰着兽面形状的饕餮纹，这是燕国宫殿所用建筑构件的标志性特征。1957年5月在广安门桥南护城河西岸②，1972年5月在韩家潭地下7米深处，都发现了这样的饕餮纹瓦当或半瓦当③，反映出该地确曾有燕国的宫殿。1956年，白云观至宣武门段进行水利施工，发现了战国至秦汉的古瓦井151座。④ 1965—1970年，在北京西南部发现了东周至西汉初期的65座瓦井：

　　　　瓦井出土的地区有陶然亭姚家井、广内大街北线阁、白云观、宣武门内南顺城街、和平门外

---

① 陈平：《古都变迁说北京》，华艺出版社2013年版，第15、17页。
② 赵正之、舒文思：《北京广安门外发现战国和战国以前的遗迹》，《文物参考资料》1957年第7期。
③ 北京市文物管理处：《北京又发现燕饕餮纹半瓦当》，《考古》1980年第2期。
④ 北京市文物工作队：《北京西郊白云观遗址》，《考古》1963年第3期。

海王村等处。……其中55座是分布在外城西北转角东、经宣武门至和平门一带。同时，在这一带同古瓦井交错伴出的还有汉唐、辽金时期的砖井。从而可以看出，不同时代和不同类型的水井，比较密集地出现在同一个范围内，其共存关系和延续关系，说明古代北京地区的人们在这处遗址上进行活动，自东周时起，至辽金时止，始终没有中断过，而这处遗址的分布，正是在今北京外城的西北部。①

水是人类生存的根本保障，水井则是城市居民最主要的取水途径。宣武门至和平门一线的古水井如此密集而且延续久远，无疑是相应时代的城市生活的遗迹，这样的城市也只能是燕都蓟城。还须注意到，宣武门至和平门一带还发现了战国至秦汉时期的许多墓葬，大致与古瓦井的密集分布区域相重叠。根据春秋战国时期其他古都遗址都有大量同期墓葬分布的特征推断，这里也应是蓟城的城区范围。此外，白云观战国瓦井出土的陶罐上的一个陶文，经北京市文物局的陈平先生识别，应为"蓟"字，这也为确定蓟城所在增添了新证据。②

---

① 北京市文物管理处写作小组：《北京地区的古瓦井》，《文物》1972年第2期。
② 陈平：《燕文化》，文物出版社2006年版，第188页。

关于蓟城的规模，莲花河曾有故道作为这座长方形城址西墙与南墙之外的护城河，东墙以内有唐代的悯忠寺（今法源寺），这些都是讨论蓟城所在的重要依据。[①]根据古代文献与考古成果，今人对燕都蓟城做了更加具体的推测：或称"可能蓟城南墙在法源寺以北，而北城墙在西长安街以南"[②]；或认为"这是一个沿用商代与周初蓟城旧址并向北向东开拓的大城。北城墙大致位于西长安街一线，南城墙则在法源寺东西一线以北，东城墙则在前门大街一线，西城墙则在白云观东侧南北一线。这个大城自春秋燕国迁都于此，一直沿用到东汉时期，历时800余年"[③]。

2. 前后两期蓟城的设想及由此推测的城墙西移

侯仁之先生1959年提出，自春秋战国至辽代蓟城的城址并无变化，这是在当时的条件下做出的宏观判断。随着考古工作的深入，这个基本结论仍然成立，学界同人也在尝试新的解析，最具代表性的就是"前期蓟城"与"后期蓟城"的提出以及据此对城墙位置做出的推测。

[①] 侯仁之：《关于古代北京的几个问题》，《文物》1959年第9期。
[②] 北京市文物局考古队：《建国以来北京市考古和文物保护工作》，文物编辑委员会编：《文物考古工作三十年》，文物出版社1979年版，第5页。
[③] 韩光辉：《蓟聚落起源与蓟城兴起》，《中国历史地理论丛》1998年第1期。

1965年7月在北京西郊八宝山公墓以西一里，发现了西晋永嘉元年（307）王浚之妻华芳墓。当时，西晋在北方游牧民族的侵扰下已呈衰败之势，此后10年，即溃退到江南建立东晋政权。出土的华芳墓志铭写道，王氏家族的墓地本在洛阳北邙山，"今岁荒民饥，未得南还，辄权假葬于燕国蓟城西廿里"。这里记载的方位里距，对于确定蓟城的所在极为重要。颇为巧合的是，墓中还出土了一把骨尺，每尺折合24.2厘米。[1]晋代每里为1800尺，这样，墓志笼统言之的"廿里"折合8712米。自墓地向东8700米左右，其地相当于当代的会城门附近。这就意味着，会城门南北一线，就是西晋时期蓟城西墙所在的位置。当年的考古报告以此作为广安门外古瓦井聚集区很可能是"《水经注》以前的古蓟城"的论据[2]，但也流露出西界至会城门一带的晋代蓟城已非周秦两汉蓟城城址的意味。

1974年春，在赵其昌先生主持下，北京市考古队对白云观以西的蓟丘进行了抢救性考古发掘。土丘上部发现了一段古城墙的西北拐角残迹，城墙下面压着三座砖室小墓。墓中出土的遗物证实，其年代在东汉时期。墓葬上面的城墙年代必然稍晚，根据华芳墓志所示，认定为西晋时期的

---

[1] 北京市文物工作队：《北京西郊西晋王浚妻华芳墓清理简报》，《文物》1965年第12期。

[2] 北京市文物管理处写作小组：《北京地区的古瓦井》，《文物》1972年第2期。

蓟城拐角遗迹。但是，发掘地点的"残城址正位于丘地的西北部边缘上"，并不影响这个高丘就是古蓟丘的结论，而且正与《水经注》中的记载"今城内西北隅有蓟丘"相符，继而推断这里就是"西晋至北魏时代蓟城相沿使用"，并且延续到唐代的幽州蓟城。[1]在此基础上大致以西晋为分界，把蓟城的城址分为前期与后期。嗣后的北魏至隋唐幽州以及辽南京、金中都，都以"后期蓟城"为主体发展起来。北宋太平兴国年间的乐史《太平寰宇记》引用唐代之前的《郡国志》说："蓟城南北九里，东西七里，开十门。"[2]这应是它在金中都拓展城垣之前的规模。

关于蓟城为什么向西迁移的问题，不少考古与历史地理学者推测是洪水冲毁了"前期蓟城"的东半部所致。考古工作者1979年总结道："近年来还在中南海至龙潭湖之间发现一条永定河故道——三海大河，从而推知蓟城可能由于㶟水的洪水泛滥，东部被冲毁，因而在东汉以后西移。"[3]北京大学韩光辉先生也表示，蓟丘旧址西北隅东汉墓葬上压着的城墙"至少说明，古代蓟城在东汉之后曾发生过城址的局部变化，事实也正是如此。魏晋时遭水患破

---

[1] 赵其昌：《蓟城的探索》，《京华集》，北京燕山出版社2014年版，第29—31页。

[2] 乐史：《太平寰宇记》卷六十九《河北道·幽州》，影印清光绪八年金陵书局刻本，第7页。

[3] 北京市文物局考古队：《建国以来北京市考古和文物保护工作》，文物编辑委员会编：《文物考古工作三十年》，文物出版社1979年版，第5页。

坏的蓟城东部被放弃，仅保留西部而城墙略有拓展，遂形成魏晋至隋唐时期的蓟城"[1]。陈平先生进一步设想，三国魏刘靖修建戾陵堰后，可能导致灢水的流路放弃"三海大河"，由蓟城之北改为经行蓟城之南。但当西晋元康五年（295）灢水山洪暴发时，若戾陵堰导致行洪不畅，它就有可能夺路重回"三海大河"，在绕行蓟城东北时决溢南下，从而冲毁蓟城的东部。灾后重建新城时，东墙不得不西移到冲沟的西岸，西墙则须适当向西即向外拓展，南北城墙随之东缩而西延。经过这样的水平西移，就形成了前、后两个城址——前期蓟城的东半部被甩到后期蓟城以东，西半部则变为后期蓟城的东半部，是前后两期蓟城彼此重叠的区域；后期蓟城的西半部原在城外，西墙外拓之后被拦入城内。换言之，西汉末年铫期护卫刘秀出城的前期蓟城的西南门，至此变成了后期蓟城的东南门。在东墙缩进与西墙外拓幅度相同的假设条件下，结合历史地理环境的可能性与相关的遗迹，对后期蓟城的四面城垣推测如下：

其东垣，在今北京外城烂漫胡同与法源寺东墙之间南北一线；其西垣，在今白云观西土城台至小红庙之南北一线；其南垣，在今北京外城白

---

[1] 韩光辉：《蓟聚落起源与蓟城兴起》，《中国历史地理论丛》1998年第1期。

纸坊东、西街一线；其北垣，在今白云观西至头发胡同一线。

前期蓟城的东垣，应当在明代晚期的臭沟胡同以西（今南、北新华街以西）一线；西垣大约在明北京外城的西便门内大街与西城墙之间。[①] 这些设想和推测，对于认识蓟城的发展变迁具有启示意义。关于"后期蓟城"四面城垣的上述推测，实际上也是学界比较认同的唐代幽州城的四至，唯其表述用语彼此略有差别而已。

3. 蓟城考古遗址分布显示的"城址未变"

蓟城是否因为在汉晋之际遭受洪水冲击而引发了城址的"东废西扩"，亦即"前期蓟城"与"后期蓟城"的设想能否成立，尚需继续寻找考古与文献的依据。与此相关但基本认识迥然不同的是，对于蓟城城址究竟发生过何种性质的变化，促使城址发生变化的主要影响因素是什么等问题，长期从事区域历史地理研究的北京大学岳升阳先生，从解析考古遗址的空间分布及其地层、遗物等反映的古代环境状况入手，进一步丰富了关于蓟城城址在汉代以后虽有东部收缩但并未发生根本变化的论证。

在数千万人川流不息、城市设施密集分布的北京，不

---

① 陈平：《古都变迁说北京》，华艺出版社2013年版，第39—50页。

可能为了单纯的学术研究而开掘某个区域的地层剖面。但是，建设高楼大厦和地下管线必须开挖地基或深沟，这就为考古和历史地理学者探索地下的秘密提供了便利。这些地基或深沟相当于临时性的壕堑，它们的两壁则是难得的地层剖面，挖出的土方内还往往有出乎预料的发现。1998年1月，白纸坊路南侧的建功东里及其西南300多米的建功大厦两处工地相继施工，开挖的地基形成了深达10米左右的地层剖面。岳升阳先生抓住时机进行考古学与历史地理的勘查，发现了汉唐时期漯水的河道遗迹，进而对蓟城的城址问题做了缜密的分析。

实地考察可见，建功东里的地基剖面厚约8米，自下而上的第三层是1米多厚的砂层，年代相当于两汉之际或东汉早期。该层下部有战国、汉代的陶片，上部有汉代的陶片、兽骨、货泉铜钱等。在工地的中东部，有一处用绳纹砖砌筑的水井遗迹，属于东汉至魏晋时期。由此表明，古井的东北部在这个时期已是河岸，漯水故道则处在其西南部。建功大厦的古河道剖面厚达8—10米，第三层是东汉时期的砂层，在里面发现了战国至汉代的绳纹陶片、汉代的大量瓦砾和生活垃圾，还夹杂着不少黏土块。根据剖面地层显示的历史地理环境判断，它们都是被湍急的洪水裹挟后沉积于河底所致。"洪水很可能冲进了蓟城，蓟城地势较低的西南部为洪水所毁，大量遗物卷入河道之中。"尽管这样，"城址并未因此而迁徙"。结合其他相关研究可知,这里的河流形态一直延续到唐末五代时期。距离上述两处建筑工地不远,"枣林前街的洪水遗迹之上,仍然是汉代及其以后不同时期的文化堆积层"。到金代拓展中都城时,这片区域的河流已经消失,遗留的湖沼或河漫滩不久又变为城市的一部分。岳升阳先生指出:

> 北京的文物工作者曾提出汉代蓟城因受洪水影响而由东向西迁移的设想,即蓟城受古高粱河洪水的影响,由今天的琉璃厂一带迁移至广安门内外地区。其实,从已发现的蓟城遗址分布区看,战国西汉蓟城应是一座东西长、南北窄,近似长方形的城池。它后期变小,向西收缩,主要是由于战争等人为原因造成的,不大可能因洪水而位移。它在西南部曾遭受洪水的破坏,城址并没有因此而改变。①

"已发现的蓟城遗址分布区",在侯仁之先生主编的《北京历史地图集》及其与岳升阳先生主编的《北京宣南历史地图集》里都有标示(图1-4)。出版于2008年的《北京宣南历史地图集》简要概括道:

---

① 岳升阳:《北京外城西南的唐代河道与永济渠》,《北京学研究2022》,中国社会科学出版社2023年版,第15—44页。

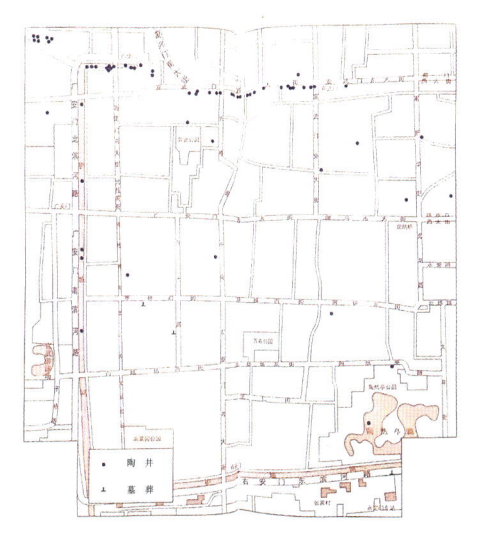

图1-4　宣武门一带春秋至汉代遗址分布

(选自《北京历史地图集·政区城市卷》)

  蓟城的核心部位在今北京市宣武区（引者按：2010年并入西城区），多年来的考古调查显示，战国至西汉时期的蓟城，城址范围东至琉璃厂，南至南横街，西至广安门外铁路附近，北至白云观北侧。东西宽而南北窄，略呈不规则的长方形，或与燕下都相似。在此区域中，出土了大量战国至西汉时期的陶鼎和同时代的文化堆积层。……汉代以后，蓟城城址面积缩小，但核心部分仍在广安门一带。[①]

[①]　侯仁之、岳升阳主编：《北京宣南历史地图集》，学苑出版社2008年版，第10、11页。

对于蓟城历史上曾经废弃东部区域的前因后果，这里做出了独具只眼的推断。"前后两期蓟城"的设想认为蓟城东半部毁于严重的洪水灾害，嗣后又有了城垣向西的大幅度拓展。这里则根据考古遗址的空间分布强调：无论古代蓟城的东半部还是西半部区域，都有战国至西汉时期的遗迹，惟其东部较少而西部较多而已；城之东垣的"向西收缩"，主要是战争破坏等人为因素而不是洪水肆虐所致；城之西垣也不曾向西拓展，而是原本就已如此；放弃已经萧条的东部自然会使城区面积减小，但东垣"西缩"与城址"迁移"显然不可等量齐观。所有这些见解都有助于开阔思路，并将通过学术检验得到改进与完善。

（三）城墙与城门的蛛丝马迹

对于蓟城包括城墙和城门在内的建设情形，我们只能利用可见的文献记载寻找一鳞半爪的踪迹，并根据古代普遍的工程做法加以推测。蓟城之名及其相关史迹流传久远，逐渐成为地域文化的无形标志。

1. 早期城墙的土砌与版筑

从我国古代建筑技术发展的一般过程来看，城墙的修造最初应当是以泥土堆砌，其后则长期采用版筑技术以提高墙体的坚固程度，同时也开采山中的石料垒砌城墙。烧砖筑城或给土城包裹砖石，应是更晚出现的筑城方式。至于以何种方式筑城，要看该地当时的自然环境与社会物质条件而定。

版筑，又叫夯筑，是我国源远流长的一项传统建筑技术，广泛用于修造房屋墙体、城墙乃至绵延不断的长城等各类工程，直至当代依然有用武之地。筑墙时，根据设计的厚度，首先在拟定的墙体两侧位置上分别固定一块木板，再用另外两块木板固定其首尾两端，由此构成类似水槽形状的长方体"夹板"模具。施工时，把具有一定湿度和黏度的泥土填在两块木板之间，而且往往像当代用水泥配上钢筋作为骨架支撑一样，在泥土中拌入石灰、碎麻、花秸等物，以增强泥土拉力并防止墙体开裂，最后用石杵捣实或用石夯砸实。每铺上一定厚度的泥土就夯实一次，经过层层叠加累积为一道坚实的墙体。完成一段墙体后，再向前移筑新的一段，或者把整座房屋、整条城墙的所有墙体同时筑起。

对于许多建筑遗址的考古发掘显示，远在距今4000多年前的龙山文化时期，古人就已经掌握了比较成熟的版筑技术。即使是后世砖砌的城墙或房屋墙壁，它们的根基依然是坚实的"夯土"。《孟子》称："傅说举于版筑之间。"① 与孟子（约前372—前289）同时代的屈原（约前340—约前278）在《离骚》中也赞叹道："说操

---

① 《孟子》卷十二《告子下》，中华书局影印《诸子集成》焦循《孟子正义》本，第510页。

筑于傅岩兮，武丁用而不疑。"①（图1-5）傅说在被商王武丁拔擢为辅相并推动"武丁中兴"之前，是从事"版筑"的奴隶或囚徒。据夏商周断代工程推测的结果，武丁所处的时代始于公元前1250年左右，由此可见版筑技术的历史是何等悠久。这个时期已经属于商代后期，与前文推测的蓟国最晚的起始年代差相仿佛。由此可以设想，尽管迄今尚未发现蓟城的遗址，但它作为蓟国之都采用版筑技术是符合历史逻辑的推断。

图1-5　傅说版筑图

（选自《钦定补绘萧云从离骚全图》，《四库全书》本）

---

① 屈原：《离骚》，《文选》卷三十二《屈平离骚经》，第462页。

2. 城墙兴废与城门之名寻踪

蓟城的城墙既有历代的增筑维护，也曾随着战争与改朝换代被破坏。秦始皇二十一年（前226），"秦王使王翦攻燕。燕王喜走辽东，翦遂定燕蓟而还"①。蓟城在战争中被以过度杀戮闻名的大将王翦攻破。攻拔蓟城时，秦军应当对城墙造成了巨大破坏。更有甚者，秦始皇三十二年（前215），"堕坏城郭，决通川防，夷去险阻"②。此举虽然可以带来发展水利与交通的效益，但重点在于拆除山东六国即被秦平定的齐、楚、燕、韩、赵、魏修建的旧城郭，以防止六国在故地残存的势力以此为屏障奋起反抗。这样，燕都蓟城无疑也在必须拆毁之列。几年后陈胜、吴广起义时，张耳、陈余、韩广等奉命经略燕地。韩广分兵北进，却被当地旧族拥立为燕王。张耳、陈余属下一名地位卑贱的"厮养卒"不惧危险，主动充当使者前来游说，"乃走燕壁"③。这就意味着昔日完整的燕都蓟城已经不复存在，因此只能称作"燕壁"——燕国故都历经劫难后剩下的断壁残垣。

西汉在以蓟城为中心的区域设置燕国，文帝元年（前179）封宗室刘泽为燕王④，蓟城的城墙与宫室势必得以恢复

---

① 《史记》卷七十三《白起王翦列传》，第2338页。
② 《史记》卷六《秦始皇本纪》，第252页。
③ 《史记》卷八十九《张耳陈余列传》，第2577页。
④ 《史记》卷五十一《荆燕世家》，第1997页。

重建。自武帝至昭帝时期，刘旦为燕王将近40年之久。"昭帝元凤元年（前80），燕王都蓟大风雨，拔宫中树七围以上十六枚，坏城楼。"①由此可见，蓟城的宫室、城墙、城门此前早已齐备。可能在西晋初年被洪水冲垮或战争毁坏了东半部的蓟城，应当是在此基础上延续下来的一座城池。

《水经注·灅水》记载，十六国时期，前燕之主慕容儁以蓟城为都，为自己喜爱的一匹骏马铸造铜像，立于东掖门下。②唐代李吉甫《元和郡县图志》流传至今的版本，恰恰缺少关于幽州蓟城的一卷，但清初顾祖禹《读史方舆纪要》征引道："蓟城南北九里，东西七里，开十门。燕慕容儁都此，铸铜为马，城东南因有铜马门之名。"③北宋乐史《太平寰宇记》抄自《郡国志》的文字，只有个别地方与此不同。④《大明一统志》所载也是大同小异："铜马门，在旧燕城东南隅，即古蓟城门。城有十门，此其一也。昔燕慕容儁得奇马，铸铜像之，置之东掖，后人因以名门。"⑤据此，蓟城四面设置了十座城门，前燕时期曾把

---

① 《汉书》卷二十七下之上《五行志下之上》，第1444页。
② 《水经注》卷十三《灅水》，第273页。
③ 顾祖禹：《读史方舆纪要》卷十一《顺天府》，中华书局1955年版，第475页。
④ 乐史：《太平寰宇记》卷六十九《河北道·幽州》，影印清光绪八年金陵书局刻本，第7页。
⑤ 李贤等：《大明一统志》卷一《顺天府》，影印明天顺五年刻本，第104页。

东南门称作"铜马门",这两点应当没有疑义。清末朱一新推测:"铜马门又在旧城东南隅,则今广宁、右安二门之间是其旧迹也。"[①]至于其余诸门的线索,仍然很难寻觅。

3. 蓟门的文化象征意义

蓟城的长期存在及其历史影响,促使后人提炼出一个极具抽象意义的名词——蓟门。它并不等同于蓟城的任何一座具体城门,而是在地域上笼统指代作为燕都与汉唐幽州治所的那座城邑,甚至可以延伸到周边更广阔的区域。在诗歌等体裁的文学作品中,蓟门连同蓟城、幽州等,往往成为北方文化豪放与悲壮色彩的象征。在到过蓟城或塞北的作者笔下,蓟门通常有较多的写实成分。但在多数情况下,诗题中常见的"出自蓟北门行"或"蓟门行"之类,与汉代以来的"饮马长城窟行"一样,并不意味着它们真是作者来到蓟城甚至穿过蓟城北门之后的作品,更多的是因为某种见闻触动了他们的艺术想象,继而以此抒发对北方气候严寒与塞外征战之苦的感叹。无论确指还是虚构,蓟门都成了蓟城或北方的代称。

庾信(513—581)是南北朝最著名的诗人,其《出自蓟北门行》开头有"蓟门还北望,役役尽伤情",《燕歌

---

① 朱一新:《京师坊巷志稿》卷下,北京古籍出版社1982年版,第275页。

行》吟咏"寒雁嗈嗈渡辽水,桑叶纷纷落蓟门"①。唐代是我国诗歌发展的巅峰,《全唐诗》以蓟门、蓟城、幽州为题的有上百篇,不以它们为题却将其作为吟咏对象的作品更多。孟浩然《同张将蓟门看灯》有"蓟门看火树,疑是烛龙然"②。大体看来,安史之乱以前,多有表达戍边壮志、期待建功边塞之作。李白(701—762)《出自蓟北门行》刻画了"列卒赤山下,开营紫塞傍"的戍边场景,抒发了期盼有所作为的壮志豪情。③玄宗时期,李希仲《蓟门行》以"一身救边速,烽火连蓟门"等句,突出了北方的战争形势与蓟城的军事地理位置。④祖咏(699—746)《望蓟门》独树一帜,以宏大的气象着力描述山川形胜,显示立功报国的昂扬斗志,其中提到了"燕台"与"蓟城"。诗云:

> 燕台一望客心惊,箫鼓喧喧汉将营。
> 万里寒光生积雪,三边曙色动危旌。
> 沙场烽火连胡月,海畔云山拥蓟城。
> 少小虽非投笔吏,论功还欲请长缨。⑤

---

① 庾信:《庾子山集》卷二,上海涵芬楼《四部丛刊》影印明刻本,第2、5页。
② 孟浩然:《同张将蓟门看灯》,彭定求编:《全唐诗》卷一百六十,中华书局1960年版,第1667页。
③ 李白:《出自蓟北门行》,《全唐诗》卷二十四,第310页。另据别本,择善而从。
④ 李希仲:《蓟门行》,《全唐诗》卷二十四,第311页。
⑤ 祖咏:《望蓟门》,《全唐诗》卷一百三十一,第1336页。

大约在安史之乱爆发前后,关于"蓟门"的诗歌往往以反映边塞风雪严寒、揭示老兵悲惨命运为主。高适(约700—765)《蓟门行五首》云:

> 蓟门逢故老,独立思氛氲。
> 一身既零丁,头鬓白纷纷。
> 勋庸今已矣,不识霍将军。
>
> 幽州多骑射,结发重横行。
> 一朝事将军,出入有声名。
> 纷纷猎秋草,相向角弓鸣。[1]

高适以边塞诗人著称,开元十九年(731)后在燕赵地区游历数年,欲投幽州节度使张守珪。他的描写融入了亲身经历,反映戍边军人的豪情与艰辛,揭露边将不恤士卒、朝廷安边无策的弊端,大都具有雄浑悲壮的风格。诗中与作者在"蓟门"相逢的故旧,孤独地站立着,涌出纷乱的思绪。幽州盛产骑马射箭的勇将,提倡青年人以军功横行天下。当年他也曾跟随将军出入大营,在巡边征战中被褒奖和扬名。但是,从军多年后,只落得孑然一身,鬓发苍白如雪。当年为国为民建功立业的雄心壮志已经泯

---

[1] 高适:《蓟门行五首》,《全唐诗》卷二百十一,第2190页。

灭，再也不去想怎样做汉朝霍去病将军那样的人了。与此类似，杜甫（712—770）《后出塞五首》中的戍边老卒，青年时期满怀立功封侯的壮志，"召募赴蓟门，军动不可留"；征战二十年后，安史之乱爆发，"坐见幽州骑，长驱河洛昏"①。当年的热切期望与晚景的凄凉绝望，昭示着边塞老兵的普遍命运。这些文学创作即使是虚构，也与作为艺术依托的"蓟门"的军事历史相符。唐人以"蓟门"为题的诗歌，还有高适《蓟门不遇王之涣郭密之因以留赠》，表达"适远登蓟丘"与老友失之交臂的遗憾与思念；②窦巩（约762—821）《奉使蓟门》则有"今日一茎新白发，懒骑官马到幽州"的心绪。③李益（746—829）曾在幽州卢龙节度使刘济的幕府任职十年，其《送客还幽州》诗有"惆怅秦城送独归，蓟门云树远依依"之句。④从长安遥想幽州的"蓟门云树"，成了后世"燕京八景"之一"蓟门烟树"的渊源。

在辽南京、金中都、元大都直至明清北京时期，"蓟城"已不是官方采用的正式名称，"蓟门"却因为穿越时空的抽象色彩而被用来指称早已更名的都城。南宋谢翱来

---

① 杜甫：《后出塞五首》之一、之五。《全唐诗》卷二百十八，第2293页。
② 高适：《蓟门不遇王之涣郭密之因以留赠》，《全唐诗》卷二百十一，第2191—2192页。
③ 窦巩：《奉使蓟门》，《全唐诗》卷二百七十一，第3052页。
④ 李益：《送客还幽州》，《全唐诗》卷二百八十三，第3226页。

到文天祥就义的元大都后,在《我赴蓟门》中咏出"我赴蓟门,我心何苦";元代刘因《燕歌行》称"蓟门来悲风,易水生寒波"。①明初王冕《即事二首》有"飞鸿点点来边塞,寒雪纷纷落蓟门";刘崧《早春燕城怀古》描绘"北口晚阴犹有雪,蓟门春早渐无霜"②。诸如此类的诗文,扩大了"蓟门"在文人士大夫群体中的影响。至于明代汪道昆《蓟门》中的"汉使褰帷按塞过,渔阳老将近如何"③,与叶梦熊《蓟门》所称"春风策马蓟门游,山色崔嵬护此州"一样④,所指都是长城防线上蓟镇的驻地蓟州(今天津蓟州区)。蓟门虽然从"蓟城之门"衍生出了作为"蓟州之门"的另一层含义,但并不影响它代指历史上的北京城的功能。

"蓟门"的历史影响延续到金代,变为中都城某个城门的代称。《金史》记载:大定二十一年(1181)二月十一日,随同世宗在东北地区游猎的元妃李氏病故。十八日,先行护送灵柩的队伍"入自崇智门,百官郊迎,亲戚迎奠道路,殡于兴德宫西位别室"。二十三日,"上至京师,幸

---

① 孙承泽:《天府广记》卷四十二,北京古籍出版社1984年版,第644、651页。
② 《天府广记》卷四十三,第683页。
③ 《天府广记》卷四十四,第768页。
④ 叶梦熊:《蓟门》,屈大均辑《广东文选》,广东人民出版社2009年版,第561页。

兴德宫致奠"①。二十八日，世宗又到兴德宫致祭，他回顾说："朕前将诣兴德宫，有司请由蓟门，朕恐妨市民生业，特从他道。"②上述记载显示，李妃的灵柩是从中都的东北门——崇智门入城，再向南到达皇城，安放在兴德宫。数日后，世宗赶到并且立即前去祭奠李妃，负责礼仪的衙门提出从蓟门入城，他却担心随行的大队人马妨碍市民的正常生活，改走了别的路线。试想一下，无论是从保持皇帝应有的威仪还是尽量使城门与皇宫之间的路程最短考虑，朝臣必定建议世宗从位置居中的正北门——通玄门入城，这里也就是他们所谓"蓟门"之所在。通玄门向南直通皇城的北门——拱辰门，两门之间的南北大道两侧应是人口密集、商业繁盛之区，因此也才值得世宗考虑另选别路以避免扰民。由此可见，"蓟门"在金代成了中都城的正北门——通玄门的代称。

此外，从城市历史地理变迁的角度着眼，"蓟门"也只能是通玄门的代称。北魏郦道元《水经注》记载，蓟丘在"城内西北隅"。③《元一统志》延续了古代方志照抄旧文的传统，仍称"蓟丘，在旧城西北隅旧蓟门"④。这种类似

---

① 脱脱等：《金史》卷六十四《后妃列传下》，中华书局1997年版，第2523页。
② 《金史》卷八《世宗本纪下》，第180页。
③ 《水经注》卷十二《㶟水》，第272页。
④ 孛兰肹等撰、赵万里辑：《元一统志》卷一《大都路》，中华书局1966年版，第21页。

"刻舟求剑"式的思维,根本没有注意到城址在此前已经发生了变化。众所周知,元人所谓的"旧城",是与忽必烈至元年间建成的大都"新城"相对而言的"旧城",也就是金中都城的故地。金代海陵王在迁都燕京并改称中都之前,已经把郦道元所见的蓟城的东、西、南三面加以拓展。当西面的城墙向外拓展之后,原本处于"城内西北隅"的蓟丘,就变得不那么偏于"西北隅",而是应该基本位于金中都城内靠近中线的正北位置。这样一来,蓟丘毗邻的"蓟门",也就只能是金中都正北的通玄门,而不可能是西北隅的会城门。

金代出现的"燕京八景"被后世持续模仿,进一步提升了"蓟门"的传播力度。明永乐十二年(1414),大学士胡广《北京八景图诗序》写道:"地志载明昌遗事,有燕京八景。前代士大夫间尝赋咏,往往见于简策。"①意思是说,此前的地方志或地理志之类,记载了金章宗明昌年间(1190—1195)的遗闻旧事(古今或以"明昌遗事"为书名,大谬),其间包括由八处独特风光构成的"燕京八景",前代文献往往可见官员和文士吟咏这些风景的诗赋。迄今我们已无法知道胡广看到了哪种地志和诗文集,因而也就难以断定金代的这一组风景究竟叫什么名称。但是,

---

① 胡广:《胡文穆公文集》卷二《北京八景图诗序》,《四库全书存目丛书》本,齐鲁书社1997年版。

"八景"之风一开，就迅速变得不可遏止。尤其是全国各省府州县的地方志，几乎无一不在"山川形胜"卷中列出本地的八景、十景甚至十六景之类，其中往往难免强行拼凑之嫌，从而广泛衍生出空洞无物的"八景病"。

与金代"燕京八景"的思路相近，《元一统志》记载的"燕山八景"，其中之一是"蓟门飞雨"。①著名书法家鲜于枢之子鲜于必仁，有双调小令《折桂令·燕山八景》，吟咏的八景与《元一统志》内容一致但个别用字稍有差别，却也同样包括"蓟门飞雨"。②到明永乐十二年（1414）之前，王绂绘制了纸本墨笔画《北京八景图》，卷首有胡广《北京八景图诗序》述其原委，多位大臣的咏景诗置于绘画之后。③由此形成的"北京八景"，包括"蓟门烟树"。这件作品以八段（幅）绘画裱为一卷，今藏于中国国家博物馆。关于此画的真伪问题，一直颇有争论。万历年间，宛平知县沈榜所撰的《宛署杂记》，又把"蓟门烟树"作为"燕台八景"之一。④

如果不以"蓟门"泛指蓟城而是确指其为城门之一的

---

① 《元一统志》卷一《大都路》，第21页。
② 鲜于必仁：《折桂令·燕山八景》，国家图书馆藏《乐府群珠》明抄本第三册。
③ 胡广：《胡文穆公文集》卷二，《四库全书存目丛书》本，齐鲁书社1997年版。
④ 沈榜：《宛署杂记》卷二十《志遗八》，北京古籍出版社1983年版，第297页。

话,《元一统志》即使定位有误,但尚且知道在金中都旧城范围内去寻找,到明清时期则"一蟹不如一蟹"。由于对"蓟门"与古代蓟城之间关系的认识已经错乱,越想弄清它的准确位置就越发南辕北辙。明永乐年间邹缉为《北京八景图》题写的说明,仍称"蓟门在旧城西北隅",不仅照抄《元一统志》"今并废,而门犹存二土阜"之语,而且说此地"树木蓊然,苍苍蔚蔚,晴烟浮空,四时不改,故曰蓟门烟树"[1]。嘉靖年间张爵《京师五城坊巷衚衕集》在"北城"之下写道:"土城,燕城古蓟门,今止存二土阜,林木苍翠,为京师八景之一,曰蓟门烟树。"[2]永乐年间迁都后几经波折,北京最终确立了京师的地位,迁都前的"北京八景"至此遂称"京师八景"。万历年间蒋一葵《长安客话》"古蓟门"条更进一步认为:"今都城德胜门外有土城关,相传是古蓟门遗址,亦曰蓟丘。"[3]邹缉、张爵、蒋一葵等构成的这个传承系列,在照抄《元一统志》旧文时虽略有差别,却无一例外地把"蓟门"的位置从元代视为"旧城"的金中都故地移开,安置到明代北京德胜门以北、洪武元年(1368)徐达废弃的元大都健德门旧址一带,完全违背了彼此在历史上真实存在的空间关系。

---

[1] 据《北京八景图》抄录。
[2] 张爵:《京师五城坊巷衚衕集》,北京古籍出版社1982年版,第19页。
[3] 蒋一葵:《长安客话》卷一《皇都杂记》,北京古籍出版社1994年版,第3页。

古代大同小异的燕京八景、燕山八景、北京八景、京师八景，最终由清乾隆十六年（1751）的《燕山八景诗》统一了名称和顺序，但人们还是喜欢称之为"燕京八景"。乾隆帝《蓟门烟树》诗云：

苍茫树色望中浮，十里轻阴接蓟邱。
垂柳依依村舍隐，新苗漠漠水田稠。
青葱四合莺留语，空翠连天雁远游。
南望帝京佳气绕，五云飞护凤凰楼。

乾隆帝为八景题名的碑刻，分别立在相应的景点处。他在"蓟门烟树"的碑阴又题诗云：

十里轻杨烟霭浮，蓟门指点认荒邱。
青帘贳酒于何少，黄土埋人即渐稠。
牵客未能留远别，听鹂谁解作清游。
梵钟欲醒红尘梦，断续常飘云外楼。[1]

上述诗中的"南望帝京"，已经认定蓟丘与蓟门位于清代的北京城以北，于是把"蓟门烟树"碑立在德胜门外

---

[1] 于敏中等：《日下旧闻考》卷八《形胜》，北京古籍出版社1985年版，第117—119页。

已经废弃的元大都西北土城。这块石碑今在海淀区学院路黄亭子村的元代土城遗址上，"将错就错"的立碑地点与古代的蓟城或"蓟门"毫不相干，却也产生了"积非成是"的广泛影响。不仅明清时期吟咏者众多，当代还据此派生命名了蓟门桥、蓟门里之类的地名。距今已有三千多年之遥的蓟丘、蓟城、蓟国，一直在激荡着历史的回声。

二、始为陪都辽南京

商周时期先后作为蓟、燕之都的蓟城，到汉唐时期成为幽州的治所，这座城市因此有了两个可以并用的称谓。远在两晋南北朝时期，我国北方的少数民族契丹就在潢河（西拉木伦河）与土河（老哈河）流域过着逐水草而居的游牧生活。由此至隋唐时期，契丹对中原王朝既有臣服依附也有战争冲突。大约在唐朝终结的同时，契丹仿照汉人体制正式建立了自己的国家，黄河流域却开始陷入梁、唐、晋、汉、周五代纷争的乱局，同时还有大大小小的割据势力"你方唱罢我登场"。在这样的背景下，原本主要活动在燕山以北的契丹，就成了一支可能被他们引为外援的重要力量。五代后唐清泰三年（936），驻守太原的河东节度使石敬瑭起兵反叛，以割让幽、蓟等十六州土地等条件换取契丹的军事支持，继而灭掉后唐，建立了后晋政权。契丹天显十三年（938）十一月，改国号为"大辽"，改年号为"会同"，这一年也因此叫作会同元年。后晋派遣使者完成了十六州土地的最终交割程序，幽州随即被提升为契丹的陪都之一，称作"南京"或"燕京"，这就是历史上的"辽南京"。所谓"辽南京"与"金中都"、"元大都"等一样，都只是后来者为表明城市发展阶段而冠以朝代名称的习惯性做法，同时代的人们绝无此类称呼。借助于《辽史》等传世文献的记载以及现当代的考古学证据，关于辽南京的城墙与城门的认识，已经远比燕都蓟城和汉唐幽州确切得多。

（一）延续前代格局的四面城垣

辽代把幽州提升为陪都南京，初步改变了城市的性质，由此拉开了古代北京从中国北方军事重镇转变为国家首都这部史诗大剧的序幕。南京虽然是契丹辖境之内人口分布最密集、经济文化最发达的区域中心城市，但它毕竟还不是整个国家的政治中心所在，因此也就不能或不必以一国首都那样的规格拓展城垣，而是继续沿用了唐代幽州的格局，只是在城市建设的某些方面做出了适应新形势的安排。

1. 城市格局的延续与改进

《辽史·地理志》记载：南京"城方三十六里，崇三丈，衡广一丈五尺。敌楼、战橹具。……大内在西南隅。皇城内有景宗、圣宗御容殿二……"[①]这就是说，辽南京的

---

① 脱脱等：《辽史》卷四十《地理志四》，中华书局2016年修订本，第562页。

城垣呈现出两重结构，外有大城，内有皇城。但是，这个两重结构比较特殊，皇城并未处在被大城四面包围的中心地带，而是占据了大城之内紧靠西南城角、利用两面城墙作为边界的一片特殊区域。"皇城"与"大内"的出现，是城市性质发生转变的象征，古老的蓟城（幽州）开始有了专供皇帝驻跸的宫殿区域。大城的四面城垣周长三十六里，墙高三丈、宽（厚）一丈五尺，城墙上面修筑了若干个敌楼，护城河里备有战船。北宋宣和四年（1122）十月二十四日，郭药师打算率宋军从刚刚占领的辽南京东门出城。住在城内的汉人害怕宋军走后被契丹人报复，劝阻郭药师千万不要贸然出城决一死战："今已断了诸门吊桥，幸无遽出以决死耳。"[1]据此可见，辽南京大城各门之外的护城河上都有木制吊桥，平时由此出入，战时用来御敌。

唐代《元和郡县图志》与北宋《太平寰宇记》都说蓟城"南北九里，东西七里"，四面城墙的周长即为三十二里。辽南京与唐代幽州（蓟城）前后相继，《辽史》说南京"城方三十六里"，应当比实际长度有所夸大。北宋大中祥符初年路振出使契丹，他在记录沿途见闻的《乘轺录》里说幽州"幅员二十五里"[2]；宣和年间许亢宗出使金国，这时的辽南京刚刚被北宋改称燕山府，他的《宣和乙巳奉使

---

[1] 徐梦莘：《三朝北盟会编》卷十一《政宣上帙十一》，上海古籍出版社2019年影印本，第75页。

[2] 《乘轺录》，第47页。

行程录》说"城周围二十七里"[1]。路振、许亢宗是经由辽南京（幽州）继续北上的使者，匆匆过客绝无准确测量四周城墙的必要和可能，他们所记的只能是听闻当地人所说的大概数字。相对而言，唐宋文献中的城周三十二里应当比较可靠。许亢宗还说："楼壁共四十尺，楼计九百一十座，地堑三重。"[2]这里的"楼壁"高度，应是城墙与墙上敌楼高度的合计，因此才说"共"四十尺。《辽史》记载城墙"崇三丈"，上面若再有大约一丈高的敌楼，则与外来使者目测估算的高度大体相符。城墙上的九百余座敌楼，当然是四面城墙上同类设施的总数。

许亢宗在燕山府亲眼见到"地堑三重"，意味着此前的辽南京存在着内外三道护城河，相应地也就应当有三道城墙。迄今学界认同的幽州城垣结构，包括子城与大城两重。子城是唐代幽州衙署所在的行政中心区域，处在全城的西南一隅，这就是辽代改造为"皇城"的那一部分。如果在皇城之内继续进行微观的区分，也可划出以元和殿、洪政殿为代表的"宫城"区域。子城（皇城）的西墙与南墙，分别是大城南墙的西段与大城西墙的南段。换言之，皇城的这两面城垣，只是把大城西南角两面城垣的一部分截取出来共用。这样，它与大城就无从套合出彼此环绕的"回"

---

[1]《三朝北盟会编》卷二十引《宣和乙巳奉使行程录》，第142页。
[2]《三朝北盟会编》卷二十引《宣和乙巳奉使行程录》，第142页。

字形结构，而是只能偏处于大城的一角。对于许亢宗所称燕山府"地堑三重"之言，于德源先生推测："最大的可能是在辽南京皇城之内、宫城之外又有城壕，如此亦符'地堑三重'之说。"① 迄今为止，这是最值得重视的见解。

2. 所谓"三重城池"之谬

今人撰文称："辽南京（燕京）大城即是在唐幽州'城方三十二里'的基础上'外罗西南而为之'，形成了一个拥有大城、子城、外罗城'三重城池'的辽南京。"② 但是，略微考察一下相关史实与古代文献就可以看出，这是对字义和语境不明就里而推想出来的臆说。

其一，《辽史》记载，契丹圣宗太平八年（1028）十月，"诏燕城将士：若敌至，总管备城之东、南，统军守其西、北，马步军备其野战，统军副使缮壁垒、课士卒，各练其事"③。在这个周密的御敌计划里，丝毫不曾显示出辽南京大城之外还有所谓"外罗城"的迹象。如果大城之外果真有一道外罗城的话，辽圣宗理应布置——甚至需要特别强化——外罗城的守备力量，这样才能切实发挥它作

---

① 于德源：《北京历代城坊、宫殿、苑囿》，首都师范大学出版社1997年版，第41页。
② 郭超：《北京中轴线变迁研究》，《北京考古史·辽代卷》，上海古籍出版社2012年版，第27页。
③ 《辽史》卷十七《圣宗本纪八》，第228页。

为第一道护卫屏障的作用。这本是外罗城最本质的功能，也是它之所以叫作"外罗城"的"题中应有之义"，否则要它何用！

其二，尤为关键的一点在于，唐宋时期的文献早已明确指出，相对于军政衙门所在的"子城"而言，幽州的大城就是它的"罗城"，亦即"外罗城"。唐德宗建中二年（781），"取罗城内废燕州廨署，置幽都县"[①]。从前设在这里的燕州已被撤销，它所遗留下来的衙署与相关配套建筑此时又被利用起来，做了新设的幽都县的办公区域。政区设置延续着前后相继的历史过程，城市空间也在制约着行政中心定位的可能性。在这样的背景下，燕州与幽都县行政中心的所在位置，都只能选在已经形成传统、顺应习惯的"子城"之内。这片"子城"既然处在"罗城内"，那么，这个"罗城"也就只能是包围着"子城"的幽州大城，否则显然于理不合。

其三，北宋大中祥符五年（1012），王曾出使契丹。他在幽州城（辽南京）也看到，"子城就罗郭西南为之"[②]。意思是说，子城"因地制宜"地选择在罗城之内的西南区域而建。这里的"罗郭"显然只能是"子城"的外郭，它也

---

① 刘昫等：《旧唐书》卷三十九《地理志二》，中华书局1997年版，第1516页。

② 李焘：《续资治通鉴长编》卷七十九《宋真宗大中祥符五年》，中华书局1979年版，第1795页。

只有唯一的选项——子城外围的幽州大城。我们可以设想一下，如果幽州大城西南隅的外围——甚至西、南两面城墙的外围——还有一道罗城护卫的话，王曾所见"就罗郭西南为之"的"子城"势必远在迄今所知的幽州（辽南京）大城之外。作为从唐代延续到辽代的衙署所在地，"子城"绝无如此选址之理。

上述这些都表明，所谓辽南京"三重城池"之说，不仅有悖于历史事实的印证，更不存在地理空间上的可能，因此也就断难采信。

3. 大城四面城垣的位置

辽南京与古代蓟城和汉唐幽州具有前后相继的延续性，辽代的城址和城垣遗迹又可以帮助反推或印证此前的历史面貌。城墙是古代城市与乡村最明确的分界线，由此隔开了差异巨大的两类社会生活空间。城墙以外与四郊乡村之间的区域，往往是墓葬集中分布的地带。依靠传世文献提供的基本线索，结合清代迄今的考古发现，可以比较准确地认识辽南京的城垣所在以及沿途的重要地点。

（1）东城垣

唐昭宗景福元年（892），南叙《悯忠寺重藏舍利记》写道："大燕城内，地东南隅，有悯忠寺，门临康衢。"[①]唐

---

① 南叙：《悯忠寺重藏舍利记》，国家图书馆藏拓片。

太宗贞观年间提出设想、武后万岁通天元年（696）建成的悯忠寺，位于幽州蓟城的东南隅，由此成为确定城墙所在位置的重要地标。辽南京的东墙与南墙沿用了唐代幽州大城的城墙，应当位于悯忠寺之外，寺院旧址就是今天的法源寺。

清初赵吉士《寄园寄所寄》写道：

> 京师二月淘沟，秽气触人，南城烂面衚衕尤甚。深广各二丈，开时不通车马。此地在悯忠寺东，唐碑称寺在燕城东南，疑为幽州节度使城之故壕也。①

烂面衚衕，即今烂缦胡同。一座城市的基础设施建成后，后来者通常都会尽量沿用。唐代幽州的护城河变为清代北京的排水沟，基本性质稍有变化，但仍属于城市排水系统的范畴，上述判断合乎常理。

乾隆三十五年（1770）三月，宣南琉璃厂的窑工为烧制琉璃瓦件掘土时，挖出了辽景宗时期的御史大夫李内贞的墓葬。著名学者钱大昕撰文转述了墓志的内容：李内贞"保宁十年（978）六月一日薨于卢龙坊私第，年八十，以

---

① 赵吉士：《寄园寄所寄》卷七《獭祭寄·天时》，清刻本第2页。

当年八月八日葬于京东燕下乡海王村"。海王村（琉璃厂）既然处于"京东"，那么辽南京的东城垣必然在琉璃厂以西。此外，钱大昕认为："辽南京城因唐藩镇之旧，唐时悯忠寺在城内东南隅，今之琉璃厂在辽为城东燕下乡，正可互证。"①由于辽南京与唐幽州的前后承继，唐代悯忠寺与辽代燕下乡就成了确定辽代城垣所在位置的两个基本参照点。

光绪年间，朱一新《京师坊巷志稿》称，在陶然亭以东的观音庵，"有辽寿昌中慈智大师石幢，称兹地为京东。证以长生观之在丰宜观，智泉寺之在子城东门外，悯忠寺之门临康衢，地望悉合，旧城东南遗址约略可知矣"②。观音庵、长生观、智泉寺、悯忠寺，都是区别于普通民居的宗教建筑。朱一新根据它们的"地望"，也就是名称和地点的古今对应关系，对城垣的位置与走向做出了初步判断。

当代考古工作者1953年在姚家井发现了唐代墓葬，墓志盖有篆书"大唐故信州刺史河东薛府君墓志之铭"。以姚家井墓葬为基点，向南、向北做出一条延长线，这条线恰好贯通自新路、丞相胡同（即菜市口胡同），与法源寺非常接近。此线位于法源寺以东，正是唐幽州（辽南京）的

---

① 钱大昕：《潜研堂文集》卷十八《记琉璃厂李公墓志》，上海古籍出版社1989年版，第299、300页。
② 朱一新：《京师坊巷志稿》卷下，北京古籍出版社1982年版，第274页。

东城垣之所在。位于此线以东的烂缦胡同一线的排水沟，当年则是这座城市的护城河。①

（2）北城垣

考古工作者在白云观后身发现了两小段版筑土墙的遗迹，附近出土的方石可能是城墙的基石，北面的小河应当是昔日的城壕。由此向东端延伸，可达今西城区头发胡同；向西延伸，可达海淀区东南隅的会城门。此线应当就是唐幽州、辽南京的北墙所在。

在复兴路南、铁旗杆庙一带，出土了唐宪宗元和元年（806）陆日岘妻王氏墓志，上面记载她"葬于蓟北归仁乡刘村之原"。此处是以幽州城为治所的蓟县以北的乡下，幽州的北城垣必在此墓以南，这就为证实北城墙位于会城门至头发胡同一线提供了新的论据。②

（3）南城垣

北宋末年位于燕山府城外的清胜寺，今已演变为丰台区菜户营附近的广恩寺，府城的南墙必在寺院以北。万泉寺前的土堆遗迹，则是金中都的南垣所在。③万泉寺以西的凤凰嘴一带，至今尚有金中都西南角的城墙遗迹（图2-1）。这是金代将辽南京向南、向西拓展三里的结果。既然如

---

① 北京市文物研究所：《北京考古四十年》，北京燕山出版社1990年版，第141页。
② 同上书，第141页。
③ 同上书，第142页。

此，辽南京的南垣就应当位于此地以北三里左右。

结合另外几面城垣的关键地点推断，辽南京的南墙，大致在今宣武门外白纸坊东街、白纸坊西街一线。

图2-1 凤凰嘴金中都遗迹

（1）西城垣

金中都时代将辽南京的西垣向外拓展了三里，到达蝎子门一线。这样，辽南京西城垣应当在此线以东三里左右，大致位于从会城门以东向南到小马厂、甘水桥一线。

4. 皇城城垣分布情形推测

把唐代幽州作为行政衙署分布区的"子城"改为"皇城"，是标志辽南京的城市性质已经发生改变的最具象征意义的事件，这也是历史上北京出现"皇城"与"皇宫"的开端。

契丹长期以游牧为主要经济生活方式，帝王的行帐——类似于中原帝王的行宫，契丹语称作"捺钵"——也随着季节转徙，形成了政治中心与经济活动大致同步的"四时捺钵"的传统。皇帝驻跸在哪里，哪里就是政治中心的所在。契丹得到幽州后，将其提升为陪都南京，是充分肯定这座城市具有区域中心地位的一种政治象征，而不是要把整个国家的政治中心辽上京（临潢府，治所在今内蒙古巴林左旗东南波罗城）的某种功能"疏解"到这里。宋辽相互攻伐时期，南京处在军事斗争的前沿，充当契丹南下的桥头堡和大本营，也是宋朝北伐时必须争夺的重要据点。和平时期，辽南京就是两国使节南北往还、各民族相互交流的枢纽。辽代多位皇帝曾驾临南京，圣宗在此居住的时间远超其余诸帝。在陪都东南数十里的今通州以南，有水面广阔的延芳淀，他多次在春季率领群臣前来射猎天鹅等飞禽，就像在草原上"四时捺钵"一样，延续着契丹固有的民族文化传统。为适应皇帝驻跸南京的需要，把幽州的"子城"改造为南京的"皇城"就变得顺理成章。但是，南京毕竟只是陪都而不是首都，皇帝也不在这里常住，城市建筑因此不能也不必按照首都标准设计，只要在已有基础上改建几座宫殿就足够了。

我们已经知道，辽南京"皇城"的南、西两面城墙是"借用"或"共用"了"大城"的南墙与西墙。如果再找到皇城东墙与北墙的位置，也就可以大致圈定其长方形的轮廓。这样一来，寻找皇城东北角的所在位置，就成了解决问题的关键。《辽史·地理志》说，皇城"东北隅有燕角楼"①。这是建在燕京（即南京）皇城东北角城墙墩台上的阁楼，因此称作"燕角楼"，它既可用来居高瞭望、防守御敌，也是耸立在城角的装饰性、标志性的阁楼建筑。这座燕角楼虽然早已不见踪影，但由此演变而来的地名却指示了它的地理方位。

明代天顺五年（1461）刊行的《大明一统志》说："燕角楼，在（顺天）府西南一十五里，辽建，今其地犹名燕角。"②嘉靖三十九年（1560）张爵《京师五城坊巷衚衕集》，在南城白纸坊之下有地名"燕角儿"。③清乾隆年间编纂的《日下旧闻考》提到："土地庙之西，其地犹有燕阁儿之名。阁读如藁。"④光绪年间朱一新《京师坊巷志稿》记载了南燕角、北燕角："燕角，辽旧名也，俗讹烟阁。烟或作线。今南北烟阁径三里许，皆以燕角楼得名。"⑤从建筑名到地片名或街巷胡同名，名称用字经历了"燕角楼—燕角（燕角儿/燕阁儿）—南/北燕角（烟阁/线阁）"的变化过程。"燕"相继写作同音的"烟"与近音

---

① 《辽史》卷四十《地理志四》，第562页。
② 《大明一统志》卷一《顺天府》，第100页。
③ 《京师五城坊巷衚衕集》，第17页。
④ 《日下旧闻考》卷六十《城市》，第993页。
⑤ 《京师坊巷志稿》卷下，第228、239页。

的"线";"角"亦渐变为"阁"并且读作gǎo，此外还带上了儿化音。

根据1959年阎文儒先生的调查，"南线阁稍东的老君台，地势较高，极可能原即为燕角楼的基址"[①]。结合与当代街巷和地理形势的对照，辽代的燕角楼应位于南线阁街与广安门内大街的垂直交叉点略微偏向东南之处。燕角楼处在皇城的东北墙角，如此则东墙大约在南线阁街至菜园街稍东的南北一线，北墙应在今广安门内大街稍南的东西一线。

（二）城门设置及其命名缘由

唐宋全国总志征引的前代文献称蓟城"开十门"，但延续了唐代幽州城垣格局的辽南京只有八座城门，这可能是唐代幽州对晋代以后的城墙与城门加以改造的结果，接着被辽南京所继承。至于城门的名称与唐代幽州之间是否存在前后相沿的关系，还须通过城门命名语词的含义等因素逐一考察、区别对待。

1. 大城城门的设置与命名

《辽史·地理志》称，南京的大城共设八座城门：

东曰安东、迎春，南曰开阳、丹凤，西曰显

[①] 阎文儒：《金中都》，《文物》1959年第9期。

西、清晋，北曰通天、拱辰。①

这里以顺时针方向记载了每面城墙上的两座城门，根据已有的研究和考察，大致可以确定它们在当代的位置（图2-2）：

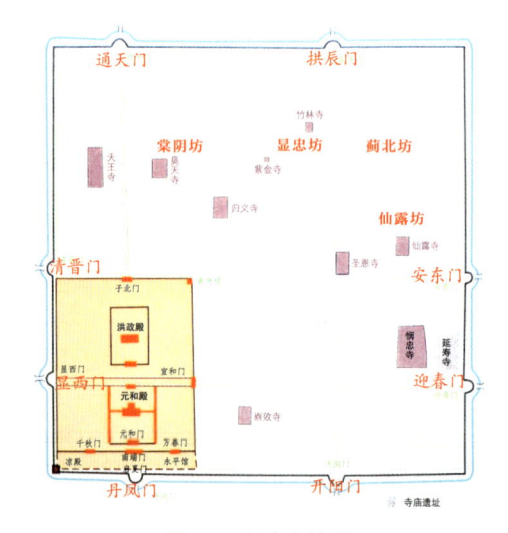

图2-2 辽南京城图

（选自《北京宣南历史地图集》）

安东门约在今菜市口以西、烂缦胡同北口偏西处；迎春门约在今南横街与烂缦胡同南北一线的相交处左近；清晋门约在今广安门外大街甘石

---

① 《辽史》卷四十《地理志四》，第562页。

桥稍东；开阳门约在今右安门内大街与白纸坊东西大街相交处稍北；通天门约在今西便门外大街原西便门桥稍北；拱辰门约在今西城区闹市口南街与东西太平街相交处偏南。①

城门命名的语词选择，当然不能脱离命名者所处的时代。我国古代城门命名的文化渊源，也只能出自历史悠久的传统文化。命名者所能达到的最高境界，就是在融会优秀传统文化结晶的基础上加以提炼和升华，从中撷取足以表达自己的政治意愿、哲学取向与文化追求的语词，进而以这样的语词作为城门名称，在长期的社会应用中得到广泛持久的传播，最终实现教化世人、赓续文化的根本宗旨。辽南京的城门命名，初步显示了中国传统文化的影响。到金中都命名城门时，命名语词的选择与传统文化的关联变得更为清晰，其间贯穿的儒家思想观念愈加突出。元大都城门的命名很多出自《周易》等古代典籍，在古代北京城市文化发展中最具典型意义。

《周易》以八卦（乾、坎、艮、震、巽、离、坤、兑）象征八种自然现象（天、水、山、雷、风、火、地、泽），将它们与八方（西北、正北、东北、正东、东南、正南、西南、正西）及四时（春、夏、秋、冬）相配，用来推测自

---

① 尹钧科等：《古代北京城市管理》，同心出版社2002年版，第14页。

然界和人类社会的发展变化。《周易》把阴阳两种力量的相互作用视为万物形成的根源，包含着朴素的辩证法，在我国古代思想史上具有极为深远的影响。相传上古时候的伏羲氏画卦，由八卦衍生为六十四卦，周文王做卦辞予以解说。历史上研究《周易》的学者数不胜数，即使是寻常百姓的阴阳宅选址乃至建筑布局设计，都往往依据八卦的象征意义占卜吉凶，以期做出符合上天意志也就是万物发展规律的选择。汉代以后，将八卦、八方、四时等与五行（金木水火土，亦称五德）、五德（仁义礼智信）相配。按照古代的天文学观念，天上的恒星被划分为"三垣"与"四象"七个星区。以北极星为中心，三垣（紫微垣、太微垣、天市垣）呈三角形拱卫北极星，四象排列在三垣外围的四个方位。人们历来对星空具有丰富的联想，以四种神兽（神明）的形象分别代表东西南北或前后左右的星区，再与四方逐一相配，形成了左青龙、右白虎、前朱雀、后玄武的"四象"观念。经过两三千年的逐渐丰富和完善，形成了一整套把自然现象和社会人文熔于一炉的庞大思想体系。这样的传统思想根深蒂固，贯穿于古今社会的发展过程之中，对于城门的命名只是其中微不足道的部分。尽管如此，历代城门的命名仍然可以作为中国传统文化源远流长、博大精深的见证。把上述多种文化观念与天干地支的所指方位叠加在一起（图2-3），可以清晰地看到它们之间的相互关系，这也是古代城门设置及其命名的理论依据的集中展示。对于古代北京的绝大多数城门而言，都可以从中找到为什么如此设置与命名的合理解释。

图2-3 古代文化观念及其所指方位

古代生产力条件下形成的对于自然界运行和演变规律的解释，一旦与人类社会变迁、人生吉凶祸福的预测联系起来，往往就被使用者赋予某种程度的玄奥神秘色彩。以《周易》为代表的中国古典哲学与历史上的多种思想杂糅在一起，变成了只有少数人具有解释权或解释能力的玄学。帝王以此作为确立其正统合法地位的依据之一，风水先生等类的江湖术士则借此披上使普通百姓不明所以的外衣。民间艺人特别是评书、相声、鼓曲等行业的从业者，往往将其融入自己的作品中，以八卦、四时、五行等观念解释故事发生的自然环境与人生命运。比如，传统相声里涉及相面或看风水的内容，通常会提到八卦以及"东方甲乙木，南方丙丁火，西方庚辛金，北方壬癸水，中央戊己土"之类；同属民间艺术的莲花落，唱词里也有"梆打五更东方发了亮，正东方甲乙木送出了太阳"等等。至于古代最高层次的皇家坛庙之一的社稷坛，五色土的分布方位及其对应的土壤颜色，更是按照五方、五行、五色逐一相配的观念来确定。古代为城门命名的依据出自传统社会的思想文化，命名者因此也就不可能超越自身所处的时代。

根据上述思想，我们追溯辽南京大城八座城门的命名之源（图2-4）。

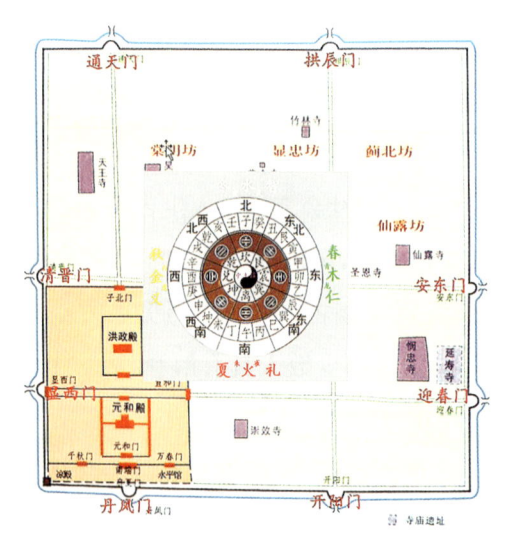

图2-4 辽南京城门及其命名的影响因素

（据《北京宣南历史地图集》）

（1）安东门

东垣靠北的城门。与汉唐封赠的安东将军、安东都护一样，有安定东方之意。契丹本属东方民族，绝无利用城门名称寄托镇抚自身的道理。如此看来，此门可能是沿用唐与五代时期幽州的城门旧名。

（2）迎春门

东垣靠南的城门。古人将四方（东南西北）与四季（春夏秋冬）逐一对应，东方的城门正对着春天。迎春门蕴含着开门迎接春天到来之意，也与唐代洛阳外郭东垣中间的建春门、神都苑东垣的南门望春门的命名相仿。路振《乘轺录》把东南门记作"水窗门"[1]，这应当是本地的民间俗称。水窗，是安置在城墙底部的铁栅栏。城内沟渠由此流出城外，需要安置栅栏防止外面的人员潜入。辽南京的排水渠道顺着地势从西北流向东南，东垣靠南的迎春门附近，正是以水窗为标志的城市下水口之所在，据此把迎春门称作水窗门也顺理成章。辽朝末年，北宋与金订立南北夹攻契丹的"海上之盟"。叛附无常的郭药师把涿州、易州归于北宋，北宋宣和四年（1122）十月二十四日，"以宋兵六千人奄至燕京，甄五臣以五千人夺迎春门，皆入城。萧妃令闭城门与宋兵巷战。药师大败，失马步走，逾城以

---

[1] 《乘轺录》，第47页。

免"[1]。这场战斗以宋军夺得迎春门冲入南京城开始，以主持辽国朝政的萧妃指挥巷战取得胜利结束。迎春门被辽兵关闭，大败亏输的郭药师翻过城墙才侥幸逃得性命。

（3）开阳门

南垣靠东的城门。南方对应的夏季，是太阳升得最高、光照最强的季节。南垣靠东的城门以"开阳"为名，含有开启大门迎接灿烂阳光之意。唐代幽州有开阳坊，位于开阳门以东，足以证明那时已有开阳门。辽南京沿用了唐幽州的开阳门，二者一脉相承。

（4）丹凤门

大城南垣靠西的城门，也是皇城的正南门。在古代天文学的"四象"中，南方对应的是朱雀。至少自汉代开始，朱雀就被认为是神鸟凤凰的创造者，后世逐渐把二者混同起来。丹凤，意思是赤色的凤鸟。凤是传说中的瑞鸟，与皇帝或皇宫有关的不少事物都冠以"凤"字，如凤车、凤邸、凤纸、凤诏、凤阁、凤辇、凤楼、凤驾之类。皇宫及其附属建筑往往涂成红色，宫禁内廷因此称作丹禁、丹阙，殿前台阶称作丹墀、丹陛。以"丹凤"命名宫城的南门，既与朱雀在"四象"中的方位相合，又有丹凤朝阳、面向南方的意味，语词的选择恰如其分。唐代长安大明宫的正门也叫丹凤门，彼此具有相同的文化渊源。

---

[1]《金史》卷八十二《郭药师传》，第1834页。

（5）显西门

大城西垣靠南的城门，也是皇城的西门。"显西"是美好寓意与地理方位的组合，既指示或突出它是西边的城门，也含有在西方建功扬名、显露峥嵘之意。分处东、西城垣的"安东门"与"显西门"语词结构一致，名称的含义彼此对应，但并未处在一条水平的东西向直线上，这也是陪都的城门命名不如首都那样讲究的一种反映。

（6）清晋门

大城西垣靠北的城门。与大城东垣的安东门左右对称，紧靠皇城的西北角。"清晋"在古代文献中很少成为固定搭配的语词，古时以"清都"指称天帝居住的宫阙或帝王所在的都城，以"清禁"指代清静严肃的皇宫。东汉应劭《风俗通义·十反》载："臣愿陛下思周旦之言，详左右清禁之内。"[①]就是建议皇帝按照周公的教诲，详细了解皇宫里围绕在自己身边的人。《周易》豫卦："圣人以顺动，则刑罚清而民服。"晋卦曰："晋，进也。""明出地上，晋。君子以自昭明德。"[②]这些卦辞的意思是：如果统治者顺应天道，就会使刑罚公正、民心宾服；晋，就是升进；君子要像从地上升起的太阳一样，主动显示自己的

---

① 应劭：《风俗通义》卷五《十反》，《四部丛刊》影印元大德间刊本，第14页。
② 《周易》，《黄侃手批白文十三经》本，上海古籍出版社1983年版，第12、21页。

美德。西方与秋季对应，在《周礼》设计的一套理想化的职官体系中，"秋官司寇"负责带领部下掌管法令，辅助君王实施刑律治理国家，即所谓"帅其属而掌邦禁，以佐王刑邦国"。[1]据此看来，"清晋"含有公正、升进、光明之意，以此命名西墙的城门，寄托了对司法公正的期盼。"清晋"与"清禁"同音，也有由此接近皇宫之意，与清晋门紧挨着皇城西北角这一地理特点相符。

北宋路振《乘轺录》把清晋门称为"清音门"，[2]应当是耳音有差引起的同名异写。近人认为，清晋门"显然刘氏称尊时故立此名，以厌胜朱邪者。……不然，石晋初立，纳土结欢，辽人方愉悦惠好之不暇，曷遽揭此二字示恶于彼，令之生疑见贰哉"[3]。意思是说：清晋门显然是五代时期刘守光在幽州称大燕皇帝时命名的城门，含有清除河东太原的晋王李存勖（其父李克用本姓朱邪，唐僖宗赐姓李）之意。当时契丹忙于与自己扶植的后晋石敬瑭交好，怎么可能以"清晋"二字显露对后晋的恶意而使其产生疑虑甚至背叛之心呢？如果考察相关史实，这段看似合理的推论就显得过于望文生义了。五代时期，割据势力之间混战不已，敌友关系变幻无常。刘守光势力强大时，李存勖

---

[1] 《周礼·秋官司寇》，《黄侃手批白文十三经》本，上海古籍出版社1983年版，第94页。
[2] 《乘轺录》，第47页。
[3] 奉宽：《燕京故城考》，《燕京学报》第5期（1929年），第884页。

率领周德威等"以墨制册尊守光为尚书令、尚父"。刘守光称帝之后兵败,反过来也试图归附晋王李存勖。尽管刘守光"素庸愚","以为诸镇畏其强"[1],但也绝对没有故意通过城门命名为自己树立一个死敌之理。

(7)通天门

北垣靠西的城门。向南正对着皇城的子北门,有通达天子所居宫殿之意。《乘轺录》记作"北安门"[2],应当是民间的俗称。金代改作通玄门,以此指示城门向外对应着"四象"之一玄武所代表的北方。

(8)拱辰门

北垣靠东的城门。众星拱卫北极星,有孔子所说"为政以德,譬如北辰,居其所而众星共之"的意味。[3]此门与通天门左右对称,"拱辰"表明它在北墙上,对外朝向北辰所在的方位。辽会同三年(940)四月,耶律德光"至燕,备法驾,入自拱辰门"[4],就是穿过此门进入了南京城。

2. 皇城的城门及其命名

辽南京与唐幽州一样,行政机构都在大城的西南部

---

[1]《新五代史》卷三十九《刘守光传》,第425页。
[2]《乘轺录》,第47页。
[3]《论语·为政》,《黄侃手批白文十三经》本,上海古籍出版社1983年版,第2页。
[4]《辽史》卷四《太宗本纪下》,第51页。

分。《辽史·地理志》载:"大内在西南隅。皇城内有景宗、圣宗御容殿二,东曰宣和,南曰大内。内门曰宣教,改元和;外三门曰南端、左掖、右掖。左掖改万春,右掖改千秋。门有楼阁,球场在其南,东为永平馆。皇城西门曰显西,设而不开;北曰子北。"①北宋大中祥符初年(1008),路振出使契丹。他在《乘轺录》里说:"内城幅员五里。东曰宣和门,南曰丹凤门,西曰显西门,北曰衙北门。"②四年以后的大中祥符五年(1012),出使契丹的王曾看到:"子城就罗郭西南为之。正南曰启夏门,内有元和殿,东门曰宣和。"③将这三者结合起来,可以判断辽南京皇城的城门及其命名情形。

如前所述,丹凤门、显西门是大城与皇城共用,实际上成了皇城专用的城门。对于无从进出皇城的居民而言,不仅显西门"设而不开",丹凤门也是如此。《辽史》称皇城"外三门"正中的叫"南端门",但王曾说子城(皇城)正南门叫作"启夏门",二者应是同一城门在不同时期的称谓。南端门(或启夏门)位于大城丹凤门以北、元和殿正南门"元和门"以南,是宫殿区的正南门,与丹凤门相距很近,它们实际上与一道城门无异。

路振《乘轺录》把皇城北门称作"衙北门",取其位

---

① 《辽史》卷四十《地理志四》,第562页。
② 《乘轺录》,第48页。
③ 《辽史》卷四十《地理志四》,第562页。

于原幽州卢龙节度使衙署之北命名,应当是来自民众的称谓。《辽史》称之为"子北门",直接显示它是唐幽州子城的北门。但是,我们也须看到,古代以天干地支与四方相配,正北对应"子",正南对应"午",从北到南的纵向直线因此叫作"子午线"。从子北门到丹凤门的纵向连线,与皇城布局的对称轴线差相仿佛。这样,"子北门"也可能蕴含着它是子午线上的北端城门之意。

《辽史·地理志》说皇城内靠东侧有"宣和殿",里面供奉着辽景宗与辽圣宗的画像;《乘轺录》称内城(皇城)东门叫"宣和门",殿与门的命名无疑有派生关系。宣和,有普遍和顺或宣示和睦之意。宣和门上建有五凤楼,正月十五皇帝到此观赏花灯。契丹族崇拜太阳,以太阳升起的东方为上。北宋使者在契丹早期的政治中心上京临潢府看到,那里的宫殿都是坐西朝东,以东门为正门。契丹统治者占领幽州后,只能暂且沿用唐代幽州子城的旧格局,再加上受到汉文化"天子面南而立"的观念影响,宫殿即使经过改造也仍然不免"入乡随俗",继续坐北朝南并在形式上以南门为正门。尽管如此,民族文化的基因毕竟根深蒂固,契丹通过皇城只开东门的方式,尽量保留本民族的特色。宣和门成为实际上的皇城正门,是契丹文化与汉文化相互融合的结果。丹凤、显西、子北三门设而不开,因此也被称作"暗门"。北宋宣和四年(1122)十二月,郭药师率领宋军从迎春门打进南京城,试图迅速攻入宣和门。

辽国的萧后登上宣和门组织抵抗，"四军人马自南暗门入"①，迅速击败了宋军。这里的"南暗门"，就是皇城正南的丹凤门。

从丹凤门到子北门，构成了皇城布局的南北轴线。出子北门向北，可达大城的通天门。丹凤门向北紧邻南端门（启夏门），三者的命名都源于地处皇城南端而南方又对应着夏季。以南端门为参照点，左（东）有左掖门，右（西）有右掖门。过南端门向北，是皇城主体建筑宣教殿的南门——宣教门。辽圣宗统和二十四年（1006）八月十六日，改宣教殿、宣教门为元和殿、元和门，改左掖门为万春门，改右掖门为千秋门。②万春门，以东方（左）对应春季为名；千秋门，以西方（右）对应秋季为名。从地理位置到名称含义、语词结构，都表现出左右对称的特点。既然左掖门、右掖门改成了万春门、千秋门，作为二者对称点的南端门用词原本朴素直白，因此极有可能同时被改为颇具文学色彩的启夏门。元和殿以北是另一主体建筑弘正殿，由此派生的殿门名称含有元气充和、弘扬正道之意。

丹凤门以南是城外空旷之地，有契丹皇室的马球场。契丹族长于骑射，纵马击鞠是君臣普遍喜好的嬉戏，也是一项尚武色彩浓郁的体育与民俗活动。辽圣宗统和四年

---

① 《三朝北盟会编》卷十一《政宣上帙十一》，第75页。
② 《辽史》卷十四《圣宗本纪五》，第176页。

（986）十月在南京，"上与大臣分朋击鞠"①。这场君臣分队竞技的马球对抗赛，地点无疑就在丹凤门外的球场。由于圣宗即位后"击鞠无度"，曾任南京副留守的南京人马得臣上书劝谏，"书奏，帝嘉叹良久"②。宽阔的马球场靠近皇城，保大二年（1122）六月，耶律淳病死，萧干等"先集辽骑三千，陈于毬场，会百官，议立燕王妻萧氏为皇太后"③。十二月，金人占领辽南京，"催促宰相、文武百僚、僧道、父老，出丹凤门毬场内投拜"④。

丹凤门外球场以东的永平馆，是契丹接待宋朝使者的馆驿。北宋大中祥符初年（1008）路振出使契丹，先在"幽州城南亭"受到热情款待，"是夕，宿于永和馆，馆在城南"⑤。4年之后出使的王曾记载："（南）门外永平馆，旧名碣石馆，请和后易之。"⑥也就是说，宋辽两国在北宋景德元年（1004）订立和平相处的"澶渊之盟"后，契丹把碣石馆改名永平馆，寄托对永远和平的希望，路振记载的"永和馆"也是此意，二者应当是丹凤门外的同一座建筑。此外，保大二年（1122）六月，趁着燕王耶律淳与奚、契丹诸族高官都在"城南瑶池殿"，试图背辽归宋的李处温

---

① 《辽史》卷十一《圣宗本纪二》，第133页。
② 《辽史》卷八十《马得臣传》，第1410、1411页。
③ 《契丹国志》卷十一《天祚皇帝中》，第124页。
④ 《三朝北盟会编》卷十二引《亡辽录》，第85页。
⑤ 《乘轺录》，第43、46页。
⑥ 《辽史》卷四十《地理志四》，第564页。

"欲闭契丹于门外"等候宋军。[1]据此看来，足以掐断瑶池殿与皇城南北往来的城门就是丹凤门。

（三）城门决定的城市干道布局

长方形的城垣之上开设的城门，通常会形成东西对称、南北呼应的分布格局。纵向或横向上彼此对应的两座城门之间，如果没有庞大建筑或湖泊水体的阻隔，必然会有通衢大道相连，由此构成城市交通网络的骨架。辽南京城门之间的主干街道，同样具有纵横垂直的特点，只是西南隅的皇城阻止了大城丹凤门与通天门之间、显西门与迎春门之间的贯通。

1. 南京城内"六街"的分布

常见于《辽史》等文献以及碑刻、题记的燕京左街、燕京右街，并不是具体的街道，而是城市分区的名称。自唐代中期的幽州到辽代的南京（燕京），设置了以城区为治所的两个县，分别处理城区东部与西部连带其附近乡村的行政事务。这样的县叫作附郭县，意思就是把县治附带设在更高层级的政区所驻城郭的县。在此期间，附郭县从左（东）为蓟县、右（西）为幽都变为左（东）为析津、右（西）为宛平。所谓燕京左街、燕京右街，就是左、右两个

---

[1] 《三朝北盟会编》卷九《政宣上帙九》，第60页。

附郭县所辖城区的代称。

《辽史》记载：太平五年（1025）五谷丰收，圣宗在南京城与民同乐，"至夕，六街灯火如昼"[1]。为了维护城市治安，唐代长安与北宋汴京有六街昼夜巡逻的制度。"六街"或确指城内的六条主干街道，也可以泛指都城的街市。辽南京可能在仿效唐宋制度，从城门之间的道路贯通状况来看，"六街"应包括三条纵向街道和三条横向街道。三条纵向街道为：①通天门至子北门；②拱辰门至开阳门（约为今南樱桃园到牛街一线）；③安东门至迎春门的顺城街道。三条横向街道为：①宣和门至迎春门；②清晋门至安东门（接近今广安门内外大街）；③通天门至拱辰门的顺城街道。以六条大街为骨架，其间以若干次级街巷连接，构成全城的道路系统。

2. 檀州街的走向与位置

辽南京最著名的街道，是唐代幽州就已存在的檀州街。唐乾符六年（879）的墓志提到"蓟县檀州街"[2]；房山石经题记有"幽州蓟县界市东门外两店"[3]。另有一条题记，经张天

---

[1]《辽史》卷十七《圣宗本纪八》，第224页。
[2] 中国文物研究所、北京石刻艺术博物馆编：《新中国出土墓志·北京卷壹》下册，文物出版社2004年版，第29页。
[3] 北京图书馆金石组、中国佛教图书文物馆石经组编：《房山石经题记汇编》，书目文献出版社1987年版，第182页。

虹先生订正两处误释，应作"蓟县界檀州街市□□□□偏门外两店"①。两处店铺位于幽州市的东门外，并且处在檀州街上。②辽南京全面沿袭唐幽州的格局，檀州街必定仍在城市的东北区域。以往由于文献解读的差异，檀州街的位置和走向一度成了疑问。

1979年维修山西应县木塔时，发现了辽代燕京印刷的50轴佛经。其中的《妙法莲花经》题记说，太平五年（1025）八月十五日"燕京檀州街显忠坊门南颊住冯家印造"③。赵其昌先生根据这则题记，结合《元一统志》至清末民国文献的记载，认为显忠坊"位置当在闷葫芦罐北、广西义园东、下斜街迤西之地。其地正当宣武门西南的二里之处"④。鉴于房山石经题记有"大唐幽州蓟县界蓟北坊檀州街西店弟子刘师弘、何惟颇、侯存纳、贾师克等造大般若石经两条"⑤，他又据此推论："檀州街与西店连称，这个'店'无论理解为店铺之店或旅店之店，它都应以位于街之西部得名，为此，檀州街应是东西走向才较合理。再

---

① 北京图书馆金石组、中国佛教图书文物馆石经组编：《房山石经题记汇编》，书目文献出版社1987年版，第184页。
② 张天虹：《中晚唐幽州城的"檀州街"》，房山石经博物馆等编《石经研究》第一辑，北京燕山出版社2017年版，第178—179页。
③ 《全辽文》卷六《妙法莲花经题记》，第136页。
④ 赵其昌：《辽代燕京之显忠坊、檀州街与市》，《首都博物馆丛刊》1982年第1辑。
⑤ 北京图书馆金石组、中国佛教图书文物馆石经组编：《房山石经题记汇编》，书目文献出版社1987年版，第174页。

与应县佛经题记核对,题记有'檀州街显忠坊门南',有'坊门南'为证,'坊门'似应指显忠坊之北门而言,以显忠坊在檀州街南,街在坊北为宜。"今之宣武门外三庙街"当是辽代的檀州街","其东端应是通向安东门的"。①循着基本相同的思路,于杰、于光度推测:"'檀州街'可能是一条贯通城北部东西的大街,但南京城内横贯东西而又位于北部的大街只有安东—清晋门间的大街,似即檀州街。此街当在今广安门内外大街上。"②

但是,关于佛经题记句读与字义的准确理解,从根本上否定了檀州街是东西走向的论断。其一,"檀州街西店"并不意味着"它都应以位于街之西部得名",而是位于纵向街道的西侧。其二,最为关键之点在于,"燕京檀州街显忠坊门南颊住冯家印造"一句,绝无截取"燕京檀州街显忠坊门南"却使后面的"颊"字无所附着的断句之法。罗保平先生指出:

> 赵先生在断读《妙法莲花经》题字之际出了纰漏,终致对檀州街走向出现误断。《妙法莲花经》题字"燕京檀州街显忠坊门南颊住冯家印造"一语,正确断读应是"檀州街显忠坊门南颊",而

---

① 赵其昌:《辽代燕京之显忠坊、檀州街与市》,《首都博物馆丛刊》1982年第1辑。
② 于杰、于光度:《金中都》,北京出版社1989年版,第10页。

非"檀州街显忠坊门南"。漏断"颊"字,"颊"在续文中即不知为何解。"檀州街显忠坊门南颊",其意为檀州街显忠坊大门的南侧。"颊"指人脸之两侧,"门南颊"即是显忠坊大门的南侧。由是,显忠坊门只能面东或面西。如坊门面南或面北,只有"门东颊"或"门西颊",而无"门南颊"之说,故檀州街南北走向可定。

他进一步推定:"檀州街当为今闹市口南街与长椿街。"宋元文献中的"檀州门"应是拱辰门的俗称,"檀州商人由塞外贩货至幽州,拱辰门内外即成檀州商人主要活动之地,久而久之檀州便转化为幽州城内地名"[1]。据张天虹先生研究,唐代幽州城蓟县北部的幽州市、蓟北坊南北排列,二者位于南北走向的檀州街西侧,敬客坊也与檀州街为邻。这条街道很可能是唐幽州唯一贯通南北的大街,即辽南京开阳门至拱辰门一线,至少也应是其北段,但不会是两县在城中的分界线。[2]至此,檀州街的走向与位置问题得以圆满解决。

---

[1] 罗保平:《唐檀州街辨正》,《北京地方志》2005年第1期。
[2] 张天虹:《中晚唐幽州城的"檀州街"》,房山石经博物馆等编《石经研究》第一辑,北京燕山出版社2017年版,第184页。

三、三面展拓金中都

宋辽缔结"澶渊之盟"后结束了两国的军事对峙状态，但北宋总体上处在以财帛换和平的被压榨地位。契丹的咄咄逼人触动了北宋的积怨与收复幽蓟十六州失地的夙志，导致北宋在宣和年间与北方崛起的女真人建立的金国签订"海上之盟"，相约南北夹击已经极度虚弱的契丹。但是，北宋自身实际上同样摇摇欲坠，失去辽国作为战略缓冲地带后便迅速灭亡。宋室仓皇南渡之后，经过多年战争，金国与南宋的边界大致稳定在淮河一线。辽代的南京成了金代的中都，从北方政权的陪都之一上升为北半个中国的首都，城市本身也随之发生显著变化。

（一）城垣展拓

金朝的辖境虽然只有中国东部偏北的区域，中都却是历史上的北京作为国家首都的开端。金中都是在蓟城旧址之上成长起来的最后一座大城，城市性质的改变与政治地位的提高，反映在城市更名、城垣展拓、城门设置与命名等多个方面。

1. 海陵王迁都与燕京更名中都

在《金史》以及野史和小说类作品中，海陵王完颜亮被塑造为一个残暴荒淫的君主，对其夺取皇位与平生私德的攻评尤其突出。尽管如此，他具有一统南北的远大抱负，在推动金朝迁都前后表现出娴熟的政治智慧，为中都形成全新的城市格局奠定了基础。

金国早期以上京会宁府为政治中心，其地在今黑龙江省哈尔滨市阿城区。海陵王幼年酷爱经史，延接儒生，学习汉人文化，仰慕江南衣冠文物。上京一带是女真的传统活动区域，被金人视为"王气"与"根本"所在。但这里偏处东北一隅，与气候温暖、人文荟萃的燕京相比，显然不是控御中原的理想之地。海陵王试图南迁国都，必须克服女真贵族的阻挠。为此，天德二年（1150）七月，海陵王与右丞相梁汉臣谈论自己栽植的200棵莲花为何不活，引导朝臣揣摩上意，进而由他们提出："燕京地广土坚，人物蕃息，乃礼仪之所，郎主可迁都。北番上都，黄沙之地，非帝居也。"[1]海陵王从一个看似无关紧要的话题入手，引出了自己思谋已久的重大计划，而且迅速付诸行动。

天德二年（1150）冬，"遣左右丞相张浩、张通古，左

---

[1] 宇文懋昭：《大金国志》卷十三《海陵炀王纪年上》，《大金国志校证》本，中华书局1986年版，第185—187页。

丞蔡松年，调诸路夫匠，筑燕京宫室"①，这大致属于为实施建筑规划所做的人员安排。天德三年（1151）三月"诏广燕城，建宫室"，应是展拓燕京城垣、修建宫殿的开始；四月"诏迁都燕京"，提前做好舆论准备；"有司图上燕城宫室制度，营建阴阳五姓（行）所宜"，将未来的燕京城市规划提交皇帝审查；闰四月，"命尚书右丞张浩调选燕京，仍谕浩无私徇"，这是对主持建筑工程的高官发出的不得营私舞弊、中饱私囊的警告；九月"赐燕京役夫帛，人一匹"，以此调动民夫施工的积极性。②金朝翰林直学士赵可《都人进义何公墓碣》写道："天德三年，展那城，或荐公于用事者。于是东阡西陌，线引棋布，其制盖皆出于公焉。"③据此可知，燕京人何进义由于精通建筑，展拓燕京时被推荐给负责的官员，在道路设计和建筑布局方面有决定性的贡献。

经过三年的建设，贞元元年（1153）三月海陵王到达燕京，"以迁都诏中外"④。他是志在混一南北的帝王，当然具有更加开阔的视野和宏大的气魄，"以燕乃列国之名，不当为

---

① 宇文懋昭：《大金国志》卷十三《海陵炀王纪年上》，《大金国志校证》本，中华书局1986年版，第187页。
② 《金史》卷五《海陵王本纪》，第97页。
③ 李心传：《建炎以来系年要录》卷一百六十二《绍兴二十一年》，中华书局1956年版，第2650页。
④ 《金史》卷五《海陵王本纪》，第100页。

京师号，遂改为中都"①。"中都"代表了作为整个国家政治中心的地位，显示这里是"国君所居、人所都会"，远非此前的陪都可比。营建燕京时，投入了巨大的人力物力，南宋范成大说"役民夫八十万，兵夫四十万，作治数年，死者不可胜计"②；张棣估计"役天下夫匠百万"③。《金史》记载，大量夫役工匠暑月遭遇疾疫，"诏发燕京五百里内医者，使治疗"④。修筑燕京城的木料来自数百里外的积存，张浩等"取真定府（治今河北正定）潭园材木，营造宫室及凉位十六"⑤。元末《析津志》记载："金朝筑燕城，用涿州土。人置一筐，左右手排列定，自涿至燕传递。空筐出，实筐入，人止土一畚，不日成之。"⑥只有朝廷征调数以万计的民夫，才能以人海战术造成一条从百余里外运输泥土的人工传送带。筑城所需的石材、砖瓦等，大体就近取自燕京周围。

尽管已经从金上京迁都燕京，但海陵王对女真贵族的守旧势力仍不放心。正隆二年（1157）十月，"命会宁府毁旧宫殿、诸大族第宅及储庆寺，仍夷其址而耕种之"⑦。这

---

① 《金史》卷二十四《地理志上》，第572页。
② 范成大：《揽辔录》，《范成大笔记六种》本，中华书局2002年版，第16页。
③ 张棣：《正隆事迹记》，《四库全书存目丛书》本，齐鲁书社1996年影印版，第27页。
④ 《金史》卷八十三《张浩传》，第1862页。
⑤ 《金史》卷二十四《地理志上》，第572页。
⑥ 《日下旧闻考》卷三十七《京城总纪》引《析津志》，第588页。
⑦ 《金史》卷五《海陵王本纪》，第108页。

道命令大有斩草除根之意，要求把上京的皇家宫殿、贵族住所连同寄托其精神信仰的寺院尽行拆毁，原址铲为平地后变成农田，以此断绝他们回迁本民族发祥地的念头。尤其重要的是，海陵王具有"提师百万临江上，立马吴山第一峰"的雄心壮志，始终认为"大梁天下之都会，阴阳之正中"，迁都燕京不久就试图再迁汴京（今开封）。正隆元年（1156）冬"复修汴京大内"，四年（1159）"再修汴京，令左丞张浩、参知政事敬嗣晖董其役，集诸路夫匠大兴宫室，极其侈靡，将迁都焉"[①]。由张浩、敬嗣晖等人负责的继续修建汴京的工程，华丽奢侈的程度超过了已经作为首都的中都。只是由于海陵王忙于征伐南宋，随后又在军中发生内讧时被杀，再次迁都汴京的计划遂告终止，中都也才得以保全它作为整个国家政治中心的地位。中都城在金朝末期多次受到蒙古铁骑的猛烈进攻，宣宗贞祐二年（1214）被迫迁都汴京。就整个金代的历史而言，海陵王客观上为宣宗迁都准备了思想意识与城市建设的前提条件。

2. 大城展拓与城墙所在

汴京是海陵王心目中最理想的都城模式，因此要求燕京的规划建设以汴京为蓝本。南宋张棣记载："亮欲都燕，遣

[①] 宇文懋昭：《大金国志》卷十四《海陵炀王纪年中》，《大金国志校证》本，中华书局1986年版，第194、196、199页。

画工写京师宫室制度，至于阔狭修短，曲尽其数，授之左相张浩辈按图以修之。"①这里的"京师"，指宋人已经失去的汴京开封。一批画匠率先奉命到汴京描绘北宋的宫殿布局，尽量详细地标示所有建筑形态及其宽窄长短的具体尺寸，从而得到了一套完整的"绘画式"建筑图纸。这些资料交给负责营建工程的张浩等官员，由他们组织匠人和役夫按图施工。

天德三年（1151）四月，海陵王"诏迁都燕京"。这道诏书既是向朝中反对者展示迁都决心的政治宣言，也包含了海陵王"广燕京城"的基本方针：

眷惟全燕，实为要会。将因宫庙而创官府之署，广阡陌以展西南之城。勿惮暂时之艰，以就得中之制。②

他告诫朝野上下：地理位置非常重要的燕京将成为首都，因此要根据城中原有的宫殿、庙宇等分布情况，对朝廷以及各官府衙署的布局做出新的规划；加宽城内纵横交错的道路，向外拓展西面和南面的城墙；臣民不必顾虑建设过程中遇到的暂时艰辛，要尽量把皇宫放在国都的居中位置。

这个规划实施后，金中都的城垣规模和建筑格局与辽

---

① 张棣：《金虏图经》，《三朝北盟会编》卷二百四十四，第1751页。
② 《建炎以来系年要录》卷一百六十二《绍兴二十一年》，第2650页。

南京已是截然不同。海陵王迁都诏书虽然只说"展西南之城",实际上金中都已把辽南京大城的东、西、南三面城墙分别向外展拓,只是西、南两面外扩的幅度明显大于东面而已。一般认为,金中都的北城墙仍在辽南京北城墙一线,只是随着东、西新城墙的外拓而向两端延伸。当代考古学者提出,北城墙也有略向北移的可能。

金代文学家蔡珪撰写的两通寺院碑记,提供了中都城垣展拓的重要线索。作于世宗大定七年(1167)二月十五日的《十方万佛兴化院碑记》云:

> 都城之南郭有精舍焉,绘万佛于一堂之上,遂以名院。……天德中作新大邑,都西南广斥千步,遂隶城中。周垣迫于通衢,复择地景风关作别院以分处。大定三年请于朝,赐名兴化。

大定十年(1170)四月撰写的《大觉寺碑记》称:

> 河桥折而西有精舍焉,旧在开阳门郊关之外,荒寒寂寞,有井在侧,往来者便于汲,因名义井院。天德三年作新大邑,燕城之南广斥三里,寺遂入开阳东坊,大定中赐额曰大觉。[①]

---

① 《元一统志》卷一《大都路》,第26、38页。

这两通碑记告诉我们,辽代的十方万佛院位于燕京(辽南京)南城墙以外,金代海陵王天德年间"作新大邑",也就是修建规模更大的新都城,西、南两面的城墙比辽代旧城向外拓展"千步",于是把原本处在南郊的寺院圈入城中。寺院的围墙紧邻车马喧嚣的交通大道,不利于僧人在清静中修行,因此又选在中都新城的景风关(即南墙上靠近东侧的景风门)附近建立分院,金世宗赐名兴化院。此外,义井院在辽南京时期位于南城墙靠东侧的开阳门以外,周围平时近乎寂寥无声。金天德三年(1151)同样因为"作新大邑",旧城南墙向外拓展"三里",这才把义井院圈入新城之内,隶属于开阳东坊,嗣后由金世宗赐名大觉寺。

金中都"西南广斥千步"或"燕城之南广斥三里",都是对城墙外拓幅度的约略言之。金制五尺为步[①],"三百六十步约为里数"[②],如此则千步也约为三里。辽南京的东墙在今烂缦胡同一线,金中都外推至潘家河沿一线,拓展幅度一里有余。一般认为,金中都与辽南京的北城墙在一条线上。赵其昌先生等在白云观以西看到了晋代蓟城(唐幽州、辽南京)的西北城角残迹,此处距离会城门所在的中都北城墙的位置还有百米左右,于是据此推测:"这就表明,金代筑中都城,在辽城的基础上,东、西、南、

---

① 《金史》卷四十七《食货志二》,第1043页。
② 沙克什:《河防通议》卷下《运输第五·历步减土法》,国家图书馆藏民国抄本,第11页。

北四面都有扩展。"①这样的意见值得重视，相关问题尚待继续探索。

20世纪50年代初，北京大学阎文儒先生通过考察测量，归纳出关于金中都四面城墙所在位置的系统认识：

（1）西城墙。北端在羊房店东南角、城根关家园子一带，南端在凤凰嘴村西南角，全长近4530米。

（2）南城墙。从凤凰嘴西南角东转，村南自西向东流的灌田渠水一道，应是金中都南面护城河的遗迹。渠水北面的城墙遗迹，经万泉寺、石门村、霍道口、祖家庄、菜户营一线至右安门外大街以东，东南城角在四路通（永定门车站南），全长近4750米。

（3）东城墙。自四路通向北，经永定门车站，南北向的土岭窑岗子，陶然亭以北的窑台、黑窑厂胡同、梁家园一线，全长近4510米。

（4）北城墙。在会城门、羊房店一线，自东北城角新华街以西的西夹道至西北城角城根关家园子一带，全长4900米。②

以上测得的四面城墙，合计约为18690米。由于历代尺度的长短与换算比率不同，中都城墙的周长折合成"里"之后，不同时期得出的数字具有明显差异。以宋代木矩尺

---

① 赵其昌：《金中都城坊考》，《京华集》，文物出版社2008年版，第155—156页。
② 阎文儒：《金中都》，《文物》1959年第9期。

（折合0.309米）为标准①，依照金制1步为5尺、1里为360步推算，中都城周长约为34里。若依照宋制1里等于144丈折合，约为42里。《大金国志》称"都城四围凡七十五里"②，但这个数字历来被认为过于夸大。许亢宗路过的燕山府，还是旧时辽南京的规模，"周围二十七里"③。到金中都时代，若以西、南各扩3里、东面外扩1里估算，中都城垣合计41里，接近今人实测后以宋尺折合的里数。明洪武元年（1368）八月，徐达"令指挥叶国珍计度北平南城，周围凡五千三百二十八丈。南城，故金时旧基也"④，以唐制120丈为一里折合44.4里，以宋制折合则为37里。

迄今所见地表残存的金中都城墙遗址有三处：西城墙的高楼村段，南城墙的万泉寺段、凤凰嘴段。1984年，金中都城墙遗址成为北京市第三批文物保护单位。

3. 皇城格局与城门命名

辽南京与金中都的皇城都是行政枢纽所在，但辽代皇城偏处城市的西南一隅，金代则通过对三面（或四面）城

---

① 梁方仲：《中国历代户口田地田赋统计》，上海人民出版社1980年版，第542页。
② 宇文懋昭：《大金国志》卷三十三《燕京制度》，《大金国志校证》本，中华书局1986年版，第471页。
③ 宇文懋昭：《大金国志》卷四十《许奉使行程录》，《大金国志校证》本，中华书局1986年版，第561页。
④ 《明太祖实录》卷三十，洪武元年八月戊子。

垣进行幅度不等的外拓，使皇城大致居于全城的中心位置，显示出国家首都与陪都差异显著的政治象征意义，这也就是海陵王迁都之前要求实现的"得中之制"。至此，金中都形成了大城、皇城、宫城"环环相扣"的格局，在城门命名方面随之增添了比较浓重的首都特点与皇家色彩。

北宋一直不曾收复幽、蓟诸州故土，最后还仓皇逃离汴京开封南渡。尽管如此，出于固有的政治立场与文化心理，不论辽南京还是金中都，宋人都视为唐代以来的幽州，更常用的称呼则是超越现实政治的"燕京"，而且在某些场合仍称契丹和女真为胡虏。南宋张棣撰写的《金虏图经》，详细介绍了金中都的皇城布局（图3-1），当然也只称其为燕京而不是中都。

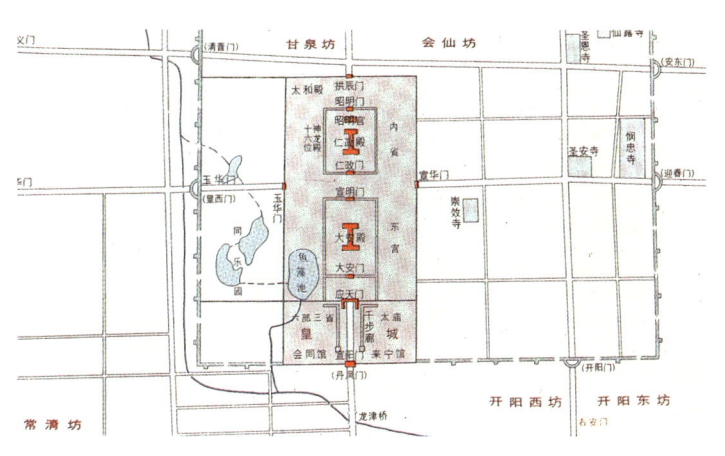

图3-1　金中都皇城与宫城局部（选自《北京历史地图集》）

根据张棣的描述，海陵王在燕京营造的内城，也就是中都大城之内的皇城，周长共计九里三十步。内城的正南门叫宣阳门，包括三个门。中间的正门绘一条龙，两个偏门各绘一只凤。中门只供皇帝车驾出入，平时不开。两个偏门分双、单日每天打开一门，不分贵贱，人人都可通行。入宣阳门后，东西侧各有一座楼，东边的称为文楼，西边的叫作武楼。这与中原文化"左文右武"或"文站东、武列西"的传统完全一致。文楼转东有来宁馆，武楼转西有会同馆，都用以接待南宋的使者。宣阳门正北，有一道南北向的千步廊。千步廊中部各开一座偏门，出东门可至太庙，出西门可到尚书省。由千步廊往北，面对的是通天门，大定五年（1165）改称应天门，是宫城的正南门。应天门东、西各约一里处，分别设置东掖门、西掖门。内城东门叫宣华门，西门称作玉华门，北门叫作拱辰门，又叫后朝门。应天门内为宫城，内殿分为九重，有三十六处宫殿。①

　　再结合《金史》记载可知，宫城的前殿称作大安殿，殿前有大安门，大安殿的北门（后门）叫作宣明门。大安殿以北有仁政殿，它的前门随之称作仁政门。仁政殿北有昭明宫，宫城的北门遂称昭明门。昭明门以北，则是皇城的北门拱辰门。②

---

① 张棣：《金虏图经》，《三朝北盟会编》卷二百四十四，第1751页。
② 《金史》卷二十四《地理志上》，第573页。

笼统地讲，辽南京的大城南部变成了金中都的皇城，辽南京的皇城变成了金中都的宫城。但经过金中都西、南城墙的外拓，辽南京大城与皇城"共用"的显西门至清晋门一线的西城墙，已经变为金中都宫城"专用"的西城墙；丹阳门一线原来由辽南京大城与皇城"共用"的一段南城墙，此时已变为金中都的皇城与宫城"共用"。新的宫城已经比较靠近全城的中间位置，基本满足了皇帝居于全城中心的政治文化需求。

金中都宫城的主体建筑布局，已经显现出了一条城市规划的南北中轴线。新的宫城坐落在旧时辽南京丹凤门至通天门的纵向轴线上，只是丹凤门此时已改称宣阳门，命名语词仍然延续了正对南方、面向太阳的寓意；宫城正南门以通天门或应天门为名，象征此门通向天子居住的宫殿，也有居住在里面的皇帝上应天命之意。应天门之内（以北）最气派的建筑大安殿、仁政殿，是朝廷举行重大典礼或接待邻国重要使臣的地方。仁政殿沿用了辽南京的旧殿，金世宗在大定二十八年（1188）仍然称赞它是全无华饰却经久坚固的范例。[①]由此派生命名的大安门与仁政门有宣示国家期望安定、施行仁政之意；大安殿的北门宣明门以及昭明殿之北以派生方式命名的昭明门，寄托着对政治清明的向往。金中都宫城的拱辰门，就在原来辽南京皇城

[①] 《金史》卷八《世宗本纪下》，第202页。

子北门的位置，二者都表示自身是北城门，但拱辰门含有"为政以德，譬如北辰"之意，更加切合金中都宫城作为国家政治核心区域的要求。

金中都把辽南京大城北墙靠西的通天门改称通玄门，指位意义更加明确；将北墙靠东的拱辰门改作崇智门，顺应了新城的总体命名原则，而原名拱辰门移作了中都宫城的北门之名。分列辽南京皇城东、西两面的宣和门和显西门，变成了金中都宫城东西两面的宣华门与玉华门。后者既与前者有一定的语词关联，又分别具有花色鲜明与洁白如玉之意，形成了语词含义的东西对应和华丽色彩。金代宫城的南门宣阳门与北门拱辰门，不论在地理位置还是命名语词方面，都具有彼此对称、南北呼应的特征。

图3-2 金中都纪念阙

1990年，北京市文物研究所配合城市建设工作，在广安门外做了大量的考古发掘。他们在广安门滨河公园迎春亭南侧，发现了一处南北长70余米、东西残长60余米、厚达5米的夯土基址，最后认定为金中都皇宫主殿大安殿的基址遗存。2003年在此处修建了北京建都纪念阙（图3-2），以纪念自贞元元年（1153）迁都燕京以来建都850周年。

（二）大城之门

金中都大城的城门数量和名称，见于南宋以来的几种文献，但彼此之间略有出入。后来者对个别城门的位置也有不同认识，城门命名的文化渊源更须做出系统的解释。

1. 十二门还是十三门？

据当代学者刘浦江先生考证，题名宇文懋昭撰的《大金国志》是"杂抄群书编辑而成，而为抄撮编辑者的水平所限，对于所抄书籍不加别择，有些完全凭空编造的伪书也被抄袭于其中"，南宋李心传《建炎以来朝野杂记》已指明它是"南人所伪为"[①]。尽管如此，《大金国志》关于金中都一般状况的描述，如城门的名称与数量之类，都属于最客观、最基本而且毫无必要篡改的信息，因此仍旧不失其史料价值。该书的"燕京制度"部分称：

> 城门十二，每一面分三门，其正门两旁又设两门。正东曰宣曜、阳春、施仁，正西曰灏华、丽泽、彰义，正南曰丰宜、景风、端礼，正北曰

---

① 刘浦江：《再论〈大金国志〉的真伪兼评〈大金国志校证〉》，《文献》1990年第3期。

通玄、会城、崇智。此四城十二门也。①

出自《三朝北盟会编》的南宋张棣《金虏图经》云：

> 都城之门十二，每一面分三门，一正两偏焉。其正门四旁皆又设两门，正门常不开，惟车驾出入，余悉由旁两门焉。其门十二各有标名：东曰宣耀，曰施仁，曰阳春；西曰灏华，曰立泽，曰新益；南曰丰宜，曰景风，曰端礼；北曰通元，曰会城，曰崇知。②

《金史·地理志》载：

> 城门十三，东曰施仁、曰宣曜、曰阳春，南曰景风、曰丰宜、曰端礼，西曰丽泽、曰颢华、曰彰义，北曰会城、曰通玄、曰崇智、曰光泰。③

元末熊梦祥《析津志》称：

---

① 宇文懋昭：《大金国志》卷三十三《燕京制度》，《大金国志校证》本，中华书局1986年版，第471页。
② 张棣：《金虏图经》，《三朝北盟会编》卷二百四十四，第1750—1751页。
③ 《金史》卷二十四《地理志上》，第572页。

> 城之门制十有二：东曰施仁、宣曜、阳春，南曰景风、丰宜、端礼，西曰丽泽、灏华、彰义，北曰会城、通玄、崇智，改门曰清怡，曰光泰。①

对照上述引证的文献，宣耀、新益、立泽、颢华是不同版本由于同音异写或字形相近造成的讹误，应分别写为宣曜、彰义、丽泽、灏华。在古代汉语中，"知"是"智"的本字，"崇智"写作"崇知"并无不可，只是对大多数人而言显得冷僻一些。通元，显然是清代刊本为避康熙帝玄烨的名讳而改，应作"通玄"。

统一了城门写法之后，再看城门数量。上述文献带来的问题是：金中都有十二座门还是十三座门？彼此之间的分歧在于：北城墙到底有三座城门还是四座城门？如何理解《析津志》关于北墙城门改名的叙述文字，是解决这个矛盾的重要环节。会城门的存在已经没有疑问，那么，当代通行的标点排印本征引的《析津志》所谓"北曰会城、通玄、崇智，改门曰清怡，曰光泰"，究竟是说通玄门、崇智门分别改为清怡门、光泰门呢？还是崇智门曾经改称清怡门而另外还有一个光泰门呢？除了对古文句读的理解之外，光泰门的存在与否也是判断十二门与十三门之说哪个能够成立的关键因素。

---

① 《日下旧闻考》卷三十七《京城总纪》引《析津志》，第587页。

查找文献发现，光泰门不仅见于《金史·地理志》，百官志里也说，内侍局设置了报德寺提控、报恩寺提控等官员，负责管理寺中供奉的"世宗御容"即金世宗的画像，地点分别在"光泰门街"与"清夷门街"。①《永乐大典》抄本《顺天府志》提到宛平县的桥梁，里面包括"旧光泰门一，旧崇智门一，旧清夷门一"②。这就说明：光泰门、崇智门、清怡门是同时并存的三个门，因此也就没有崇智门改名清怡门或光泰门的可能。另据《析津志》记载："观光桥，在南城通玄门外。"此外的数座"无名桥"，包括"崇智门外一，光泰门外一"③。这样看来，通玄门、崇智门、光泰门也是同时并存的三个门。至此，崇智门、光泰门的存在已是确凿的事实。

这样，唯一还有疑问的是"通玄门"与"清怡门"的关系。

《金史·卫绍王本纪》：大安三年（1211）二月，"有大风从北来，发屋折木，通玄门重关折"④。《金史·五行志》：大安三年（1211）"二月乙亥夜，大风从西北来，发屋折

---

① 《金史》卷五十六《百官志二》，第1265页。
② 《顺天府志》卷十一《宛平县（桥梁）》，《永乐大典》抄本，北京大学出版社1983年影印版，第277页。
③ 熊梦祥：《析津志》，《析津志辑佚》本，北京古籍出版社1983年版，第99页。
④ 《金史》卷十三《卫绍王本纪》，第293页。

木，吹清夷门关折"[1]。尽管这两条记载的文字略有差别，但它们显然是在描述金中都遭遇的同一次狂风灾害，被大风吹坏城门楼的"通玄门"与"清怡门"则是同一座城门的两个可以互换的通用称呼。

清代《日下旧闻考》编纂者推断："考《北平图经》谓奉先坊在旧城通玄门内，而《析津志》又谓在南城清怡门内。二名错见，疑'清怡'即'通玄'之别称。"[2]这里的《北平图经》，指明代洪武年间编纂的《北平图经志书》。元世祖至元年间，在金中都东北修建都城，二者最初分别以中都"旧城"与"新城"相称。不久，中都新城改名"大都"，旧城随之又被称为大都"南城"。同一个奉先坊，元末《析津志》说它"在南城清怡门内"，明初《北平图经》则说"在旧城通玄门内"。大都南城、大都旧城、中都旧城同为一地，用来定位同一个城坊的"清怡门"与"通玄门"也必是同一座城门。《金史》所载的大风吹断城门楼是罕有的偶然事件，为清人的上述推测和怀疑提供了有力的证据。但是，《日下旧闻考》接着却又推测："光泰或亦会城、崇智之别称。"[3]上面进行的分析比较已经证明，这个推测与史实不符，而只有"通玄门"改为"清怡门"能够成立。

---

[1] 《金史》卷二十三《五行志》，第541页。
[2] 《日下旧闻考》卷三十七《京城总纪》，第587—588页。
[3] 《日下旧闻考》卷三十七《京城总纪》，第587—588页。

当代标点排印本征引的《析津志》所谓"北曰会城、通玄、崇智，改门曰清怡，曰光泰"之所以使读者产生认识混乱，原因只有一个：标点者没有准确领会熊梦祥的意思，在运用新式标点符号时出现了看似"微不足道"的错误，进而导致实则"事关重大"的节外生枝、南辕北辙。首先，既然熊梦祥开头已经主张"城之门制十有二"，而且东、南、西三面城墙上已经各有三座城门，那么留给北城墙的城门也只能剩下三座，那就是会城、通玄、崇智三门。其次，熊梦祥认为通玄、崇智二门曾经分别改名清怡、光泰，因此在"会城"之后做了"承前省"的表述——"通玄、崇智，改门曰清怡、曰光泰"，而这正与他主张的十二门之说相符。最后，今本标点者对上述两点不明就里，因此在"清怡"之后误用了表示前后两句之间语气较长停顿、语义独立分隔的逗号，而没有正确选择表示停顿短暂、关系并列的顿号，这就难免使读者误以为"改门曰清怡"或许相当于"崇智"的小字注解，但这样一来却又意味着逗号之后的"曰光泰"应当是另外一座城门，从而推翻了撰者在前面主张的十二门之说。古人行文岂能如此乖戾、自相矛盾？

经过这样一番排比考辨后，可以断定：《金史·地理志》记载的中都十三城门，是最为准确和全面的结论，唯其"颢华"应从众写作"灏华"（图3-3）。与此同时也应看到，其他文献所持的金中都十二城门之说，符合城市空间布局中轴对称的一般规律，并非毫无价值的空穴来风。

这就启示我们，海陵王扩建燕京城时应当只有十二个城门，但在随后的某个时期增辟了北墙最东边的光泰门，由此变为十三门。从事物发展的一般规律来看，开辟光泰门的时间，应在金世宗大定十九年（1179）建成大宁宫之后。这座离宫位于中都城的东北近郊，周边依托白莲潭（元代称积水潭）等河湖营造出水乡美景，金世宗、金章宗等来此休闲避暑往往长达数月而不愿回到城里。由此推想，如果在中都北墙偏东处新辟一门，显然更能缩短与大宁宫的距离，便于皇帝往来于皇城与离宫之间。光泰门的年代不仅晚于海陵王时期开辟的十二门，而且也多少削弱了城市布局的传统制度，这就难免被后人轻视或忽略，以致缺少足够的记载。

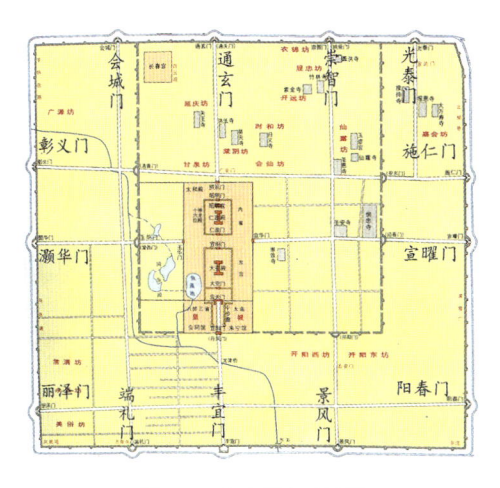

图3-3　金中都十三城门

（据《北京历史地图集》标定）

金末元初的诗文证实，至少在金代后期，中都城已有光泰门。曹之谦是金宣宗兴定年间（1217—1222）的进士，他的《北宫》诗写道："光泰门边避暑宫，翠华南去几年中。"[1]这个位于光泰门附近的避暑宫，当然就是城门东北方、建在琼华岛上的大宁宫。王恽是忽必烈时期的名臣，蒙古中统年间（1260—1264）住在南城（即金中都旧城）。他在《游琼华岛》诗中写道："光泰门东日月躔，五云仙杖记当年。"[2]这两句的大意是：登上光泰门以东的琼华岛，感叹岁月随着日月星辰的运行匆匆流过，不由得联想到当年的景象；莅临大宁宫的金朝皇帝的车驾，如同五色祥云护卫的仙人之车一样壮观。元好问是金末元初最著名的文学家，他的《东平贾氏千秋录后记》写道：海陵王时期，都水内监使者贾洵"督燕都十三门之役。郡众聚居，病疫所起，君出己俸市医药；有物故者，又为买棺以葬之"[3]。意思是说：贾氏的先辈贾洵，海陵王时期负责监工修建中都城的十三门。修城的大量百姓聚集在一起，后来发生了瘟疫。贾洵就贡献出自己的薪俸，为患病者买药医治，为亡故者买棺安葬。《金史》记载，天德三年（1151）夏季

---

[1] 房祺：《河汾诸老诗集》卷八，《丛书集成初编》本，商务印书馆1936年版，第114页。

[2] 王恽：《秋涧集》卷二十四《游琼华岛》，《四库全书》本。

[3] 元好问：《元好问全集》卷三十四《东平贾氏千秋录后记》，山西古籍出版社2004年版，第767页。

疾疫流行，海陵王"诏发燕京五百里内医者"为修城的工役治病[①]，贾洵的事迹正与此相符。元好问的这篇后记作于"壬子冬十月冬至日"，也就是蒙古宪宗二年（1252）冬至日，距离贾洵生活的海陵王时期已有百年之久。当他受贾氏后人之托追忆贾洵的生平时，遂以自己亲眼所见的中都十三门比附贾洵的功绩，于是称其"督燕都十三门之役"。至于当年的中都是十三门还是十二门，也就无须像要求历史学家那样苛责这位文学家了。元好问的这篇后记至少可以再次证明，中都城在金代后期确实有十三门而不是十二门。

当代有论者提出，元代在金中都东北郊修建大都后，为了便于新、旧两城之间的往来，才在中都北墙偏东处另辟一门，随后被元代的《金史》编纂者误记为金代已有十三门。事实上，亲见中都十三门的元好问论及贾洵督建"燕都十三门"在前，再过15年之后的至元四年（1267），忽必烈才开始营建中都新城即嗣后更名的元大都。仅此一点，已足见上述说法是向壁虚构的想当然，遑论其他证据哉！

2. 中都大城诸门的位置

确认了金中都由早期的十二城门加上稍晚些的光泰门

[①]《金史》卷八十三《张浩传》，第1862页。

组成十三城门的格局之后，再回头查看常见的几种历史文献对城门位置的叙述，可以找到其间的一些行文规律。《金史·地理志》与《析津志》从东墙最北端的城门开始，按顺时针方向环城依次数来：东墙是施仁、宣曜、阳春，南墙为景风、丰宜、端礼，西墙是丽泽、灏华、彰义，北墙为会城、通玄、崇智、光泰。《大金国志》大致是这样的观察角度：东、西两面城墙先记其正门，再以从南到北的顺序记下各自的旁边两门；南、北两面城墙也是先记其正门，然后站在城内面对南北城墙，以从左向右的顺序记下各自的旁边两门。《金虏图经》的叙述更有章法：站在城内，面对东、西、南、北四面城墙，先记每面城墙中间的正门，再按从左向右的顺序记下旁边的两座城门，最后再加上晚修的光泰门，构成十三门之制。

附带指出，晚清至民国初年的震钧《天咫偶闻》中附有《辽金元明都城合图》[①]，但此图毫无价值可言。图上对金中都城墙与城门的示意，除了景风、丽泽、会城三门的相对方位勉强可取之外，其他城门名称与所在位置的对应关系都出现了匪夷所思的错乱标注，城墙的位置尤其是北墙的画法更完全不足取法。有鉴于此，这里不再列举。

《金史·礼志》对祭祀天地日月、风雨雷师的中都坛

---

① 震钧：《天咫偶闻》卷十《琐记》，北京古籍出版社1982年版，第219页。

庙的记载，可以与地理志共同印证中都十三门的位置。其间以八方与八卦、天干、地支相配表示方位，以处于全城中心的皇城宫阙为定位的坐标原点，所谓"阙之巽地"与"阙之卯辰地"或"阙之卯地"，分别指八卦之巽卦所指的东南方向、地支之卯与辰所指的东南稍东、地支之卯所指的正东方向，其余的表述依此类推。把八方与八卦、天干、地支对应的示意图与金中都城门分布图叠加在一起（图3-4），有助于理解中都坛庙与城门的方位关系。

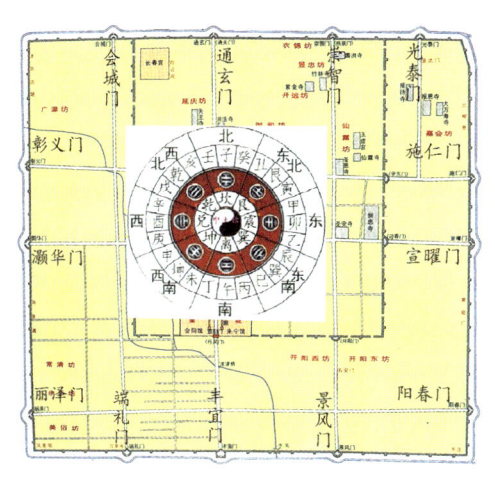

图3-4　金中都城门与八卦等所示方位的关系

（据《北京历史地图集》标注）

先看南城墙三门。《金史·礼志》记载："南郊坛，在丰宜门外，当阙之巳地。"[1]南郊坛就是圜丘，或称天坛。

---

[1] 《金史》卷二十八《礼志一》，第693页。

以地支表示的"巳地"指东南偏南的方向，建在这里的圜丘位于南城墙正门丰宜门外稍偏东南。明昌五年（1194），"乃为坛于景丰门外东南，阙之巽地，岁以立春后丑日，以祀风师"；"又为坛于端礼门外西南，阙之坤地，以立夏后申日，以祀雨师"①。景丰门，是"景风门"的同名异写。巽卦指示东南方向，沿着这个方向修建的风师坛又在景风门外东南，如此则景风门必为南墙之东门。坤卦对应西南，在这个方向修建的雨师坛处在端礼门西南，这就意味着端礼门必然是南墙之西门。明昌六年（1195），皇室在高禖坛为金章宗求子，"乃筑坛于景风门外东南端，当阙之卯辰地，与圜丘东西相望"②。以地支表示的"卯辰地"相当于东南偏东，高禖坛处在景风门外东南方向，正好与丰宜门外东南偏南的天坛东西相望。这就再次证明，景风门是南墙三门的最东之门，端礼门相应地就是其最西之门。

再看北城墙四门。《金史·礼志》称："北郊方丘，在通玄门外，当阙之亥地。"③北郊方丘就是地坛，以地支表示的"亥地"位于西北偏北。在此方向上的方丘处在通玄门外，如此则通玄门就是北城墙的正门。会城门距城西北角不远，地名至今尚存于羊房店以东，因此必然在通玄门之西。通玄门之东是崇智门，再至大城东北隅就是最晚开

---

① 《金史》卷三十四《礼志七》，第809页。
② 《金史》卷二十九《礼志二》，第722页。
③ 《金史》卷二十八《礼志一》，第693页。

辟的光泰门。

接着再看东城墙三门。《金史·礼志》说："朝日坛曰大明，在施仁门外之东南，当阙之卯地。"[1]以地支表示的"卯地"，指正东方。祭祀太阳神的朝日坛（大明坛）位于宫廷正东，实际上就是东墙正门宣曜门以东。此坛既然在施仁门外的东南方向，反过来也等于说施仁门位于此坛的西北，据此可见施仁门是东城墙三门里最靠北边的一个。金大定元年（1161）十一月，縠英自中都"率骑从出施仁门，驻兵通州，见世宗于三河"[2]，也证明了施仁门所在的方位。另外，《元一统志》记载，大兴县治"北至大都三里"，"西至旧城施仁门一里"[3]。元代所谓"旧城"指金中都城，大都的南城墙位于今东西长安街南侧。历史地理的研究已经证实，元代大兴县治在今宣南琉璃厂海王村附近。此地北距大都南城墙大约三里，在它西边一里远的金中都施仁门只能是旧城东墙三门中最北的城门。这样，阳春门也必定是东墙三门的最南之门。

最后看西城墙三门。前面征引的多种文献都认定，灏华门是金中都西墙三门的正门。当代研究显示，灏华门故址在蝎子门村。在民国年间的地图上，如1932年王华隆编绘《北平四郊详图》，蝎子门位于高楼村北、南北马连道

---

[1] 《金史》卷二十八《礼志一》，第693页。
[2] 《金史》卷七十二《縠英传》，第1662页。
[3] 《元一统志》卷一《大都路》，第9页。

村西南，大致相当于今丰台区卢沟桥乡马连道路西侧（图3-5）。

元明清时期，广安门内外大街有"彰义街"或"彰义门街"之称。这样的文化传统表明，彰义门是金中都西墙上最北边的城门，这个地方在今卢沟桥乡湾子村一带。金末至宁元年（1213）八月二十五日，纥石烈执中（胡沙虎）"分其军为三军，由章［彰］义门入，自将一军由通玄门入"[1]，入城地点就是这里。《大明一统志》称："百泉溪在（顺天）府西南一十里丽泽关，平地有泉十余穴，汇而成溪，东南流入柳村河。"[2]丽泽关，就是丽泽门。柳村河因为流经柳村旁边得名，柳村西北的水头庄就是百泉溪的源头。柳村、水头庄至今仍在，属于丰台区卢沟桥乡。水头庄东南的凤凰嘴村，是中都大城的西南角，至今仍有金代城墙遗址。根据它们之间的相对方

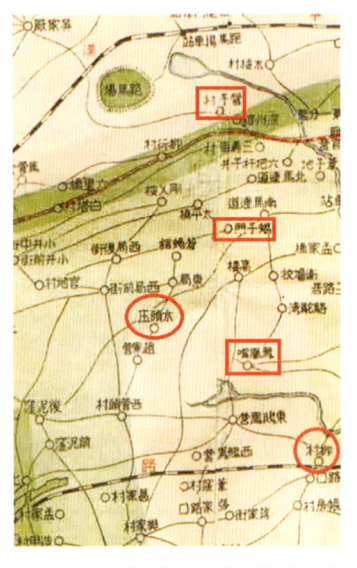

图3-5 金中都西墙三门位置相关村落
（据王华隆1932年编绘《北平四郊详图》）

---

[1] 《金史》卷一百三十二《纥石烈执中传》，第2836页。
[2] 《大明一统志》卷一《顺天府》，第92页。

位推断，中都西墙最南边的丽泽门应在凤凰嘴与高楼村中间的位置。《金史》称："夕月坛曰夜明，在彰义门外之西北，当阙之酉地。"①以地支"酉"表示的方位是正西，与朝日坛东西对应的夕月坛，必然在中都城的正西方向。《金史》所谓夕月坛"在彰义门外之西北"，应当是把"西南"误书为"西北"所致。元世祖至元年间，大臣王磐致仕，"皇太子赐宴圣安寺，公卿百官出送丽泽门外，缙绅以为荣"②。金中都的丽泽门，此时已叫作大都南城的丽泽门了。

3. 中都十三门的命名渊源

与辽南京相比，金中都城门的命名渊源仍然是各种传统思想的综合体现，命名语词同样取自八卦、八方、五方、五行、五德、四象等观念，但已经显示出比较明显的规律性和系统性，这也是一国首都比陪都的城门命名更加受到重视的反映（图3-6）。

金中都城门命名语词的选择，最突出的特征是儒家的"仁义礼智信"五种道德观念与"东西南北中"五个方位逐一相配。

东方属仁，东墙三门之中最北边的城门据此命名为

---

① 《金史》卷二十八《礼志一》，第693页。
② 宋濂等：《元史》卷一百六十《王磐传》，中华书局1997年版，第3755页。

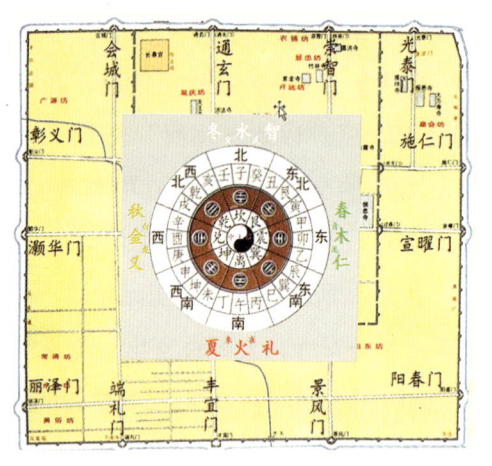

图3-6 影响金中都城门命名的文化因素

（据《北京历史地图集》标注）

"施仁门"；西方属义，西墙三门最北边的城门随之叫作"彰义门"。这两个城门不仅在地理位置上东西对称，"施仁"劝导治国者施行利国利民的仁政，"彰义"提倡社会推崇符合道德规范的行为和义举，其语词含义与"孔曰成仁，孟曰取义"的文化传统丝丝入扣，在思想意义上也构成了东西对称的关系。此外，这种对称关系也进一步证实，施仁门只能是与西墙彰义门对称的东墙最北边的那座城门，否则不仅有违《元一统志》的记载，而且破坏了两座城门之间的多重对称关系。首都城门的命名是国家的文化门面，古人不可能草率对待。南方属礼，于是在南墙最西边设置"端礼门"；北方属智，北墙的东门即称为"崇智门"。两座城门的连线从西南到东北穿过城市中心的皇城，在地理分布上表现为斜线上的对称关系。"端礼"含有郑重遵守社会行为法则和礼仪制度规范，或者做人品行端正、对人以礼相待之意。"崇智"有崇尚智慧之意，教导人们注重培养聪明才智、增强做事能力。

四时、四方、四象、五行、八卦等观念，是中都其余城门命名语词的渊薮。

东方是太阳升起的方向，对应着春季。中都东墙的正门因此称作"宣曜门"，南门叫作"阳春门"。这里的"曜"指日光，"宣曜"有显示光辉之意。正东门面对的早晨升起的太阳放射出灿烂光辉，为人间带来新的一天；一年初始，天气回暖，万物萌生，这正是"阳春"的景象，"宣曜门"与"阳春门"命名的文化之源就在于此。

南方对应着四时中的夏季，是暖热季风吹来的方向。太阳高挂南方的正午前后，也是光照最强的时段。丰宜门，是金中都的正南门，其命名语词出自《周易》六十四卦之一的丰卦。丰卦位于"离下震上"，对应着南方。卦辞说：

> 亨，王假之。勿忧，宜日中。《象》曰：丰，大也。……勿忧，宜日中，宜照天下也。①

---

① 《周易》，《黄侃手批白文十三经》本，上海古籍出版社1983年版，第33页。

大意是：丰卦显示，王到祖庙祭祀，最适宜的时间是日上中天的正午。解释卦辞的《彖》说：丰卦，象征着大。卦象显示无须担忧，王适宜在日中时分做大事，也就是在太阳光芒照耀天下的时候。这就意味着，丰宜门是丰卦对应的、适宜正午时分做大事的城门。古代最重视的两件"大事"，是祭祀自己的祖先与打赢卫国的战争，也就是《左传》所谓"国之大事，在祀与戎"[①]。南城墙最东边的景风门，以方位与物候为名。景风，意思是夏至过后和暖的南风或东南风。西汉刘安《淮南子·天文训》写道："清明风至四十五日，景风至。"东汉高诱注称，景风是"离卦之风也"，也就是离卦对应的南方吹来的风[②]。许慎《说文解字》也认为："东南曰清明风，南方曰景风。"[③]不过，《淮南子·地形训》又说："东南曰景风。"高诱注称："巽气所生也，一曰清明风。"[④]这样看来，汉代人把"景风"用作南风或东南风的代称，二者的差距并不大。三国魏文帝曹丕致信好友吴质："方今蕤宾纪时，景风扇物；天气和暖，众果具繁。"[⑤]蕤宾，指农历五月。这个季节南

---

① 《左传·成公十三年》，《黄侃手批白文十三经》本，上海古籍出版社1983年版，第186页。
② 高诱注：《淮南子》卷三《天文训》，中华书局影印《诸子集成》本，第38页。
③ 许慎：《说文解字》，中华书局1963年版，第284页。
④ 《淮南子》卷四《地形训》，第56页。
⑤ 曹丕：《与朝歌令吴质书》，《文选》卷四十二，第591页。

风或东南风吹拂万物，温暖的天气催动各种树木开花结果。金中都南墙最东的城门正处在东南方向，对于城里来说，这里最早迎来景风，命名为"景风门"恰如其分。

西方对应着四时之中的秋、五行之中的金，在五行相生相克的关系里金又生水，此即《千字文》"金生丽水"的来源。中都西城墙的正门称作"灏华门"，"灏"与"浩"相通，形容水势无边无际，引申为众多、广大。如此，则"灏华"有形容收获的秋季果实累累、繁荣兴盛之意。西墙最南的丽泽门，位于中都的西南，是《周易》坤卦对应的方位。解释坤卦的《文言》说："坤至柔而动也刚，至静而德方。"[1]意思是说，坤卦代表着最柔软沉静的事物，一旦运动起来就变得刚劲而恪守行事法则。西方与金相生的水，正是天下至柔而富于变化之物。聚水成泽，既是自然所为，也被视为福气。丽泽门周边的百泉溪、万泉寺、水头庄等村落或泉流的名称，表明这里历来是多水之地。"丽泽"源出与坤卦紧邻、对应正西的兑卦："《象》曰：丽泽，兑。君子以朋友讲习。"解释卦辞的《象传》虽然做了这样的说明，但仍然不免令后来者困惑。因此，唐代经学家孔颖达进一步阐述道："丽犹连也，两泽相连，润说之盛，故曰丽泽兑也。"[2]这里的"说"，就是"悦"。

---

[1] 《周易》，《黄侃手批白文十三经》本，上海古籍出版社1983年版，第4页。
[2] 《周易正义》卷六《兑》，《十三经注疏》本，第69页。

综合上文可知，"丽泽"出自兑卦，意思是两个水泽连在一起，彼此关系就像人与人之间无比和谐喜悦一样。志同道合的君子欢聚一堂，相互切磋对于道义的认识，正符合兑卦刚柔相济的精神。唐代柳宗元把朋友之间的交流砥砺称作"丽泽之益"[①]，也是大家相连相悦使自己得到进步之意。正西与西偏南都属于西方的范畴，因此金代才以兑卦中的"丽泽"为西墙靠南的城门命名。

北方对应着四象中的玄武，因此，中都北墙大致居于中间的城门叫作"通玄门"，即通往玄武代表的北方的城门。这里原本是辽代的通天门，金代改为更有传统文化意味的通玄门。会城门，是中都北墙最西边的城门，对应乾卦所指的西北方向。卦辞说：

乾，元亨利贞。……亨者，嘉之会也。[②]

大意是说，乾卦象征着极其通顺，有利于占卜问事。亨，是美好事物的会聚之所。这样看来，会城门就是美好事物由此汇聚于城中之门。光泰门，是北城墙上最靠东侧的城门，它所处的中都东北隅是《周易》艮卦对应的方

[①] 柳宗元：《柳宗元集》卷二十三《送崔子符罢举诗序》，中国书店2000年版，第335页。
[②] 《周易》，《黄侃手批白文十三经》本，上海古籍出版社1983年版，第1页。

向。光泰，意为发扬光大，应是以美辞寄托心中的期望。艮卦的卦辞说：

> 艮，止也。时止则止，时行则行，动静不失其时，其道光明。①

意思是说，艮卦是教导人们静止的卦。时势要求静止就保持静止，要求行动就开始行动。无论行动还是静止都不违背时势的要求，这样的处事之道能使前途一片光明。据此看来，"光泰门"的命名与艮卦中的"其道光明"相通，甚至可能就是以此作为语词选择的依据。这样的历史文化传统，未来还将在元大都的城门命名中得到强化。

（三）中都遗响

金中都是古代蓟城旧址上发展起来的最后一座大城，城门决定了城市内外交通的主要干线。以城内的主干街道为界，所有街巷又被划分为若干个类似于居民小区的坊。金朝末年，中都多次受到蒙古军队的猛烈进攻直至被占领，皇城宫殿区惨遭焚毁而无法继续利用，这也是

---

① 《周易》，《黄侃手批白文十三经》本，上海古籍出版社1983年版，第31页。

嗣后忽必烈在中都东北郊另建新城的原因之一。金代涉及城墙与城门的诗歌开始有迹可循，甚至在元明清诸朝的某些诗歌中还可见到金中都城门的影子。当中都城的实体绝大部分消逝后，我们可以通过文学的载体窥见它的一鳞半爪。

1. 城门与城市交通干道

四面封闭式的古典坊里制度，在北宋的汴京开封已经被开放式的市坊取代，模仿汴京修建的金中都也顺应了这样的时势。考古发掘显示，金中都城市中心的旧城区没有改动，仍然保持辽代的坊制格局。扩建幅度较大的西、南、东三面，完全采用开放式的坊巷。西南部的东西向街道大多是等距离的平行胡同，城东部今宣武门外大街及其以东的椿树胡同、陕西巷等南北方向的胡同，也是金中都街道的遗迹。《元一统志》记载："旧城中西南、西北二隅，坊门之名四十有二。……东南、东北二隅，旧坊门之名二十。"[1]这62坊所处的西南、西北、东南、东北"四隅"，并不是方形城区的四个角落，而应是大致以皇城为十字的交点、纵横切割后划出的四片城市管理区域。隔开这四个区域的标志，只能是城里的干线街道。从四个区域的大致均衡考虑，发挥分区作用的道路应当是：东起宣曜

---

[1] 《日下旧闻考》卷三十七《京城总纪》引《元一统志》，第592—593页。

门、西至灏华门的横向街道，南起丰宜门、北至通玄门的纵向街道。二者纵横垂直，都被几何意义上的交会点——皇城区域隔断。

根据历史文献与今人研究，迄今所知的金中都街巷，有蓟门北街、光泰门街、彰义门街、清怡门（通玄门）街、丰宜门北街、黑楼子街、披云楼东街、白马神堂街、竹林寺东街、阁街、施仁门水门街、金台坊西街、春台坊街、春台坊西大巷、宣阳门西巷、阳春门内小巷、老君巷、山北店北巷、大花巷、石幢东街、水门街等[1]，城门、建筑等是它们命名的主要参照物。其中，竹林寺东街，应当就是唐代著名的檀州街，从崇智门向南至圣恩寺；光泰门街，从光泰门向南至"施仁门—彰义门"一线；施仁门水门街，从施仁门向西；彰义门街，从彰义门向东；清怡门（通玄门）街，从通玄门向南至皇城拱辰门；丰宜门北街，从丰宜门向北至皇城宣阳门（图3-7）。

从已有研究结果看，在横向的主干街道中，施仁门—彰义门一线东西贯通，此外还有宣曜门—宣华门，显西门—灏华门，阳春门向西至皇城，丽泽门向东至皇城西等几条主干街道。在纵向街道中，景风门—崇智门一线、端礼门—会城门一线的两条干道南北贯通；此外还有前边已

---

[1] 北京图书馆金石组、中国佛教图书文物馆石经组编：《房山石经题记汇编》，书目文献出版社1987年版，第297—618页；于杰、于光度：《金中都》，北京出版社1989年版，第27—29页。

图3-7 金中都城图

(选自《北京宣南历史地图集》)

经提到的通玄门街、光泰门街、丰宜门北街等。城门是这些街道沟通城内与城外交通的枢纽,城门以外的关厢地区是人口相对集中、商业比较活跃的城乡接合部,城墙则做了城区与郊区的分界线。

2. 战火中的金末中都城

金末蒙古军队进攻中都时,大城的各个城门自然是重兵防守之地。卫绍王大安三年(1211)九月,蒙古兵临中都城下,十月"遣泰州刺史尤虎高琪屯通玄门外"[1]。十二月,蒙古军队攻入中都,守卫内城(皇城)的金军与之展

---

[1] 《金史》卷十三《卫绍王本纪》,第294页。

开巷战。虽然紧接着在崇庆元年（1212）正月退兵议和，但整个中都城已经在战火中惨遭破坏。正如卫绍王对朝臣泣诉的那样："燕京自天会初不罹兵革，殆将百年。僧寺道观、内外园苑、百司庶府，室宇华盛，至是焚毁无遗。"[1]至宁元年（1213）五月，右副元帅胡沙虎"领武卫军三千人，屯通玄门外"，八月又"自通玄门入"发动兵变[2]。九月，金宣宗即位，改元贞祐。十月，蒙古军包围中都，"京师戒严"[3]。金朝以赔偿大量财帛并送出宗室公主为代价议和，蒙古军队却又在中途劫掠运往中都的粮食，致使"京城白金三斤，不能易米三升，死者不可胜计"[4]。贞祐二年（1214），金室南迁汴京开封。

贞祐三年（1215）五月，中都被蒙古军队攻破，皇城尤其是宫城成为遭受毁坏最严重的区域。南宋李心传《建炎以来朝野杂记》写道：

> 燕京宫室雄丽，为古今之冠。鞑人见之，惊畏不敢仰视，继而亦为乱兵所焚，火月余不灭。其所积财货，初无所用，至以银为马槽，金为酒

---

[1] 张师颜：《南迁录》，清汲古阁抄本，第17页。
[2] 《金史》卷十三《卫绍王本纪》，第296页。
[3] 《金史》卷十四《宣宗本纪上》，第302页。
[4] 《大金国志》卷二十四《宣宗皇帝纪年上》，《大金国志校证》，第325页。

瓮，大者重数千两。[1]

清康熙年间的邵远平《元史类编》亦载：成吉思汗十年（1215）五月，面对蒙古军队的进攻，"金燕京留守完颜承晖仰药死，抹捻尽忠弃城走"。金军守将或自杀或逃走，此前叛金附蒙的将领石抹明安率军进入不战而降的中都。"石抹明安入城，焚宫室，火月余不灭"，随后"辇其府库之实北去"[2]，也就是用大小车辆满载燕京国库的金银财宝与各类物资回到北方草原。

以游牧骑射作为主要经济生活方式的蒙古，每当攻破一地的城池后，通常在焚烧、杀戮、掳掠之后，满载着战利品返回草原故地。他们原本没有未来利用金中都作为国家政治中心的打算，因此也就延续了此前习惯的做法。当忽必烈试图以燕京作为首都时，此前已被蒙古军队焚毁的宫殿区需要在废墟上重建，旧有的城市规模也不符合见惯了辽阔草原的新统治者所追求的开敞宏大的气魄，再加上水源难以满足新首都的需要，这才在中都旧城东北重新选址，以大宁宫风景区为中心另建中都新城即后来的元大都。

---

[1] 李心传：《建炎以来朝野杂记》乙集卷十九《鞑靼款塞》，中华书局2000年版，第852页。

[2] 邵远平：《元史类编》卷一《世纪一》，清乾隆六十年扫叶山房刻本。

3. 诗歌里的中都城门

金代诗歌里有些对中都城门的描写，但通常是以城门指代整座城市，吟咏的起因则是在城门送别朋友，随之抒发就此分别的感慨和联想。这些文学创作使城墙和城门作为文化载体的内容更加丰富，某些城门名称在明清时期仍被用作诗题，都属于金代历史与文化的遗响。

杨云翼（1170—1228），字之美。章宗明昌五年（1194）进士第一，与赵秉文同为文坛领袖。他的七绝《阳春门堤上》，应是站在中都东墙阳春门外护城河堤上眺望四周时所作。诗中描写了河堤柳树梢头春意初现的景致，与唐朝韩愈《早春呈水部张十八员外》中的"草色遥看近却无"差相仿佛。诗云：

> 薄薄晴云漏日高，雪消土脉润如膏。
> 东风可是多才思，先送轻黄到柳梢。[1]

刘昂，字次霄，章宗承安五年（1200）进士。因为此前在世宗大定十九年（1179）有另一进士刘昂，后来的同名进士遂被称作小刘昂。小刘昂《都门观别》诗云：

---

[1] 杨云翼：《阳春门堤上》，元好问编《中州集》丁集卷四，中华书局1959年版，第215页。

买酒消闲愁，剪刀剪流水。
闲愁不可消，流水无穷已。
悠悠窗下断肠波，总是行人堕泪多。
门外马嘶思远道，小嚬犹唱渭城歌。
歌声未断征鞍发，望断垂杨人影灭。
斜阳照影却归来，两地相望今夜月。
阅人多矣主人翁，离别都归一笑中。
陌上行人终不悟，年年杨柳怨春风。①

在国都送朋友出城远去，郊亭饯行过后拱手分别。表面上越是故作淡然洒脱，越是说起来显得不以为意，内心里就越发感到不舍与惆怅。

曹之谦，字益甫，号兑斋，宣宗兴定年间（1217—1222）进士。前面提到他的《北宫》诗，全文如下：

光泰门边避暑宫，翠华南去几年中。
干戈浩荡人情变，池岛荒芜树影空。
鱼藻有基埋宿草，广寒无殿贮凉风。
登临欲问前朝事，红日西沉碧水东。②

---

① 刘昂：《都门观别》，元好问编《中州集》丁集卷四，第194页。
② 曹之谦：《北宫》，房祺《河汾诸老诗集》卷八，第114页。

作者写这首诗的时候，中都已经发生了重大变故。为躲避蒙古军队的猛烈进攻，金朝把国都南迁到汴京开封。金世宗和章宗时代的避暑胜地琼华岛已经荒废，不仅是这里的大宁宫广寒殿，甚至连同皇城之内的同乐园、鱼藻池等旧日美景，在战乱之下都已凋敝残破，变成了相对渺茫的前朝旧事。

元好问（1190—1257），字裕之，号遗山，世称遗山先生，金末元初著名的文学家。他的《京都元夕》写道：

> 袨服华妆著处逢，六街灯火闹儿童。
> 长衫我亦何为者？也在游人笑语中。①

正如前面说过的那样，六街是国都城中主要街道的通称，大多通往城门或者贯通于两座城门之间。诗中描绘了正月十五中都城内欢度元宵节的景象：不论在哪里见到的游人，都穿着盛装艳服。孩子们在大街小巷燃放烟花，城市因此变得灯火辉煌。作者自己也身着长衫，融入欢声笑语的人潮之中。此情此景，令人联想到南宋初期辛弃疾《青玉案·元夕》对临安城内元宵节的描写："东风夜放花千树，更吹落，星如雨。宝马雕车香满路。凤箫声动，玉

---

① 元好问：《元好问全集》卷十一《京都元夕》，山西人民出版社2004年版，第341页。

壶光转，一夜鱼龙舞。"①当然，立志为国建功、收复失地却得不到重用的辛弃疾，描写喧腾火热的场面旨在衬托自身的无助与寂寞，与元好问的七绝具有截然不同的思想感情。但若仅就写景而言，一诗一词几乎构成了时间错位、空间迥异的遥相呼应。

元世祖至元四年（1267），着手在金中都旧城东北郊营建中都新城，不久改称大都，中都旧城因此亦称大都南城。二十二年（1285）以后，皇室、贵族、衙署、商铺陆续迁到大都城内。《元史·选举志》说：至元二十四年（1287），"既迁都北城，立国子学于国城之东，乃以南城国子学为大都路学"②，标志着南城完全失去了国都地位。在这样的背景下，次年十月，进行了对南城的彻底整治。王恽（1227—1304）《革故谣》记其始末：

> 南城嚣嚣足污秽，既建神都风土美。
> 燕人重迁朽厥载，睿意作新思有沘。
> 一朝诏从殊井疆，九陌香生通戚里。
> 炀城密迩不划去，适足囊奸养狐妣。
> 城复池隍莫叹嗟，一废一兴固常理。
> 今年戊子冬十月，天气未寒无雨雪。

---

① 辛弃疾撰、邓广铭笺注：《稼轩词编年笺注》，上海古籍出版社1993年版，第19页。
② 《元史》卷八十一《选举志一》，第2032页。

禁军指顾旧筑空，郊遂坦夷无壅隔。
寂寞千门草棘荒，他年空有铜驼说。
我诗虽小亦王风，庶配商盘歌帝哲。①

王恽早在蒙古中统年间就住在南城，目睹了这座城市在元朝前期的变化，体会到南城用水的艰难与环境的恶劣。他曾作短文《新井记》，叙述在住所空闲之地雇人凿井得到甘泉的过程和喜悦心情。《革故谣》试图像《尚书·盘庚》赞美盘庚迁殷那样，为元世祖忽必烈营建大都、革故鼎新之举留下历史的记录。诗中叙述，南城已是人口拥挤、建筑破败之地，幸亏皇帝英明睿智的决策，在附近建成了面貌一新、规划严整的大都城。自金朝谥号海陵炀王的完颜亮迁都以来，中都旧城逐渐变得拥挤不堪。如果不把多余的建筑铲除，这里只适合隐藏奸匪、狐狸、毒蛇之类。人们无须为护城河与城墙的消失而感叹，盛衰兴废的交替出现历来是世间经常发生的变化。至元二十五年（1288）十月，在一个天气比较晴朗温和的日子，随着禁军首领一声令下，不少旧有建筑被一扫而空，从城里通往郊区再也没有任何阻隔。被铲除的众多房屋踪迹皆无，倘若他年有人来到这里，恐怕只剩下遥想铜铃叮当作响的骆驼队曾在城下经过了。王恽的这首《革故谣》足以补正史

---

① 王恽：《秋涧集》卷十《革故谣》，《四库全书》本。

之缺佚，准确显示了金中都城墙的拆毁始于至元二十五年（1288）十月的官方行动。

到明清时期，金中都的城门名称仍然存在于士大夫和百姓的生活中。彰义门扼守着出北京奔卢沟桥继续南下的要道，其历史影响尤其广泛和深远。明嘉靖三十二年（1553）修建外城之后，出广宁门（今广安门）西行三四里，到达今天的丰台区湾子村转向西南，开始踏上当代京广铁路所在的太行山东麓大道。作为这个转折点的湾子村一带，就是金中都时期的彰义门所在地。尽管金中都的彰义门实际上处在明代北京外城广宁门以西三四里远，人们却习惯于把广宁门称作彰义门。这样，一般而言，以彰义门为题的诗歌如果作于嘉靖三十二年（1553）修建外城之前，吟咏的对象就是金代的彰义门；晚于这个年份的则是以彰义门指代明朝北京外城的广宁门。只要能够以此寄托送别朋友远去的情思，作者往往也就不去分辨城门名称所指地点的古今差异了。

唐文凤，字子仪，号梦鹤，永乐年间即与其父唐桂芳以文学著称。他有组诗《赋宛平十景诗一十章送江弘德归新安》，以吟咏"宛平十景"所得的十首诗送别朋友南去，包括黄金台、白云观、居庸关、西湖景、卢沟桥、玉泉山、宗师庵、育王塔、彰义门、固节驿。这时尚无北京外城，第九首《彰义门》所咏的就是金代彰义门：

> 古城临孔道，设此彰义门。
> 西林隐暮霭，东冈见朝暾。
> 寂寂孤客馆，依依远人村。
> 行者步履劳，居者笑语温。
> 人生各有适，高谊古所敦。
> 临风动深念，去去谁与论。①

丘云霄，字凌汉，号止山，是明代嘉靖年间的官员。他有《彰义关送驾南巡》四首，描述了恭送皇帝南巡的见闻与感想。兹录其一、其四如下：

> 晓树葱茏月渐低，龙舆光转凤城西。
> 鹓行露肃衣冠集，雉尾风高甲仗齐。
> 缭绕紫云行处合，徘徊清跸望中迷。
> 太平天子初巡守，式听明庭咏醉鹥。

> 玉剑金戈拂晓霜，初程应计到良乡。
> 霓旌夜卷星辰动，雾辇春行草木香。
> 麋鹿乍惊陈虎贲，风云长为护龙骧。

---

① 唐文凤：《赋宛平十景诗一十章送江弘德归新安·彰义门》，程敏政校订《唐氏三先生集》卷二十一《梧冈诗稿》，明正德间刻本。

敞袍愿作归朝舞,早听欢呼委佩长。①

诗中所谓"龙舆光转凤城西",是说皇帝车驾出城来到北京西南。"凤城"是对京城的美称,形容天子所居是凤凰降落带来祥瑞之地。"太平天子初巡守",应指嘉靖皇帝首次出京南巡。《明世宗实录》记载:嘉靖十八年(1539)二月,皇帝到湖北钟祥的承天卫拜谒祖上的显陵,十六日"圣驾发京师。居守大臣及文武群臣,送驾于宣武门外"。十七日,命锦衣卫逮捕了"驾历良乡"时"失于迎候"的地方官。②由此可见,车驾出发不久确实到了良乡,也就是诗里估算的"初程应计到良乡",但这里说留在北京的群臣"送驾于宣武门外",与彰义门还很有一段距离。此时北京尚未修建外城,沿途送驾的群臣可能是从宣武门外一直排到了彰义门旧址甚至更远。皇帝刚刚离京,臣下就开始期盼他早日回朝了。

王立道(1510—1547),字懋中,号尧衢,嘉靖十四年(1535)进士。他的绝句《彰义关候驾十首》,显然是丘云霄《彰义关送驾南巡》所咏同一事件的后续。一送一迎的路径,都须经由彰义关这个转折点。其二、其六、其八依次写道:

---

① 丘云霄:《止山集·北观集》卷三《彰义关送驾南巡》(四首),《四库全书》集部六别集类五。
② 《明世宗实录》卷二百二十一,嘉靖十八年二月乙卯、丙辰。

候晓宵驱彰义关,古桥无复水溇溇。
人家两岸春杨里,旧是桑乾第几湾。

燕山明月照卢沟,笳吹喧喧水急流。
行人尽唱千秋曲,一夜欢声达帝州。

灯火城西几万家,仗来驰道满烟霞。
须臾拜舞千官合,宝炬光中驻翠华。①

等候皇帝车驾的官员连夜赶到彰义关外,这里能够看到的古桥,是更靠西南的卢沟桥。卢沟、桑干都是永定河在历史上的称谓。由此可见,迎接皇帝归来的队伍早已遍布彰义门至卢沟桥一线,这也是彰义门具有重要交通地位的象征。

区大相,字用儒,号海目。明万历十七年(1589)进士,是广东岭南的诗词大家。他有《同七弟送四兄于彰义门》两首,表达兄弟惜别之情以及对将来大展宏图的期盼。此时北京外城早已筑就,这里的彰义门应是广宁门的代称。兹录其一:

---

① 王立道:《具茨诗集》卷五《彰义关候驾十首》,《四库全书》集部六别集类五。

> 二弟送兄返，停车彰义门。
> 车傍有鹡鸰，摇摇复在原。
> 岂为急难故，当由恋孤骞。
> 羁人滞远道，游子念故园。
> 纤纤城畔草，聊用藉芳樽。
> 柳条时自短，何以系南辕。
> 鸿鹄绝四海，不顾丘与樊。
> 大鹏徙南溟，斥鷃有遗言。
> 兄乎振六翮，天池共奋翻。①

清代至民国时期，仍有诗词沿用金中都的城门名称指示方位，这里仅举一例。朱祖谋（1857—1931），字古微，号彊村，光绪九年（1883）进士，被誉为晚清四大词家之一。其《鹧鸪天·九日丰宜门外过故人别业》写道：

> 野水斜桥又一时，愁心空诉故鸥知。
> 凄迷南郭垂鞭过，清苦西峰侧帽窥。
> 新雪涕，旧弦诗，悒悒门馆蝶来稀。
> 红萸白菊浑无恙，只是风前有所思。②

---

① 区大相：《区太史诗集》卷五《同七弟送四兄于彰义门》，明崇祯间刻本。
② 朱祖谋：《鹧鸪天·九日丰宜门外过故人别业》，《彊村词前集》，清光绪间刻本。

这里的"野水斜桥"，正是"南郭"即金中都正南的丰宜门外常见的景象。上述诗词都表明，即使金中都已经过去了数百年之久，它的城门名称仍然延续着区域历史文化的脉络。

四、新址崛起元大都

元大都的崛起具有里程碑式的意义，奠定了北京距今700多年以来的基本位置和城市格局。金贞祐三年（1215）蒙古军队占领金中都，宫殿区遭到大火焚毁。将近20年之后，南宋使者在端平元年（1234）出使燕京，"因就看亡金宫室，瓦砾填塞，荆棘成林"[①]。又过了20多年，忽必烈听从霸图鲁、刘秉忠等人的主张，决意经略中原并以燕京为都。当他在蒙古中统元年（1260）到达燕京后，中都旧城更加不堪其用，只能驻在东北郊未遭战火破坏的大宁宫园林区琼华岛（今北海公园白塔山）。见惯了茫茫草原广阔无垠的帝王，当然不会局促于已经破败的前代旧都，而是要追求城市布局与宫廷建筑的宏大气魄，再加上西湖（莲花池）水系作为都城水源也难以为继，于是做出了以大宁宫为中心修筑中都新城的重大决策，金中都由此确定了作为蓟城旧址之上成长起来的最后一座大城的历史地位。至元

---

① 《日下旧闻考》卷二十九《宫室》引《使蒙日记》，第428页。

八年（1271），蒙古改国号为"大元"，另择新址的中都新城也在次年二月改称"大都"。元大都的规划布局被明北京继承和改造之后长期沿用下来，城墙与城门也是其中的部分内容。

（一）元大都的规划布局和建设

营建大都的决策者是元世祖忽必烈，具体的规划布局出自刘秉忠之手，施工管理由筑宫城总管张柔及其子张弘略等人负责，郭守敬则是大都水系与物料运输的设计者。

1. 刘秉忠规划设计元大都

元代多种政治制度的建立与大都的城市规划布局，离不开刘秉忠的倡导和设计。他学问广博，深得皇帝信任。早年在上都开平时，他已为忽必烈修过王府，客观上为嗣后规划设计元大都做了前期的历练。至元四年（1267），忽必烈"命秉忠筑中都城，始建宗庙宫室"[1]。这里的中都城，指金中都旧城东北郊的中都新城，至元九年（1272）改称大都。二十二年（1285）忽必烈诏令旧城居民迁入新城，标志着元大都的营建工程整体告竣。

刘秉忠规划的元大都呈现为方形的三重结构，宫城、皇城、大城从内到外环环围绕，丽正门是大城南墙三门的

---

[1]《元史》卷一百五十七《刘秉忠传》，第3694页。

正门，处在城市整体格局的中轴线上。元末熊梦祥《析津志》记载：

> 世皇建都之时，问于刘太保秉忠，定大内方向。秉忠以今丽正门外第三桥南一树为向以对。上制可，遂封为独树将军，赐以金牌。①

换句话说，忽必烈决策营建大都时，向太保刘秉忠询问如何确定皇宫南北方向的基准线。刘秉忠建议，以后来建成的丽正门外第三座桥梁以南的一棵大树为基点，由此向北测定一条皇宫建筑群体的中心线，也就是整个城市规划布局的对称轴线。忽必烈发布诏令允准，把这棵作为测量基准点的大树封为"独树将军"，并赐给这棵大树一块金牌，以显示它不可侵犯的地位。

这个说法很有些传奇色彩，看起来好像元大都建成后出现的演义故事，但元明之际的张昱《辇下曲》证明确有其事。诗人吟咏道：

> 四面朱阑当午门，百年榆树是将军。
> 昌期遭际风云会，草木犹封定国勋。②

---

① 熊梦祥：《析津志》，《析津志辑佚》，北京古籍出版社1983年版，第213页。
② 张昱：《张光弼诗集》卷上《辇下曲》，清抄本。

据此可知，在大都南门外的城市规划基准线上，确实有一棵"独树"而且是百年的老榆树。它被封为"独树将军"后，四面又修了红色栏杆加以保护。这就不禁让诗人产生联想，如果时运凑巧，即使是本来并不起眼的草木，也能够得到与安邦定国的功臣一样的封赠。显然，诗中大有感叹时乖运蹇、人不如木的味道。一般认为，刘秉忠首先依据大都的地理形势，拟定了都城、皇城、宫殿的相对位置；然后以什刹海东端的海子桥（亦称万宁桥，今地安门桥）为基点，从这里连接丽正门外第三座桥以南的"独树将军"作为基准线，画出大内建筑群体的中轴线，亦即大都城规划布局的"中央子午线"，在此线之上依次确定了皇城正门、大内正门、正寝延春阁、大内北门的位置；再以中轴线为准，划出与它平行或垂直的经纬网状的街巷胡同，从而确立了全城"中轴突出，两翼对称"的整体格局。

熊梦祥对刘秉忠规划大都的杰出创造推崇备至，严厉批评嗣后的帝王和官员不懂地理与国运的关系却擅自破坏旧制的行为。他说：

> 其内外城制与宫室、公府，并系圣裁与刘秉忠。率按地理经纬，以王气为主。故能匡辅帝业，恢图丕基，乃不易之成规，衍无疆之运祚。自后阅历既久，而有更张改制，则乖戾矣。盖地理，

山有形势，水有源泉。山则为根本，水则为血脉。自古建邦立国，先取地理之形势，生王脉络，以成大业，关系非轻，此不易之论。自后朝廷妄用建言，不究利害，往往如是。若五华山开金口，决城濠，泄海水，大修造，动地脉、伤元气而事功不立。比及大议始出，则无补于事功矣。①

熊梦祥指出，元大都的城市格局与建筑形式，都取决于刘秉忠的主张与忽必烈的最后决断。刘秉忠制定规划的关键在于从现有的地理条件出发，以保持堪舆家眼中的"王气"为根本宗旨，因此能够帮助忽必烈建立宏图大业。他树立了不可改变的规矩，能够保障国运昌盛连绵不断。但是，多年过后的朝廷却另谋他途，不再遵循前人已经成功的制度，种种行为变得不合事理。他认为，山水形胜是决定一个区域"风水"优劣的根本和血脉，选择建都的地方更是首先要看地理条件是否有利于维系国家的命运。元代后期的皇帝盲目听从朝臣建议，在五华山开金口河，掘开护城河，排出海子（积水潭）之水，在城里大兴土木，都是扰动"龙脉"、损伤元气的做法。这些急于事功的建议妄自改变城市的地理形势尤其是水

---

① 熊梦祥：《析津志》，《析津志辑佚》，北京古籍出版社1983年版，第33页。

系格局，待到朝臣非议不断时早已酿成严重后果。元代至正年间重开金口河失败，引水口在今北京门头沟区三家店附近，熊梦祥所谓"五华山"应是当时对这一带山岭的称呼。

2. 大都建设的其他管理者

营建大都是一项历时将近20年的浩大工程，刘秉忠的规划设计居功至伟，还有众多官员主持了各类工程的设计和组织管理。

至元三年（1266）十二月，"诏安肃公张柔、行工部尚书段天祐等同行工部事，修筑宫城"[1]。《元史·张柔传》称其"判行工部事，城大都"，其子张弘略"佐其父为筑宫城总管。……十三年，城成"[2]。据此看来，张柔与段天祐共同代理主持工部事务，在张弘略的协助下修筑宫城的城墙和宫殿等，至元十三年（1276）竣工。张柔"城大都"之"城"，是名词动用，专指修筑大城的城墙与城门，完工必在宫城竣工之前数年。

就在忽必烈任命张柔、段天祐修筑宫城的同时，水利专家郭守敬主持"凿金口，导卢沟水以漕西山木石"[3]。经过他的巧妙设计，元朝得以沿着金代废弃的故道重开金口

---

[1] 《元史》卷六《世祖本纪三》，第113页。
[2] 《元史》卷一百四十七《张柔传》，第3476、3477页。
[3] 《元史》卷六《世祖本纪三》，第113页。

河，依靠水路运输西山的木材和石料，为即将开始的大都建设提供物质保障。

蒙古人扬珠布哈的墓志写道：

> 世祖皇帝奇公才，亦欲试以事。会旧燕土泉疏恶，将营新都。刘文贞公经画指授，命近臣伊苏布哈典其役，兴工浩繁，置副难其人，旋以畀公，时至元七年也。禁省、院监、城池、苑囿规制一新，鸠工告备。①

墓志一类文字通常难免夸张过誉，但也可看出最基本的史实。忽必烈诏令修筑大都城时，刘秉忠负责规划设计，伊苏布哈组织实施。至元七年（1270），扬珠布哈被朝廷任命为伊苏布哈的副手，协助后者完成了纷繁复杂的施工管理。营建大都的各级各类管理者显然远不止上述诸人，至元年间的千户王庆端，就曾"监筑大都城"②，未被史书记载者无疑更多。

3. 规划思想与城市格局

自汉代以来的两千多年间，我国的国都从长安、洛

---

① 陆文圭：《墙东类稿》卷12《中奉大夫广东道宣慰使都元帅墓志铭》，文津阁四库全书第1194册，第225页上栏。
② 《元史》卷一百五十一《王庆端传》，第3574页。

阳、邺城到开封、北京，城市规划都受到了《周礼·考工记》的深刻影响：

  匠人营国，方九里，旁三门。国中九经九纬，经涂九轨。左祖右社，面朝后市。①

  按照这种理想化的设计，都城是边长九里的正方形，每边有三座城门；城内南北向与东西向的干道各有三组，每组有道路三条，以此沟通两端彼此对应的城门；纵横各九条道路相互垂直，构成棋盘式的干道系统，每条道路的宽度为"九轨"（即七丈二尺）；王宫的左方（东部）是供奉祖先的太庙，右方（西部）安排供奉土地神与五谷神的社庙，前面（南部）是朝廷的行政办公区域，后面（北部）是商业市场。尽管与此完全契合的都城并不存在，但是，博览群书的政治家刘秉忠规划设计的元大都（图4-1），最接近《周礼·考工记》倡导的营国制度。

  元大都的大城（外郭）、皇城、宫城从外向内逐次包裹，大城（外郭）以夯土筑成，《马可波罗行纪》写道："周围有二十四里，其形正方，由是每方各有六里。环以土墙，墙根厚十步，然愈高愈削，墙头仅厚三步，遍筑女

---

① 《周礼·考工记·匠人》，《黄侃手批白文十三经》本，上海古籍出版社1983年版，第129页。

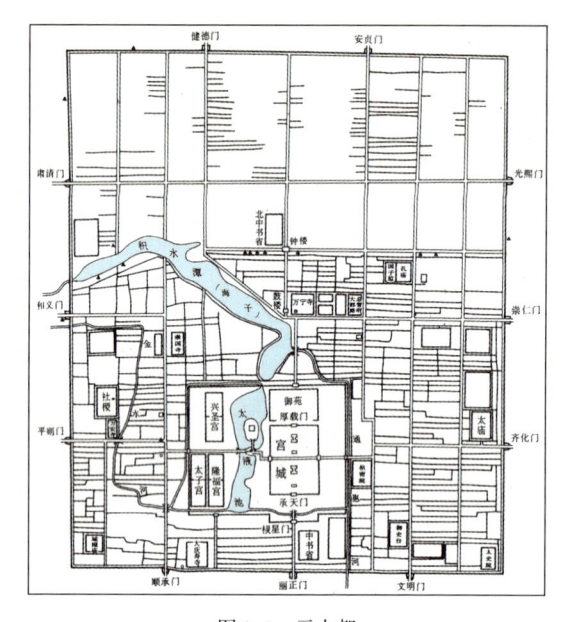

图4-1 元大都

(据《北京历史地图集》)

墙,女墙色白,墙高十步。"①元末明初陶宗仪《南村辍耕录》记载:"城方六十里二百四十步,分十一门。"②1969年前后的考古实测给出了精确的数据:"周围共约两万八千六百米。大都北面的城墙和东西两面城墙的北段,至今地面上犹有遗迹,即今北京北郊的所谓'土城';东西两面城墙的南段,与明清北京城的东西墙一致;南面城

---

① 冯承钧译:《马可波罗行纪》第八十四章,上海书店出版社2001年版,第210页。
② 陶宗仪:《南村辍耕录》卷二十一"宫阙制度"条,中华书局1959年版,第250页。

墙的位置，在今东西长安街的南侧。南墙在靠近庆寿寺双塔的地点，稍向外弯曲，以便绕开双塔。南墙内的顺城街在双塔附近（今西长安街），也随着作向南弯曲状，这种痕迹一直到解放后展宽西长安街前仍保存得很清楚。"考古发掘显示，"城墙全部用夯土筑成，基部宽达24米。为了加固城墙，在夯土中使用了'永定柱'（竖柱）和'纴木'（横木）"。根据发掘结果推算，"城墙的基宽、高和顶宽的比例为3∶2∶1"。拆除西城墙时看到，在明清城墙顶部的三合土之下，"元大都土城顶部中心安有排水的半圆形瓦管，顺城墙方向断断续续长达300余米。这一发现，证明土城的防雨排水是采用管道泄水的方式，这是避免城顶雨水冲刷城壁的合理方法"[1]。大城的四角修建巨大的角楼，其东南角楼在明清时期改为观象台，即今建国门南侧的古观象台。城墙之上等距离地修建向外伸出的"马面"（即敌台），墙外再挖掘足够宽深的护城河，由此构成作为防御设施的"城池"。

冯承钧译《马可波罗行纪》注释征引的文献称：

> 大都城墙用土建筑，其地习用两板夹土，掷湿土于其中，用大木桩捣之使坚。已而去板，土

---

[1] 中国科学院考古研究所、北京市文物管理处元大都考古队：《元大都的勘查和发掘》，《考古》1972年第1期。

遂成墙。大汗晚年曾命运石甃墙,然工未成而身死。①

这里采用的施工方式,就是传统的夯土版筑之法。夯土筑城虽然以黄土掺入石灰再夯实之后比较坚固,但仍不足以抵挡夏秋暴雨冲刷导致的城墙坍塌。除了城墙顶部安排瓦管排水之外,元代还采取了用苇箔苫蔽城墙的保护措施。元末《析津志》记载:

> 世祖筑城已周,乃于文明门外向东五里立苇场,收苇以蓑城。每岁收百万,以苇排编,自下砌上,恐致摧塌,累朝因之。至文宗,有警,用谏者言,因废。此苇止供内厨之需,每岁役市民修补。至元间,朱、张进言:自备已资,以砖石包裹内外城墙。因时宰言,乃废。至今西城角上亦略用砖而已。至元十八年,奉旨挑掘城濠,添包城门一重。②

元末熊梦祥这段回忆性的文字显示,大都四周的城墙竣工后,忽必烈下令在文明门(大都南城墙上最东之门)

---

① 冯承钧译:《马可波罗行纪》第八十四章,上海书店出版社2001年版,第212页。
② 《日下旧闻考》卷三十八《京城总纪》引《析津志》,第597—598页。

外"向东五里"亦即东南五里之处设立苇场,收贮芦苇作为防护城墙的材料。朝廷担心暴雨把土筑的城墙冲塌泡软,于是就像人在雨天出门要穿蓑衣一样,每年收存芦苇百万斤,在雨季到来之前编成苇箔,从下到上把城墙苫蔽起来预防坍塌。这样的做法一直延续到元文宗时,因为有战争警报,恐怕敌方攻城时把城墙上的苇箔点燃,这才采纳朝臣建议,废止了用苇箔苫蔽城墙来防雨的制度。此后,苇厂征收贮存的芦苇仅是宫廷厨房的燃料,如果再有城墙坍塌,就由大都市民去服劳役修补。至元年间,负责海运漕粮的朱清、张瑄提出,由他们自行筹备资金,把内、外城(即皇城和大城)的土城墙用砖石包裹起来,只是由于朝中重臣的反对而废止。元朝末年在大都的西城角,还能看到曾经包了一点砖的痕迹。

大都城门部分的建设,与城墙的材质有所不同。当代考古发掘显示,城门有夯筑坚固的地基,主要建筑可能仍是唐宋以来的"过梁式"木构门洞。[①]元世祖至元十八年(1281)挖掘护城河,同时把城门包了一层砖,但城墙依然是土城。同年九月"赐修大都城侍卫军钞币帛有差"[②],这应是城门包砖完工后的奖赏。1969年6月修建北京地铁时拆除西直门城楼及箭楼,在箭楼的台基中偶然发现了一座

---

① 中国科学院考古研究所元大都考古队、北京市文物管理处元大都考古队:《元大都的勘查和发掘》,《考古》1972年第1期。
② 《元史》卷十一《世祖本纪八》,第234页。

保存良好的砖券洞城门，这就是元大都西城墙上的和义门瓮城城门（图4-2）。

在和义门的城门洞内，青灰皮上刻画的题记显示，它筑于元顺帝至正十八年（1358）。"城门的残存高度约22米，门洞长9.92米，宽4.62米，内券高6.68米，外券高4.56米。木质板门和门额、立颊（门框）等部分，在明代废弃填塞时均被拆去，仅留下两侧的门砧石，门砧石上的铁'鹅台'（即承门轴的半圆形铁球）还很完整地保存在上面。""城楼做成地堡式，两侧的两间小耳室是进入城楼的梯道。城楼面阔三间，进深三间，除当心间四柱为明柱外，其他各柱均为暗柱，暗柱有很大的'侧脚'（上部向内倾斜），柱下按地栿，柱间用斜撑。四周的墙壁有显著的收分。城楼地面铺砖。当心间靠近西壁的台阶下有并列的两个水窝，水窝用有五个水眼的石箅子做成，石箅子下为一砖砌水池，水池外又砌有流水沟，分三个漏水孔经内、外券之间达木质门额之上。它是专门设计的御防火攻城门时的灭火设备。这是我国建筑史上前所未见的新资料。"这座城门在明洪武十四年（1381）重修，直到正

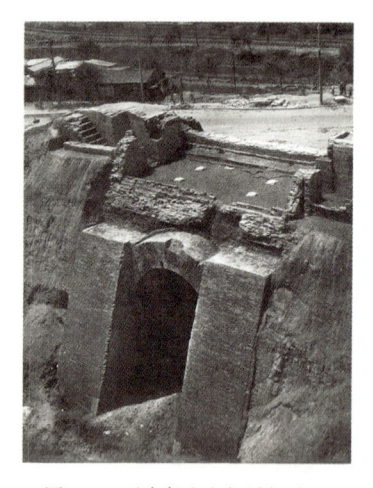

图4-2 元大都和义门城门遗址
（选自《考古》1972年第1期）

统元年（1436）重建北京各城门和瓮城时才被废弃，包入西直门箭楼下的城墙之内。[①]这项考古发现有力地证实，明清北京与元代大都的东西两面城墙位置完全一致，元代与明代的城墙与城门之间具有直接承袭与局部改造相结合的关系。

大都的城墙与城门竣工后经受风雨侵蚀，朝廷多次进行较大规模的补修。《元史》记载，世祖至元二十年（1283）六月，"发军修完大都城"[②]；二十一年（1284）闰五月，"以侍卫亲军万人修大都城"[③]；二十九年（1292）七月，"完大都城"[④]。成宗元贞二年（1296）十月，"修大都城"[⑤]。英宗至治二年（1322）三月，"修都城"[⑥]。顺帝至正三年（1343）七月，"修大都城"[⑦]；十年（1350）十二月，"修大都城"[⑧]；十九年（1359）十月初一，"诏京师十一门皆筑瓮城，造吊桥"[⑨]。此时已是元朝风雨飘摇的末年，城墙与城门的戍守功能变得日益重要，因此命令各城门全部修筑瓮

[①] 中国科学院考古研究所元大都考古队、北京市文物管理处元大都考古队：《元大都的勘查和发掘》，《考古》1972年第1期。
[②] 《元史》卷十二《世祖本纪九》，第255页。
[③] 《元史》卷十三《世祖本纪十》，第257页。
[④] 《元史》卷十七《世祖本纪十四》，第364页。
[⑤] 《元史》卷十九《成宗本纪二》，第406页。
[⑥] 《元史》卷二十八《英宗本纪二》，第621页。
[⑦] 《元史》卷四十一《顺帝本纪四》，第868页。
[⑧] 《元史》卷四十二《顺帝本纪五》，第889页。
[⑨] 《元史》卷四十五《顺帝本纪八》，第949页。

城并增置吊桥。大都十一座城门的日常管理，自至元二十年（1283）开始形成了一套制度。各城门分别设置正六品的"城门尉"两名、副尉一名，"掌门禁启闭管钥之事"[1]，每天按时开闭城门并维护城门附近的治安。

大城环抱的皇城位于城区南部的中央地带，皇城的城墙俗称"红门阑马墙"[2]，墙基宽3米左右[3]。阑马墙，通常做"拦马墙"或"栏马墙"。元明之际的张昱《辇下曲》写道：

栏马墙临海子边，红葵高柳碧参天。
过人不敢论量数，雨露相将近百年。[4]

张昱的一生大部分在元朝度过，此诗应当写于明初，但所称毗邻海子（积水潭）的拦马墙，显然指的是"近百年"前的元大都皇城的北墙。皇城的城墙也用黄土夯筑，易于被暴雨冲塌的程度与大城相近，预防的办法同样是采用苇箔苫蔽。东垣在今南北河沿大街西侧，西垣在今西黄城根大街，南垣在今东华门、西华门大街以南，北垣在今

---

[1] 《元史》卷九十《百官志六》，第2280页。
[2] 萧洵：《故宫遗录》，北京出版社1963年版，第67页。
[3] 中国科学院考古研究所元大都考古队、北京市文物管理处元大都考古队：《元大都的勘查和发掘》，《考古》1972年第1期。
[4] 张昱：《张光弼诗集》卷上《辇下曲》，清抄本。

地安门南一线，周长约18.7里。明洪武年间的萧洵《故宫遗录》说，元大都皇城"周回可二十里"[1]，与此基本相符。皇城的正南门是朱红油漆的灵星门，位置在今故宫午门附近。由此向南是长达七百步的千步廊，千步廊南端是大城的正南门丽正门。灵星门向北数十步有金水河，上有三座晶莹如玉的白石桥，桥北约二百步是宫城的正南门——崇天门。皇城的正北门叫作厚载红门，东西两面中间位置各开一处红门。四面城墙之内，中部偏西是南北向展布的太液池，北部偏东、处在宫城正北的是御苑。在太液池以西，南有隆福宫、北有兴圣宫，二者与宫城一起构成了皇城之内的三大建筑群。

宫城位于皇城的东半部而不是东西两部的平分线上，它的规划布局所显示的南北中轴线，处在皇城西部三分之二区域与东部三分之一区域的分界线上。由此巧妙地躲开了贯通皇城南北的太液池，既留下了可以解决宫廷用水以及点缀风景、娱乐休闲的大片湖泊，也减少了施工的难度和耗费。这是刘秉忠做出的符合地理条件的正确选择。这样一来，宫城偏处于皇城的东半部，它的西墙紧靠太液池的东岸，但宫城建筑群的南北中轴线却正好与大城布局的中轴线相重叠。宫城尽管被安排在大城中轴线南段穿过的区域而不是全城的几何中心，却仍然符合帝王威权独尊、

---

[1] 萧洵：《故宫遗录》，北京出版社1963年版，第67页。

居于天下之中的传统思想。元大都的建筑格局与相关研究显示，刘秉忠当年进行城市规划时，把宫城的中心线向北延伸到积水潭东北岸，在全城的几何中心竖立了石刻的测量标志"中心台"，作为建筑布局选址定位的参照点。元末《析津志》清抄本称：

> 中心台在中心阁西十五步，其台方幅一亩，以墙缭绕。正南有石碑，刻曰"中心之台"，实都中东、南、西、北四方之中也。[1]

《大明一统志》则说：

> 中心阁，在(顺天)府西。元建，以其适都城中，故名。阁东十余步有台，缭以垣。台上有碑，刻"中心台"三字。[2]

对照上述两种表述，"台"与"阁"的位置东与西彼此颠倒，当以前者为准，二者之间相隔仅有元代的"十余步"或"十五步"。据吴承洛推测，元代度量衡沿用宋代制度，每尺约合今30.72厘米[3]。每步5尺，则15步约为23

---

[1] 《析津志辑佚》第104页引徐氏铸学斋抄本《析津志》。
[2] 《大明一统志》卷一《顺天府》，第100—101页。
[3] 吴承洛：《中国度量衡史》，商务印书馆1937年版，第66页。

米。中心阁的位置相当于今北京鼓楼，中心台应在其以西23米。但对于规模宏大的元大都与明北京而言，阁与台之间的这一点点距离可以忽略不计，完全不足以促使明代的城市规划布局出现另外一条中轴线。换言之，元大都与明北京的南北中轴线是一条线，东西两侧的大城城墙也在一条直线上，只是南北两面城墙的位置产生了北缩与南扩，主要建筑当然要进行大规模的新修和改建。

长方形的宫城是帝王居住的大都政治中心所在，位于皇城以内的东部区域。由于政治地位的提高，修建城墙的材料和方式不再像大城和皇城那样采用黄土版筑，而是改用质地更高的城砖垒砌。元末明初陶宗仪记载：

> 宫城周回九里三十步，东西四百八十步，南北六百十五步，高三十五尺。砖甃。至元八年八月十七日申时动工，明年三月十五日即工。[①]

至元八年（1271）八月开始修筑宫城的城墙，次年三月竣工。宫城的墙基虽然受到明代拆除改建的影响，但在1969年前后，"残存的最宽处尚超过16米以上"[②]。宫城的南墙开三门：中央的正门叫作崇天门，有崇敬上天之意，

---

① 《南村辍耕录》卷二十一"宫阙制度"条，第250页。
② 中国科学院考古研究所元大都考古队、北京市文物管理处元大都考古队：《元大都的勘查和发掘》，《考古》1972年第1期。

约在今故宫太和殿的位置；左侧的星拱门，取众星拱卫北极星之意为名，象征四面八方朝向宫廷大内，居于宫城的皇帝享有至尊地位，处在天下的中心；右侧的云从门，语词出自《史记·伯夷列传》的"云从龙，风从虎，圣人作而万物睹"[1]，表示世间臣民像空中云朵随着天龙出动那样，顺从地跟在宫城之内的"真龙天子"身后。不论"星拱"还是"云从"，反映的都是古代皇权独尊的思想。宫城的东、西墙与今故宫两侧的城墙相近，在各自的中间位置，分别开辟了东华门与西华门。"东"与"西"指示城门所在的位置与对应的朝向，"华"用以形容城门乃至门内建筑的光彩、气派。宫城的北墙，位置在今景山公园少年宫前，开辟城门一座，叫作厚载门。"厚载"这个语词出自《周易》坤卦"坤厚载物"或"君子以厚德载物"。大意是：就像广袤深厚的大地承载世间万物一样，君子能够依靠崇高的道德素养顺应天道或肩负重任。南门"崇天"表示对自然的敬畏，北门"厚载"体现对自身的要求，彼此呼应，精神贯通。宫城四角的城墙上，各有一座琉璃瓦覆盖的三层角楼。崇天门向北数十步有大明门，"大明"指太阳，取其位在正南、朝向正午的太阳而命名。大明门专供皇帝出入，百官上朝则走两侧的日精门、月华门，二者的位置和命名语词都彼此对称。大明门之内是宫城建筑的

---

[1] 《史记》卷六十一《伯夷列传》，第2127页。

核心区域，南面的大明殿、北面的延春阁等成一条直线，坐落在全城规划布局的中轴线上（图4-3）。

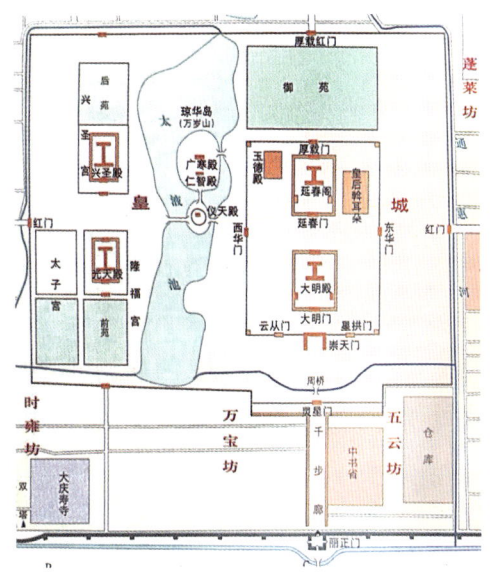

图4-3 元大都皇城与宫城

（选自《北京历史地图集》）

元大都在历史上具有深远影响的特点之一，是城市规划布局对中轴线的高度强化。我们必须强调指出，古人没有"中轴线"这样的术语，但讲究对称和均衡历来是最基本的建筑美学思想，"中轴突出、两翼对称"也是最普遍的城市格局特征。"中"表明它的位置大体处于以城墙为代表的城市外轮廓的中线上；"轴"是说它的功能在于充当城市布局的左右对称轴；"线"指明它的形态是可以画在图纸上但实际却看不见的一条几何线。这就表明，中轴线是设计者追求布局均衡、左右对称而预定的一条"城市规划布局"的"中心轴线"；它是布局者本着对称原则谋划安排建筑定位的"指导线"，也是规划布局落实之后在总体上呈现出来的几何意义上的"对称轴线"。这样的"几何线"可以意会或在纸面上画出，现实中却无法看见它作为"物"的形态。基于上述诸点，中轴线不是建筑或道路，它可以有长度但不可能有宽度，离开了城市布局的宏观特征就无从谈起。

　　元大都规划布局的城市中轴线，南起大城正南居中的丽正门，向北穿过灵星门、崇天门、大明门、大明殿、延春门、延春阁、清宁殿、厚载门、万宁桥（海子桥）、中心阁的对称中线，再向北延伸到大城北墙的健德门与安贞门中间的位置。主要建筑的平分线或在中轴线上，或左右基本对称地分布在该线的两侧，集中体现出讲究对称与均衡的美学追求，以此表达帝王权力的至高无上，令人在一连串宏伟建筑的威压之下顿生敬畏之心。元大都奠定的城市格局被明北京继承，"中轴线"的"结束"不能简单地理解为代表性建筑分布的结束，而是要看城市规划布局是否脱离了中轴对称的原则。从丽正门到中心台（今鼓楼）是元大都有"物"可见的中轴线穿过的区域，但中心台并不是它在北端的终点。由此向北直至北城墙上，依然按照"中轴对称"的原则，比较均衡地安排了健德门与安贞门，二者之间仍然存在着自丽正门至中心台延续过来，只可意会却无从触摸的那条规划布局的"中轴线"。城市中轴线的长度取决于它在具体年代的总体格局，因此也就必然随着城市建设的变化而伸缩，在元大都与明北京时代各有其特点，但二者以均衡对称为宗旨的规划基准却是同一条中轴线。作为元大都全城中轴线的丽正门至中心阁一线，"也就是明清北京城的中轴线"①，只是其南北起止点因时而异罢了。

（二）大都城门命名的文化渊源

《元史·刘秉忠传》说："秉忠于书无所不读，尤邃于《易》及邵氏《经世书》，至于天文、地理、律历、三式、六壬、遁甲之属，无不精通。"②他精通儒家经典《周易》，对北宋哲学家邵雍的著作《皇极经世》做过深入探求，融会了儒、道、佛等多种思想文化。由他主持或亲自确定的十一座城门的名称，因此大多具有浓重的《周易》色彩，还有一些出自其他的古代典籍，这就是元大都城门之名广博深邃、源远流长的文化渊源。

1. 主要源于《周易》的城门命名

刘秉忠规划的元大都最接近《周礼·考工记》的理

---

① 中国科学院考古研究所元大都考古队、北京市文物管理处元大都考古队：《元大都的勘查和发掘》，《考古》1972年第1期。
② 《元史》卷一百五十七《刘秉忠传》，第3688页。

想化设计，但大城的四面城墙也并非都是"旁三门"，实际上一共开辟了十一门而不是十二门。北方正对着八卦中的坎卦，卦辞说："习坎，入于坎，窞，凶。"[①]大意是说：坎卦代表重重深坑，如果陷入其中，则会遇到凶险。因此，大都北墙不设正对坎位、与丽正门南北呼应的中间城门，而只有对称设置的左右两门，这正是堪舆家"藏风聚气"观念的体现。在方形的城墙之上，以经过丽正门的南北中轴线为基准，另外十座城门两两相对、均衡布局，每组城门的地理位置、命名语词的结构形式和含义，都具有东西（左右）对称之美（图4-4）。

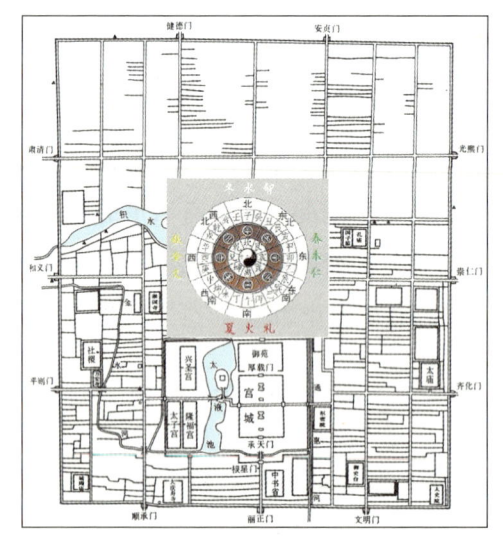

图4-4 大都城门与影响城门命名的文化观念

---

① 《周易》，《黄侃手批白文十三经》本，上海古籍出版社1983年版，第18页。

(1)南墙正中的丽正门

丽正门是元大都的正南门,位于当代天安门金水桥前的长安街南侧。《周易》离卦说:

> 日月丽乎天,百谷草木丽乎土,重明以丽乎正,乃化成天下。①

这里的"丽",是附着、符合之意,而不是最常用的美丽;"正"等同于卦辞中频繁出现的"贞",有正道、真理、正中之意。这段话的大意是:日月附着在天上,百谷草木附着在地上,日月带来的双重光明附着在真理之上,由此化育为天下万物。"丽正门"因此就是符合真理、代表正道、处于正中的城门。

"丽正门"之所以作为正南门的名称,是由于这个语词符合《周易》说卦表达的思想:

> 离也者明也,万物皆相见,南方之卦也。圣人南面而听天下,向明而治,盖取诸此也。②

换言之,离卦是关于南方的一卦,正午时分太阳运行

---

① 《周易》,《黄侃手批白文十三经》本,上海古籍出版社1983年版,第19页。
② 《周易·说卦》,《黄侃手批白文十三经》本,上海古籍出版社1983年版,第50—51页。

到的正南方，是每天光照最强烈的方向。因此，"离"代表着光明透亮。在太阳的光芒照耀下，世间万物都被看得清清楚楚。这个道理运用在人类社会，智慧高超的圣明之人面朝南方处置天下事务，以开明的思想和制度把社会治理得秩序井然，就是因为根据离卦的思想制定了自己的治国观念与行为准则。

"丽"有"离"与"立"两音，"丽正"虽源于离卦的卦辞，读音却采用后者的去声。以"丽正"为名的正南门与北面的皇城、宫城在城市中轴线上南北呼应，寄托了对宫城里的皇帝"向明而治"的期望，足见其选字之恰当与寓意之深远。

（2）南墙上对称的文明门、顺承门

以丽正门为对称点，大都的南墙设置了东侧的文明门与西侧的顺承门。来源于《周易》的大都城门的命名语词，有的出自城门所在方位与《周易》之卦所指方向一致的卦辞，有的则出自与该卦所指方向相反（即处在其反向延长线上）的某卦的卦辞。文明门故址在今东单以南，在大都城中位于巽卦所指的东南方向，其命名语词却采自与之方向相反的西北乾卦的卦辞。《周易·乾》：

见龙在田，天下文明。[1]

---

[1] 《周易》，《黄侃手批白文十三经》本，上海古籍出版社1983年版，第2页。

意思是说，占卜时如果遇到龙出现在田野里的卦象，就如同中正有德之人暂时住在民间一样，象征着天下富有文采、前景光明。文明门的"文明"之源，就是出于乾卦的卦辞。

顺承门故址在今西单以南，在大都城中处于坤卦所指的西南方向。《周易·坤》：

> 至哉坤元，万物资生，乃顺承天。①

大意是说：坤卦的本原已经达到了至臻至善的境界，万物之所以能够茁壮生长，正是因为顺应和遵循着自然界的法则。顺承门的命名，选用了坤卦中的"顺承"二字。城门名称中蕴含的这些治国思想，当然符合大都城中皇帝的心愿。

（3）北墙上对称的健德门、安贞门

大都北墙只设两座城门，西为健德门，东为安贞门。健德门故址位于今京藏高速与北土城西路交叉口以南的土城沟南侧，对应着乾卦所指的西北方向。《说卦》称：

> 乾，西北之卦也，言阴阳相薄也。②

---

① 《周易》，《黄侃手批白文十三经》本，上海古籍出版社1983年版，第3页。
② 《周易·说卦》，《黄侃手批白文十三经》本，上海古籍出版社1983年版，第51页。

乾是属于西北方向的一卦，与四时相配相当于秋末冬初。这个时段正是冷气来袭、暖风消退的季节，象征着阴阳二气在相互搏斗。既然乾卦指代西北，从该卦的卦辞中寻找合适的语词为大都西北方向的城门命名，在地理方位上完全对应。《周易·乾》说：

> 天行健，君子以自强不息。
> 大哉乾乎！刚健中正，纯粹精也。……君子以成德为行，日可见之行也。①

这些话的大意是：天道的运行显示出刚健的力量，君子按照它的法则行事，就要努力上进而永不懈怠；包罗宏富的乾卦，代表最纯粹的刚劲健行、持中秉正的美德。君子以成就崇高的道德为追求，每天都必须为此付出努力。从这些卦辞中选择"健德"为西北方向的城门命名，无疑颇为贴切而且寓意深刻。

安贞门是大都北城墙之上的东门，与健德门东西对称，故址位于今安定路与北土城东路交叉口以南、安贞桥以北的土城沟南侧。东北方向对应着八卦中的艮卦，但"安贞"这个词却取自与它反向相对、代表西南方向的坤

---

① 《周易》，《黄侃手批白文十三经》本，上海古籍出版社1983年版，第1—2页。

卦的卦辞。《周易·坤》写道：

> 君子攸行，先迷失道，后顺得常。西南得朋，乃与类行。东北丧朋，乃终有庆。安贞之吉，应地无疆。①

大意是说：君子远行，起初心中迷惑，不知选择哪条道路；后来头脑清醒，顺利找到了正确方向。坤卦占卜的结果显示，有利于在西南方向得到朋友，因此可以与同类之人一起前行；卦辞虽然表明朝着东北方向出行将会失掉朋友，但最终能够获得吉庆。君子安于人间正道而得到的福分，就像广阔无边的大地那样没有止境。安贞，即安于正道，按照正确的道理行事。坤卦的卦辞预知能够得到吉庆的方位在东北，位于大都东北的城门因此从坤卦的卦辞中选取了"安贞"二字命名，蕴含着对君子自觉遵循正道而迎来吉祥喜庆的期望。

在这个意义上，与城门方位一致、代表东北方向的艮卦，实际上与坤卦并不矛盾。《周易·艮》写道：

> 艮，止也。时止则止，时行则行。动静不失

---

① 《周易》，《黄侃手批白文十三经》本，上海古籍出版社1983年版，第3页。

其时，其道光明。①

大意是说：艮是阐述如何适时静止的一卦。客观环境要求静止就安心静止，要求行动就马上行动。无论行动还是静止，都不能违背自然与社会的具体条件，这样才能赢得光明的前途。从这里可以看出，艮卦的卦辞告诫人们要懂得因时而动、因时而止，与最终获得"安贞之吉"的坤卦相辅相成。

（4）东西墙上北部平行对称的光熙门、肃清门

大都城的东墙与西墙上各有三座城门，东与西之间平行对应的光熙门与肃清门，崇仁门与和义门，齐化门与平则门，在地理位置、语词结构、语词含义方面都彼此对称。在三组城门中，位置靠北的一组是光熙门与肃清门。

光熙门故址在今和平里东，后世以近音俗称"广西门"。城门处在大都的东城墙上，向外朝着太阳升起的东方。"光熙"有光明和暖或明亮兴盛之意，正与这个地理特点相符。光熙门与安贞门一样，在宽泛的意义上都属于艮卦对应的东北方位，《周易》艮卦的卦辞有"动静不失其时，其道光明"，应当是光熙门得名的语源之一。

肃清门是大都西墙之上最北端的城门，故址在今学院南

---

① 《周易》，《黄侃手批白文十三经》本，上海古籍出版社1983年版，第31页。

路西端，后世俗称"小西门"。"肃清"虽是常见的语词，但当代往往用来表示把某些人或某种思想清除干净或完全消灭之意，远不及古代的用法丰富。西晋陆机《汉高祖功臣颂》云：

> 二州肃清，四邦咸举。①

这里的"肃清"意思与"清平"相近，具有希望社会安定、国家太平的意味。

肃清门的命名，也可从《周易》《周礼》以及早于元代的其他文献中找到语词之源。这座城门与辽南京的清晋门一样，都是西城墙上最北的城门，与八卦对应的方位在兑、乾二卦之间。《说卦》云："兑，正秋也。"若与五方对应，则属西方。《周礼》中的秋官司寇，就是执掌刑法的官员。北宋欧阳修《秋声赋》写道：

> 盖夫秋之为状也，其色惨淡，烟霏云敛；其容清明，天高日晶；其气栗冽，砭人肌骨；其意萧条，山川寂寥。故其为声也，凄凄切切，呼号愤发。丰草绿缛而争茂，佳木葱茏而可悦；草拂

---

① 陆机：《汉高祖功臣颂》，萧统编：《文选》卷四十七，中华书局1977年影印本，第664页。

之而色变，木遭之而叶脱。其所以摧败零落者，乃其一气之余烈。夫秋，刑官也，于时为阴；又兵象也，于行用金，是谓天地之义气，常以肃杀而为心。①

在古今悲秋的文学作品中，《秋声赋》是独一无二的杰作，刘秉忠必然有所注意。秋季的天空开阔明净，既是喜获丰收的季节，也是万物凋零的前奏。秋风秋雨在古代常常作为肃杀的象征，肃清门的命名应当寄托了对法纪严明的期望。

（5）东西墙的中点平行对称的崇仁门、和义门

大约在元大都东西城墙的中点，分别有崇仁门与和义门平行对称。崇仁门的位置在今东直门，和义门在今西直门。1969年拆除西直门城墙时，偶然发现了元代和义门的遗址，从而证实了明清北京东西城墙对元代大都东西城墙的继承和改造。崇仁门、和义门的语源，直接来自儒家的道德观念。就像金中都的施仁门与彰义门的命名依据一样，"五德"仁义礼智信与"五方"东西南北中逐一相配，仁在东、义在西，因此东墙之门称作"崇仁门"、西墙之门定名"和义门"。

---

① 欧阳修：《欧阳修全集》卷十五《秋声赋》，中华书局2001年版，第256页。

从城门命名与四方、四季以及《周易》八卦的关系着眼,崇仁门是东墙上居中的城门,向外对应着春季与震卦,象征春雷震动、万物萌生。和义门是西墙上居中的城门,向外对应着秋季与兑卦,是秋风送爽、万物丰收的季节。《说卦》如此解释圣人作《易》的宗旨:

和顺于道德而理于义。……立人之道,曰仁与义。①

换言之,前代贤哲之所以写出《周易》,目的就是教育世人一言一行都要遵循道德规范、符合仁与义的准则。怀仁人之心,行礼义之事,这是为人处世的根本要求,也是崇仁门与和义门命名的文化之源。

(6)东西墙上南部平行对称的齐化门、平则门

齐化门与平则门,分别是大都城东墙与西墙最南端的城门。二者不论地理位置还是命名语词,都构成了东西对称的关系。

齐化门,故址即今朝阳门,位于大都城的东南方向,对应着八卦中的巽卦。《说卦》称:

---

① 《周易·说卦》,《黄侃手批白文十三经》本,上海古籍出版社1983年版,第50页。

> 万物出乎震，震，东方也；齐乎巽，巽，东南也。齐也者，言万物之絜齐也。①

天下万物出自震卦对应的东方，也就是在东方对应的春天萌发。巽是属于东南方向的一卦，万物在来自东南的暖风吹拂下整齐地生长，这就是巽卦的象征意义。此外，六十四卦之一的贲（bì）卦，所属方向也大致是东南。它的卦辞说：

> 观乎天文，以察时变；观乎人文，以化成天下。②

这就是说：通过观察天上日月星辰的运动轨迹，得以知晓四时变化的规律；注重研究人类的伦理道德等文明创造，能够使天下之人受到教化。从《说卦》与贲卦的卦辞里选择"齐化"二字为城门命名，有使天下百姓一齐接受教化之意。

平则门是元大都西墙上最靠南端的城门，其语词来自六十四卦之一的谦卦，所指方向大致属于西南。卦辞说：

---

① 《周易·说卦》，《黄侃手批白文十三经》本，上海古籍出版社1983年版，第50页。
② 《周易》，《黄侃手批白文十三经》本，上海古籍出版社1983年版，第15页。

> 君子以裒（póu）多益寡，称物平施。……扚（huī）谦，不违则也。①

君子根据实际情况取多补少，做到施与均衡；发奋而谦虚，不违反法则。从中凑成的"平则"二字，有法则平正公允之意。此外，我们还可以做出如下的推论：古代音乐用来确定音节高低的十二律之一，叫作"夷则"。十二律与一年之中的十二个月相配，夷则对应着七月。农历七至九月属于秋季，对应的方位是西方。七月是秋季的开始，炎热的夏季刚刚过去，万物成熟的时候已经到来，接下去就将是寒冷的冬季。欧阳修《秋声赋》写道：

> 天之于物，春生秋实。故其在乐也，商声主西方之音，夷则为七月之律。②

按照自然界的规律，万物在春季萌生，到秋季结成果实开始收获。把这个过程与音乐对应，"宫商角徵羽"五种声调中的"商声"，代表了来自西方的音乐风格；"夷则"是与七月相配的音律。"夷"有平坦、平和的含义，在这个语境下，"夷则"与"平则"近似。平则门是大都

---

① 《周易》，《黄侃手批白文十三经》本，上海古籍出版社1983年版，第11页。
② 欧阳修：《欧阳修全集》卷十五《秋声赋》，第256页。

西城墙上最南端的城门，正处在"夷则"对应的七月与西南方。刘秉忠的思想来源极其复杂，当年为城门命名时未必完全按照一部经典从事，完全有可能根据乐律、五方、四季等因素之间的关系，借助同义词的相互替代命名了平则门。

2. 元大都城门名称的历史影响

元大都不仅建筑宏伟、规划严整，它的城门命名同样产生了久远的历史影响。透过官方与民间两条路径，我们可以清晰地看到其间存在的源远流长的文化脉络。

徐达统率的军队占领元大都后废弃北城墙，向南缩进五里匆忙修筑德胜门与安定门一线的新城墙。在一条纵向直线上南北对应的德胜门与健德门，安定门与安贞门，其命名语词各有一字之差，从元到明的承继关系一目了然。更有甚者，光熙门与肃清门，崇仁门与和义门，齐化门与平则门，文明门与顺承门，连同城市中轴线上的丽正门，改朝换代后仍用旧名而不加改动。即使永乐帝营建北京时把南城墙向前推进了二里远，新墙上的三座城门依然是丽正门居中、文明门在左、顺承门在右，相当于把元大都时代的南墙及城门向南平移而城门名称依然如故。直到进入明朝已经七十年之后，约在英宗正统二年（1437）正月之后，才把元代使用的城门之名全部更换。这就表明，元大都城门名称的文化底蕴与价值观念依然被明朝统治者认同，因此也就不急于标新立异、另起炉灶。事实上，即使在明代重新确定北京城门的官方名称之后，元大都甚至金中都的某些城门名称仍然存在于官修的正史里。例如，《明史·李自成传》：崇祯十七年（1644）三月十三日，"游骑至平则门，京师犹不知也"。十八日，"自成驻彰义门外"①。显然，平则门此前早已更名阜成门，彰义门则是外城广宁门的俗称。民国年间纂修的《清史稿》，列出了光绪二十六年（1900）抗击八国联军入侵北京的阵亡者，其中有战死于"朝阳门"者多人，同时"齐化门有护军校连瑞"②。上述种种，都反映了金代与元代的城门名称对官方潜移默化的持久影响。

不仅如此，元大都的城门名称通过民间口头传播产生的影响尤其根深蒂固。文明门俗称"哈达门"，有的以近音异写为"哈德门"或"海岱门"。元代熊梦祥《析津志》解释说："文明门即哈达门。哈达大王府在门内，因名之。"③哈达大王究竟是何人，迄今已无从考证，"哈达门"这个名称无疑是流行于民间的俗称。通常把"哈"读作上声，"达"或"德"以短促的轻声滑过，"门"则不加别的处理正常读出，近似于Hǎda Mén或Hǎde Mén。明代把文明门改为崇文门，"哈达门"或"哈德门"这个俗

---

① 《明史》卷三百九《李自成传》，第7964页。
② 《清史稿》卷四百九十五《忠义列传九》，第13681页。
③ 《日下旧闻考》卷四十五《城市》引《析津志》，第704页。

称却一直活跃在大众的口语之中。民国以来常见于街头广告和百姓生活中的"哈达门"牌香烟,进一步提高了这个古老的城门名称在社会上的知名度。另一个影响久远的城门名称是"齐化门",尽管明朝正统初年已经改作"朝阳门",但直到民国时期,民间仍然习惯于称作"齐化门",官修的《清史稿》也偶尔二者并用。与"哈达门"的读法不同,"齐化门"的"门"字通常以儿化韵"门儿"读出,"化"字依然以轻声模糊地滑过,近似于Qíhuɑ Mén'er,形成了独特的"京味儿"。例如,林海音女士(1918—2001)以民国年间在北京生活的经历为基础写出的小说《城南旧事》,多次提到"哈德门"与"齐化门":

> 我告诉妞儿,我们从前不住在北京,是从一个很远的岛上来的,她也说:"我们从前也不住在这儿,我们住在齐化门那边。"
> "齐化门?"我点点头说:"我知道那地方。"
> "你怎么会也知道齐化门呢?"妞儿奇怪地问我。
> ……
> "好狠心呀!"宋妈恨得咬着牙,"那年抱回去,敢情还没出哈德门,他就把孩子给了人,他说没要人家钱,我就不信!"[①]

---

① 林海音:《城南旧事》,北京出版社1984年版,第22、127页。

早就获得官方地位的崇文门与朝阳门，500多年过后在民间的影响仍然不敌哈达（德）门与齐化门。这既是民间通过口语传播的约定俗成的选择，也是元代城门名称"经久耐用"的标志，诸如此类的例证还有不少。再如，20世纪前半叶整理的北京儿歌，也提到元大都的平则门、齐化门，明北京的德胜门、安定门等历史地名。《平则门》与《东直门》篇唱道：

　　　　平则门，拉硬弓，界边就是朝天宫。……北城根，卖破盆，界边就是德胜门。①
　　　　东直门，挂着匾，界边就是俄罗斯馆。……国子监，一关门，界边就是安定门。……钓鱼台，没有人，界边就是齐化门。齐化门，修铁道，南行北走不绕道。②

　　上述儿歌中的"界边"，就是隔壁或旁边之意，有的版本写作"隔壁儿"，在口语中都以儿化韵再加方言的音变处理，读作"介比儿"（jièbǐ'er）。这些富有童趣的歌谣表明，元代的城门名称仍然活在北京百姓的生活里。它们与明代更改一新的城门名称一起，成了北京历史文化的非

---

① 李萨雪如编：《北平歌谣集》，明社出版部1928年版，第1、2页。
② 雪如女士编：《北平歌谣续集》，明社出版部1930年版，第1、2页。

物质载体。

大都北城墙上的健德门与安贞门，在明洪武元年（1368）被废弃，这一线的城墙遗存通常被称为"北土城"，当代已经建成元大都城墙遗址公园。健德门旧址附近的一座立交桥以健德门桥（亦称健德桥）为名，地铁有健德门站，公交线路有健德门桥东站等，都延续了这个历史悠久的城门名称所代表的区域文脉。在元代安贞门故址以南，当代有安贞桥、安贞里、安贞路、安贞街道、安贞医院等，与700多年前的城门名称在语源上一脉相承。故址西北的地铁10号线安贞门站，更是直接沿用了城门的名称。

3. 大都城门之间的街道分布

元大都是在原有建筑较少的区域以大手笔规划出来的国都，因此，除了城市布局的宏大气派之外，也有条件设计出纵横交错、整齐划一的方格状街道系统。《马可波罗行纪》写道：

> 街道甚直，以此端可见彼端。盖其布置，使此门可由街道远望彼门也。
>
> 各大街两旁，皆有种种商店屋舍。全城中划地为方形，划线整齐，建筑房舍。每方足以建筑大屋，连同庭院园囿而有余。以方地赐各部落首

领，每首领各有其赐地。方地周围皆是美丽道路。行人由斯往来。全城地面规划有如棋盘，其美善之极，未可言宣。[1]

上述文字大致不差，但也不免想象的成分。元末《析津志》称：

> 自南以至于北谓之经，自东至西谓之纬。大街二十四步阔，小街十二步阔。三百八十四火巷，二十九衖通。衖通二字本方言。[2]

"衖"通作"巷"。熊梦祥所谓"火巷"与"衖通"，必是宽度不等的两类街巷，否则无须分别言说和统计。大都"三百八十四火巷、二十九衖通"的道路街巷布局，包含了384条比较狭窄的"火巷"即"小衕衖"，还有29条比较宽阔的"衖通"（即"大衕衖"）把这些"火巷"连通起来。平均每条"衖通"与十三四条"火巷"相连，以此构成元大都早期的街巷系统。南宋淳熙十三年（1186），赵善俊知鄂州，"适南市火，善俊亟往视事，弛竹木税，发

---

[1] 冯承钧译：《马可波罗行纪》第八十四章，上海书店出版社2001年版，第210、213页。
[2] 《日下旧闻考》卷三十八《京城总纪》引《析津志》，第603页。

粟振民，开古沟，创火巷，以绝后患"[①]。房屋之间留出的狭长空地，遇到火灾时充当防火隔离带，因此叫作"火巷"，平日就成了居民出入的通道。这个汉语的专用名称从南方传播到北方，在新的语言环境下音转为"衚衕"，简化作"胡同"，成为在大都地区广泛使用的地域性词汇，也就是"方言"。根据1969年前后的考古勘查，"大都城内街道分布的基本形式是：在南北向的主干大道的东西两侧，等距离地平列着许多东西向的胡同。大街宽约25米左右，胡同宽约6～7米。今天北京内城的许多街道和胡同，仍然可以反映出元大都街道布局的旧迹"[②]。

《析津志》佚文显示，大都城的主要街道有千步廊街、丁字街、十字街、钟楼街、半边街、棋盘街。在大都南城即金中都旧城，有五门街、三叉街。[③]根据它们的名称初步判断，千步廊街即宫廷广场中间从灵星门向南至丽正门的街道，棋盘街是宫廷广场南部丽正门与千步廊之间的东西向街道，钟楼街是钟楼向北的大街，钟楼前十字街指以钟楼市为中心垂直交叉的街道，齐化门十字街是齐化门内垂直交叉的街道，哈达门丁字街在文明门（哈达门）以北。

[①] 脱脱等：《宋史》卷二百四十七《宗室列传四》，中华书局1997年版，第8761页。
[②] 中国科学院考古研究所元大都考古队、北京市文物管理处元大都考古队：《元大都的勘查和发掘》，《考古》1972年第1期。
[③] 《日下旧闻考》卷三十八《京城总纪》引《析津志》，第603—604页。

以大都南、北墙上的城门以及重要节点为起点，顺承门街向北可达积水潭南岸；顺承门街与西城墙之间的纵向街道略有转折，连接着南城墙下与北城墙下；文明门街向北直通北城墙下；文明门街与东城墙之间的纵向街道，从南城墙下可达北城墙下；健德门街向南直通积水潭北岸，转向东南就是积水潭东北岸的斜街，由此即到鼓楼；积水潭南岸与健德门街相对的纵向街道，向南通达皇城的北城墙；安贞门街向南可到皇城以东，稍微东折再向南即抵南城墙下；在健德门与安贞门之间，与城市布局的中轴线相近，有街道从北城墙下向南通往钟楼和鼓楼，稍向东折即可南抵皇城的厚载红门。

在大都东、西城墙的城门与重要节点之间，光熙门街与肃清门街东西相通；钟楼市街从东城墙下延伸到积水潭东岸；崇仁门街向西至鼓楼，与积水潭东北岸的斜街相连；和义门街向东与顺承门街的北延线垂直相交；齐化门街向西通往皇城东墙下；平则门街向东通往皇城西墙下。上述街道连同城墙之下的顺城街，或相互平行，或相互垂直，再加上次一级的街巷胡同，共同构成了大都城内方格网状的道路系统。

大都的宫城、皇城、大城的城门，位于控制全城生活节奏的关键所在。对于绝大多数城市居民来讲，大都城的十一座城门既是划分城市与乡村的地理标志，也是制约都城内外人员往来、物资进出、信息传播的枢纽。

（三）历史与文学中的城墙城门

元大都在蓟城故址的东北郊迅速崛起，标志着历史上的北京城开始步入持续作为统一国家首都的辉煌时代。当城墙按照预定的规模和形制修筑完成之后，城门就变为平时的交通枢纽与战时的戍守要隘。元代的实物遗存虽然不多，但在历史与文学的语境下，依然能够看到一座活跃的大都城。

1.《元史》中的大都城门

人的活动与城门的关联，在《元史》的纪、志、传里都有所体现。兹以时间为序，略叙其主要情形。

元世祖至元十二年（1275）十二月，"于国阳丽正门东南七里建祭台"以祭祀天地。①这里的"国阳丽正门"，就是都城南面的丽正门。十九年（1282）三月，益都千户王著与人谋划击杀权臣阿合马，先在大都城北杀其属下，"夺其马，南入健德门"②。是年，程钜夫提出的多项建议被朝廷采纳，因此"赐地京师安贞门，以筑居室"③。为在大都郊外烧制城市建设所需要的大量砖瓦，至元十三年（1276）设"平则门窑场"。二十四年（1287）改置行用库，

---

① 《元史》卷七十二《祭祀志一》，第1781页。
② 《元史》卷二百五《阿合马传》，第4563页。
③ 《元史》卷一百七十二《程钜夫传》，第4016页。

"曰光熙，曰文明，曰顺承，因城门之名为额"。二十五年（1288）建"光熙门窑场"。①二十六年（1289），又置三库，"曰健德，曰和义，曰崇仁，并因城门以为名"②。以六座城门为名的大都"行用六库"，无疑位于相应的城门附近。祭祀是体现国家礼制的需要，至元三十年（1293）"于和义门内少南，得地四十亩"，修建太社坛和太稷坛。③

成宗大德六年（1302）三月，"祭天于丽正门外丙地"④。所谓"丙地"，是指"天干"之三"丙"对应的正南偏东方向，祭天之处就是忽必烈在丽正门东南修的祭台。大德九年（1305）七月，"筑郊坛于丽正、文明门之南丙位，设郊祀署"⑤，地点既在两座城门的东南方向，应当就是此前修建祭台之处。

武宗至大三年（1310），在程钜夫的屡次请求下，皇帝允准他致仕，归家养老，"命廷臣以下饮饯于齐化门外，给驿南还"⑥，给这位老臣以很高的礼遇。

文宗天历元年（1328），发生了大都与上都两派朝臣各自拥立新皇帝的"两都之战"，燕铁木儿在大都辅佐元文宗。九月，上都"王禅游兵至大口，燕铁木儿还军次榆

---

① 《元史》卷八十五《百官志一》，第2149页。
② 《元史》卷八十五《百官志一》，第2129页。
③ 《元史》卷七十六《祭祀志五》，第1879页。
④ 《元史》卷七十八《舆服志一》，第1935—1936页。
⑤ 《元史》卷二十一《成宗本纪四》，第464页。
⑥ 《元史》卷一百七十二《程钜夫传》，第4018页。

河,帝出齐化门视师"①。十月,燕铁木儿率军队打败了上都的军队,"是日凯旋,入自肃清门,都人罗拜马首,以谢更生之惠"②。

元顺帝执政长达36年,是元朝在位最久的皇帝,却赶上了风雨飘摇的年代。在此期间,来往于大都城门内外的历史记载自然不少。至正十年(1350),"京师丽正门楼上忽有人妄言灾祸,鞫问之,自称蓟州人,已而不知所往"③。这样的怪异事件,成了元末大乱的前兆。十九年(1359)十月初一,"诏京师十一门皆筑瓮城,造吊桥"④。二十四年(1364)四月,元朝的几位将帅发生了兵戎相见的权力斗争。一方是孛罗帖木儿与部将秃坚帖木儿、竹贞以及御史大夫老的沙;一方是察罕帖木儿及其子扩廓帖木儿与部将琐住(白锁住)、貊高;朝廷一方则是皇太子。孛罗起兵后,"皇太子率侍卫兵出光熙门,东走古北口"抵敌。秃坚在清河列营,待朝廷恢复了孛罗的官职后,他"陈兵自健德门入,觐帝于延春阁,恸哭请罪",得到了皇帝谅解。七月,孛罗再次兵进居庸关,皇太子率军在清河作战不力,于是"驰还都城,白锁住引兵入平则门"。接着,"白锁住扈从皇太子出顺承门",前往冀宁(今山西太

---

① 《元史》卷三十二《文宗本纪一》,第710—711页。
② 《元史》卷一百三十八《燕铁木儿传》,第3330页。
③ 《元史》卷四十二《顺帝本纪五》,第890页。
④ 《元史》卷四十五《顺帝本纪八》,第949页。

原)。皇太子逃离大都后,"孛罗帖木儿驻兵健德门外,与秃坚帖木儿、老的沙入见帝于宣文阁,诉其非罪,皆泣,帝亦泣,乃赐宴",君臣暂时达成和解。九月初一,"宦官思龙宜潜送宫女伯忽都出自顺承门,以达于皇太子"。二十五年(1365)七月,孛罗帖木儿伏诛。在这个月,大都遭遇水灾。到八月初一,城门已经连续三日不开。"竹贞、貊高军至城外,命军士缘城而上,碎平则门键,悉以军入,占民居,夺民财。"①被水灾逼急的士兵翻过城墙,打碎平则门的铁锁涌入城内,强占民居、劫掠民财,与匪徒无异。二十八年(1368)闰七月二十八,元顺帝带着朝臣与后妃等"至夜半,开健德门北奔"②。八月初二,徐达"陈兵齐化门,填濠登城",占领元大都。③当明军迫近大都时,"诏朴赛因不花以兵守顺承门,其所领兵仅数百羸卒而已。乃叹息谓左右曰:'国事至此,吾但知与此门同存亡也。'城陷被执,以见主将,唯请速死,不少屈。主将命留营中,终不屈,杀之"④。丁好礼被入城的明军征召,"不肯行,舁至齐化门,抗辞不屈而死,年七十五"⑤。这位被人抬到中途不屈而死的古稀老者,为齐化门的历史增添

---

① 《元史》卷四十六《顺帝本纪九》,第966—968页。
② 《元史》卷四十七《顺帝本纪十》,第986页。
③ 《明史》卷一百二十五《徐达传》,第3727页。
④ 《元史》卷一百九十六《朴赛因不花传》,第4435页。
⑤ 《元史》卷一百九十六《丁好礼传》,第1137页。

了动人的一页。

2. 文学记忆中的城墙城门

诗是最容易被读者记起的文学作品形式。元代诗人对大都城墙与城门的吟咏，既有宏观形象的描述，也有因某一城门而激发的诗思。

（1）大都"十二门"与"十一门"

元代诗歌对大都城门整体形象的描摹，存在着大城开辟了十二门还是十一门的差异。宋本（1281—1334）《大都杂诗》之三写道：

> 卢沟晓月堕苍烟，十二门开日色鲜。
> 海上神山无弱水，人间平地有钧天。
> 宝幢珠络瞿昙寺，豪竹哀丝玳瑁筵。
> 春雨如膏三万里，尽将嵩呼祝尧年。[①]

元人对大都城以及所处时代的夸饰司空见惯，其中的"十二门开日色鲜"值得注意。吴莱（1297—1340）延祐年间曾在礼部供职，熟悉宫廷礼仪制度。他的《二月六日雨书都城旧事》写道：

[①] 宋本：《大都杂诗》，苏天爵编《元文类》卷七，商务印书馆1958年版，第388页。

燕南赵北吹黄尘,九天宫阙生紫云。
十二门开衢路直,画轮骢马多行客。
岁寒殿外柳才青,金水河边冰尚白。
鸡人传漏放晓朝,文石分班压百僚。
南阳近亲最舞蹈,京兆耆旧争歌谣。
教坊供奉饰玉女,钟能钟来鼓能鼓。
锦来西蜀被玄驼,肉出太关餐猛虎。
初日扶桑稍照人,内筵赐燕杏花春。
沐犠骍牲泰时祀,鸾旗翠盖骊山巡。
东风万里飘寒雨,我昔所闻今不睹。
怏然呼酒击酒壶,茂陵徐生曾上书。①

这首诗描述了大都"十二门开衢路直"的城市结构,二月之初护城河边的早春景色,文臣武将在宫城门外分列左右等待上朝,还有宫廷赐宴与举行祭祀的场景。乃贤(1309—?)《京城杂言六首》之一亦有"十二门",诗曰:

神京极高峻,风露恒冷然。
憧憧十二门,车马如云烟。
紫霞拥宫阙,王气浮山川。

---

① 吴莱:《渊颖集·二月六日雨书都城旧事》,顾嗣立编《元诗选》,清康熙三十三年刻本。

峨峨龙虎台，日月开中天。
圣祖肇洪业，永保万亿年。①

显然，元大都的大城只有十一座城门，断无北墙最初开辟三门嗣后又堵塞一门之理。诗是以形象思维方式产生的文学作品，上述三首诗中的"十二门"并不是对实际面貌的严格描述，而只是一种文学意义上的借鉴。唐人长安城的四面各有三座城门，时人往往以"十二门"指代国都长安。例如，著名诗人李贺所谓"十二门前融冷光，二十三丝动紫皇"②，就采用了这样的修辞手法。宋本与乃贤的诗模仿唐人旧例，以"十二门"代指元大都顺理成章，况且与大都的十一门只相差一个，也不至于影响对大都风貌的文学表述。

(2) 所谓"哪吒城"的出现

诗人张昱处在元明之交，享年八十三岁。进入明朝后，"太祖征至京，悯其老，曰'可闲矣'，厚赐遣还，乃自号可闲老人"③。据此可知，他的一生大部分在元朝度过。昔年"备员宣政院判官"，即在元朝担任行枢密院判官时整理旧稿，他把"曩在京师时，有所闻见辄赋诗"的102首七言绝句编为《辇下曲》，"据事直书"。其中之一写道：

---

① 乃贤：《金台集·京城杂言六首》，《元诗选》本。
② 李贺：《李凭箜篌引》，《全唐诗》卷三百九十，第4392页。
③ 《明史》卷二百八十五《文苑列传一·张昱》，第7324页。

大都周遭十一门，草苫土筑那吒城。

谶言若以砖石裹，长似天王衣甲兵。①

那吒，亦作"哪吒"，是《西游记》《封神演义》等小说里以少年儿童形象出现的神明。多年以来，民间盛行把明清北京内城的九门比附为哪吒变化出来的"三头六臂"或一个脑袋八条胳膊，因而将北京城叫作"哪吒城"或"八臂哪吒城"，并且说是由明初刘伯温刻意设计出来的城市格局，这是古代北京城市发展史上一个值得注意的文化现象。写于元朝后期的《辇下曲》证明，把历史上的北京城比作"哪吒城"始于元大都时代。大体说来，若以"三头六臂"而论，丽正、文明、顺承三门为"三头"；齐化、崇仁、光熙三门为左侧三臂，平则、和义、肃清三门为右侧三臂，合为"六臂"；安贞、健德二门，则是其"两足"。若以"八臂"而论，就只留丽正门"一头"，把文明门、顺承门分别归入左右"四臂"，以凑足其数。明代洪武元年（1368）徐达把北城墙向南缩进五里废弃了光熙门、肃清门，直至永乐年间营建北京之后，内城只有九座城门。这时若称"三头六臂"，则以南墙的三门为"三头"，东、西、北三面城墙合计六座城门构成"六臂"；若提"八臂"，则保留南墙正中的丽正门（正阳门）为"头"，

---

① 张昱：《张光弼诗集》卷上《辇下曲》，清抄本。

左右两个半圈的城墙上各有四门,以此凑足"八臂"之数。不管哪种情况都已无暇顾及"两足"的存在,其牵强附会就是如此。

比张昱《辇下曲》稍晚,长谷真逸辑录的《农田余话》卷上云:

> 燕城系刘太保定制,凡十一门,作那吒神三头六臂两足。世祖庚申即位,至国亡于戊申己酉之间,经一百一十年也。[1]

今人考证,《农田余话》的著者"长谷真逸",真实姓名是元明之际的邵亨贞。[2]该书写于明初,是迄今所见明确提出刘秉忠把元大都十一座城门规划为"那吒神三头六臂两足"的文献。在现当代文化教育逐渐普及之前,古代百姓的历史知识大多来自小说、戏曲、评书、曲艺之类。通过上述文化媒介,人们得到的明代故事远远多于元代。元初的刘秉忠与明初的刘伯温都是智者,但以刘秉忠为主角的民间文学艺术又远远少于关于刘伯温的作品。久而久之,在专业工作者之外,大众对刘秉忠越来越陌生,刘伯温则与姜子牙、张良、诸葛亮等历史人物一样,成为传说

---

[1] 长谷真逸辑:《农田余话》卷上,四库存目丛书本。
[2] 杜学林:《〈农田余话〉作者考》,《陕西学前师范学院学报》2016年第12期。

中足智多谋、"能掐会算"的神人。这样一来，把"哪吒城"的规划设计者换成刘伯温，把规划设计的时代下拉到人们更熟悉的明代北京，就成了极为自然的发展结果。自1957年金受申先生（1906—1968）《北京的传说》问世以来①，最近几十年以此为蓝本的刘伯温（有时再加上姚广孝）与"哪吒城"的传说故事，已经被反复改写乃至辗转抄袭得几近泛滥，当然也早就只能视为民间文学而与历史渐行渐远了。

（3）诗歌里的城墙与皇城之门

元代诗歌的光芒长期被杂剧和散曲掩盖，实际上诗人与诗歌的数量众多，在中国古代文学史上应有其重要地位。涉及大都城门或者兼及城墙的诗歌，有的须从作品里面去体察隐形的线索。例如，乃贤《京城春日二首》写道：

> 三日诸郎僝直闲，绕城骑马借花看。
> 晚来金水河边路，柳絮纷纷扑绣鞍。
>
> 黄鹤楼东卖酒家，王孙清晓驻游车。
> 宝钗换得葡萄去，今日城东看杏花。②

---

① 金受申：《北京的传说》第一集，通俗文艺出版社1957年版。
② 乃贤：《金台集·京城春日二首》，《元诗选》本。

因为在宫廷和衙门连续值班而换来空闲时间的人们，绕城骑马到处看花，傍晚才沿着金水河边的道路返回。公子王孙也乘车到城东饮酒与欣赏杏花，当然也要分别出入东墙上的三座城门。

范梈（pēng）（1272—1330）与虞集、杨载、揭傒斯并称"元诗四大家"。《四月十六日诣东华门奉迎香舆》记述了他在是日早晨的经过：

> 天香晓报出宫城，已办隅头合乐迎。
> 黄鸟低斜冲队过，紫骝疏荡著班行。
> 百王盛祀无遗典，万乘深居有至情。
> 失喜快传汤沐赐，礼官识姓未知名。①

东华门是大都宫城的东门，皇帝要出宫降香祈福，官员拂晓就在这里等待迎接运送香亭的车驾，在街道转弯处安排乐队演奏。香亭是安置在结彩的小亭子之内的香炉，可以防止风雨把祭祀时点燃的香吹熄浇灭。祭祀已故先辈是传统的礼制，皇家的祭祀活动当然更不可缺少。这些活动由礼部官员主持，他们的名字却常常被忘记。

崇天门是皇城的正南门，朝廷在崇天门下宣布旨意。日精门、月华门是大明殿的东门与西门。张昱《辇下曲》写道：

---

① 范梈：《德机集·四月十六日诣东华门奉迎香舆》，《元诗选》本。

崇天门下听宣敕，万姓欢呼万岁声。
岂独罪人蒙大宥，普天率土尽关情。

驼装序入日精门，铜鼓牙旗作队喧。
一听巡阶铃钹振，满宫俱喜出迎恩。

月华门里西角屋，六纛幽藏神所居。
大驾起行先戒路，鼓钲次第出储胥。①

诗中显示，皇帝出行或返回大都，崇天门是必经之地。仪仗和护卫把皇帝从日精门送入大明殿，皇帝住在月华门以里的居所，每当出行则有仪仗和护卫提前在经行途中戒严。

元明之交的张宪《大都即事》之二写道：

千步廊前月，朦胧照御阶。
风檐鸣宝铎，雷板耀金牌。
城影平铺地，楼阴半上街。
谁家吹短调，一夜乱春怀。②

---

① 张昱：《张光弼诗集》卷上《辇下曲》，清抄本。
② 张宪：《大都即事》之二，《明诗综》卷八十八，清刻本。

月光照在千步廊前的御道上，宫廷广场上的建筑反射着月光，屋檐被吹响的风铃就像军营发布号令的金铎之声，城墙和楼房的影子投射到平地和街道上。再加上城中传来的乐声，使人心情不能平静。

（4）诗歌里的大都十一门

元代诗歌里有些诗题或小序指明了吟咏的城门与事件背景，有些则在诗中提到大都具体的城门名称。迄今所见元代诗歌，涉及丽正、文明、顺承、齐化、平则、肃清、健德诸门以及金中都的彰义门，崇仁、和义、光熙、安贞诸门尚待发现相关的诗歌踪迹。

丽正门是元大都的正南门。吴师道（1283—1344），至治元年（1321）进士。《三月二日丽正门书事》云：

> 万骑遥闻发上林，内前车马去骎骎。
> 风回辇路香烟合，雨映龙楼柳色深。
> 谁杂屡呼惊过客，伶官凝望促华音。
> 修门此日逢佳会，咫尺清光倘照临。[1]

诗中描绘了大都各色人等恭送皇帝出丽正门的情景。"上林"源出汉代的皇家园林上林苑，元代设上林署负责为宫廷供应花木瓜果等物，生产区域处在大都城南。"修门"出于

---

[1] 吴师道：《吴礼部文集》卷七《三月二日丽正门书事》，清抄本。

《楚辞》，代指国都的城门。诗中说，上万骑兵扈从皇帝出巡，但见宫廷的车马飞快穿行。有人发出惊呼，有人翘首期盼。这一天的丽正门成了幸运之地，人们意外地见到了皇帝出巡的銮驾，得以如此近距离地沐浴皇恩。

宋褧（1294—1346），泰定元年（1324）进士。《七月八日晓晴暂出丽正门外》之一描写道：早晨天气晴朗，站在丽正门外回看大都，但见绿树遮盖着宫墙，一片白云好似心有不甘，迟迟飘在琼华岛上。诗云：

> 团团碧树压宫城，白凤门楣淡日明。
> 回首琼华仙岛上，片云犹欲妒新晴。①

宋褧《得周子善书，问京师事及贱迹，以绝句十首奉答》之四，回答了朋友来信对大都要闻以及自己近况的询问。诗下自注："至公堂，会试之所。四方进士来试南宫者，率皆僦居丽正门外。"南宫，指礼部主持的选拔进士的会试。考试地点在丽正门内的贡院（今建国门西中国社会科学院所在贡院东街、贡院西街一带），各省前来应考的举人大多就近在丽正门外租房暂住。宋褧在诗里说：我住的地方距离会试的至公堂不远，在丽正门前鳞次栉比的小屋里，像蜗牛壳一样狭窄局促。各地进京参加会试的数

---

① 宋褧：《燕石集》卷八《七月八日晓晴暂出丽正门外》，清抄本。

百举子都是天下英雄,词赋是最重要的考试内容,他们当中势必会出现西汉司马相如那样擅长词赋的杰出人才。诗云:

> 至公堂下鱼鳞屋,丽正门前蜗壳居。
> 三百英雄来献赋,是中应有马相如。①

欧阳玄(1273—1358)是元代著名史学家、文学家和书法家,累官至翰林学士承旨。《京城杂咏七首》之二就与他的职责有关:

> 丽正门当千步街,九重深处五云开。
> 鸡人三唱万官集,应制须迎学士来。②

"鸡人"的职位始设于周代,负责养鸡作为祭品并负责报时。诗中描述道:大都的丽正门北面正对着千步廊。在千步廊以北的皇城,笼罩着层层宫苑的祥云透出亮色,报时的官员大声宣布此刻的时辰,准备上朝的官员云集静候。至于奉命拟写诏令和文章,还须等待翰林学士到来。

傅若金(1303—1342),元代后期诗人,顺帝元统三年

---

① 宋褧:《燕石集》卷八《得周子善书,问京师事及贱迹,以绝句十首奉答》之四。
② 欧阳玄:《圭斋集·京城杂咏七首》,《元诗选》本。

(1335)以参佐出使安南,出色完成任务。《正月十七日丽正门观迎接口号》,可能就是描写从南方归来的大元使团在丽正门前受到欢迎的场面。他们从丽正门入城,父老与公卿在此迎接。回朝交令后,即将出席庆功宴会。诗云:

>南徼旌旗万里回,中天城阙九重开。
>龙门伏簇青云起,鹤禁香通紫气来。
>父老多流去日泪,公卿不乏济时材。
>已闻奉玺归金室,早听趋朝进玉杯。①

文明门在丽正门以东。宋本(1281—1334),至治元年(1321)状元,宋褧之兄。《送欧阳炳四首》之一,抒发了送别朋友出文明门外返乡探母的情感。"百尺吴船漾绿湾"一句,显示欧阳炳是乘船南归。此时应在郭守敬主持大运河裁弯取直、南北贯通之后,通惠河也已从通州抵达了大都城内的积水潭,因此才有"文明门外春才好"之句:

>暖翠空蒙故国山,梦中慈母美连环。
>文明门外春才好,百尺吴船漾绿湾。②

---

① 傅若金:《傅与砺诗集》卷五《正月十七日丽正门观迎接口号》,清抄本。
② 宋本:《送欧阳炳四首》之一,《元诗选二集》卷十一,《四库全书》本。

宋褧陪伴安南国使者从大都返回鄂州，出文明门沿运河水路南下。《夜下新安驿寄家》形容行船之快，回望城门已经迅速远去：

> 河流如箭棹如飞，星汉垂光月渐西。
> 回首曲廊微步处，文明门上夜乌啼。①

宋褧《送周子嘉由长秋寺令史出为滁之来安簿、暂回武陵觐省二十五韵》，赞扬朋友才能出众，感叹四处奔波劳累更兼与亲朋别离，期待秋天在"文明门内"也就是到大都城内参加会试时再相见。其中写道：

> 黄鹤楼前暑云徂，文明门内秋为期。
> 风尘南陌困英锐，痴僮羸马淹孤羁。②

刘基，字伯温，是被民间神化的历史人物之一。《明史》称他"元至顺间举进士"③。在此期间，他留下了《自都回至通州，寄普达世理原理二首》，其一有"旦辞文明

---

① 宋褧：《燕石集》卷八《夜下新安驿寄家》。
② 宋褧：《燕石集》卷三《送周子嘉由长秋寺令史出为滁之来安簿、暂回武陵觐省二十五韵》。
③ 《明史》卷一百二十八《刘基传》，第3777页。

门，回首望宫阙"之句[1]。他从大都回到通州，应是准备沿着大运河返回南方，这是他在青年时期曾到过大都的记录。

顺承门位于丽正门以西，与文明门东西对称。陈孚（1240—1303），元初学者，至元年间上《大一统赋》，出使安南不辱使命。《出顺承门》表现南行的孤寂以及对大都的不舍，或许就是此时之作。诗云：

又骑官马过中原，袖有芝泥御墨痕。
岭海孤臣天咫尺，五云回首是都门。[2]

何中（1265—1332），文学家、诗人、学者。《宿十里村》，记载在郊外行猎的经历。冒着冬季积雪的寒冷，出顺承门到郊外打猎。带着一身的疲惫，在十里村受到主人热情款待，因此心存感恩之意。诗云：

朝出顺承门，暮宿十里村。
臂鹰猎骑归，积雪明郊原。
居人喜客来，汲井邻墙温。
羹汤稍暖热，饼饵亦烧燔。

---

[1] 刘基：《诚意伯刘文成公文集》卷十二《自都回至通州，寄普达世理原理二首》，商务印书馆《四部丛刊》本。
[2] 陈孚：《陈刚中诗集》卷二《交州稿·出顺承门》，《四库全书》本。

此夕羁旅意,深知路人恩。
重林隐城堞,昉此劳心魂。①

揭傒斯(1274—1344),元朝文学家、书法家。《晓出顺承门有怀太虚》表达了对远行朋友的悬望:早晨起来走出顺承门,怀着若有所失的心情,遥望通向江南的道路。前天在风雪弥漫的天气里,老友穿过这座城门离京南下,不知旅途中人现在怎么样了。诗云:

步出城南门,怅望江南路。
前日风雪中,故人从此去。②

宋褧《送同年王在中编修代祀西行》之三,送别奉命西去的同年进士,心中的惆怅恰如顺承门外的绿草连绵不绝:

联镳席帽杏园春,五见宫花照路尘。
今日分携重惆怅,顺承门外草如茵。③

齐化门是大都东墙最南门,是出大都到通州乘船南下

---

① 何中:《知非堂稿》卷二《宿十里村》,清抄本。
② 揭傒斯:《秋宜集·晓出顺承门有怀太虚》,《元诗选》本。
③ 宋褧:《燕石集》卷八《送同年王在中编修代祀西行》之三。

的送别之地。张翥(1287—1368)有《送客齐化门东马上口号》,宋褧《杨柳词》也有同类送别与写景之作:

> 齐化门东驰道上,鹅黄闪色弄新阳。
> 凭谁移向龙池畔,摇曳宫花扑面香。

> 齐化门东醉别时,玉人折赠最高枝。
> 船开酒醒潞河远,回头烟树漫参差。①

宋褧《日出齐化门》,描写了早晨城门开启后的情形。太阳升起在齐化门上空,照耀着整个城市。四面城墙相继打开高大的城门,都城里居住的千家万户,纷纷洗漱穿戴开始一天的生活。人们备好车马,匆忙出入于城门。读书为官者争夺名誉地位,服饰整齐高雅。普通百姓凭借手艺谋生,往往衣衫褴褛。从早晨太阳东升忙到傍晚太阳西坠,一天下来收获各异。失败者垂头丧气,成功者趾高气扬。城门照见了日常生活的各种景象,诗的前半段写道:

> 日出齐化门,腾腾开九光。
> 四面启金钥,崇扉辟辉煌。
> 都城万井烟,沃盥整衣裳。

---
① 宋褧:《燕石集》卷四《杨柳词》之一、之六。

四、新址崛起元大都

纳履戒车马，出入纷仓皇。
士者趋名誉，鱼佩锵琳琅。
鄙夫竞锥刀，蚁子罗康庄。
大明忽西颓，所遇皆不常。
败事头抢地，得志骄昂昂。
扰攘千万情，四序恒茫茫。①

张宪《怯薛行》，描写了一个武艺高强的青年"怯薛"（元代宫廷禁卫军）充当"两面人"的故事：他在黄昏偷偷潜出齐化门，到达四十里外的通州大王庄劫道，作案完毕就飞马赶回大都城，丝毫没有耽误早晨在宫廷里值班宿卫。因为他是朝中高官的子侄，城里的巡警也不可能怀疑他。官军为了追捕盗贼，连夜又派都指挥去查案。诗人告诫说，不用急急忙忙地到别处搜捕他人，盗贼的首领就在皇城之内。显然，齐化门是青年侍卫出入大都的经行之地，诗的最后几句也有讽刺元末政治腐败的意味：

怯薛儿郎年十八，手中弓箭无虚发。
黄昏偷出齐化门，大王庄前行劫夺。
通州到城四十里，飞马归来门未启。
平明立在白玉墀，上直不曾违寸晷。

---

① 宋褧：《燕石集》卷二《日出齐化门》。

> 两厢巡警不敢疑,留守亲侄尚书儿。
> 官军但追上马贼,星夜又差都指挥。
> 都指挥,宜少止。
> 不用移文捕新李,贼魁近在王城里。①

平则门是大都西墙最南端的城门,与齐化门东西对称分布。张宪《大都即事》之一写道:三月春风吹拂着平则门外朝向西山的道路,一群城里人骑马出城游玩。他们穿戴整齐,像是贵族模样,带着吃食饮料和加温的器皿,直到黄昏月上柳梢时才从郊外扶醉而归:

> 三月西山道,春风平则门。
> 绣鞍红叱拨,毡帽黑昆仑。
> 衣襆分香裹,壶瓶借火温。
> 醉归杨柳月,绿雾掩黄昏。②

肃清门是大都西墙最北端的城门,吴师道《三月十八日张仲举、赵伯器、吴伯尚、王元肃同游西山玉泉,遂至书山》,是一首记游的长诗,描述出肃清门向西到香山、玉泉山的沿途所见。其开头四句说:看到肃清门外已是春

---

① 张宪:《怯薛行》,《明诗综》卷八十八,清刻本。
② 张宪:《大都即事》之一,《明诗综》卷八十八,清刻本。

草青绿，于是一行人出城漫步到郊外。早晨天气晴朗，远望西山一片翠绿，从山顶到山脚连绵不断，就像一幅幅画屏那样美观。由此引发了出城的动力，见到西山一带的地理风物。诗云：

> 肃清门外春草青，背城曼衍趋郊坰。
> 西山晓晴出苍翠，高下不断如连屏。[1]

健德门是大都北墙的西门，从大都到上都，必出健德门再经居庸关。至元年间，陈孚《出健德门赴上都分院》，就是这样一次远行。作者虽然是在被催促之下匆忙出行，而且离家已久颇有四处飘零之感，沿途也曾备尝艰辛，但当别人问起旅途衣食是否适应时，仍然怀着为国效力的愿望，对这些生活琐事不以为意。诗云：

> 北楼急鼓绝，南楼疏钟鸣。
> 盥栉未及竟，驺官戒晨征。
> 三年去乡井，已觉身飘零。
> 今朝别此去，又有千里行。
> 怀君岂不愿，王命各有程。

---

[1] 吴师道：《吴礼部文集》卷五《三月十八日张仲举、赵伯器、吴伯尚、王元肃同游西山玉泉，遂至书山》。

小车如鸡栖，轧轧不得停。
　　出门见居庸，万仞参天青。
　　邻家三数姬，对我清泪倾。
　　问我善饭否，虑我衣裘轻。
　　大笑挥之去，我岂儿女情。①

至元三十一年（1294）正月二十二日，忽必烈在大都去世。王恽《大行皇帝挽辞八首》首先交代："越三日乙亥，寅刻，灵驾发引。由建德门出，次近郊北苑。有顷，祖奠毕，百官长号而退。"此诗不仅记载了忽必烈后事的办理步骤，还表明健德门在元代有时写作同音的"建德门"，根据作诗的需要也可在特定语境下省称"建门"。八首之二写道：

　　晏驾才经宿，帏车出建门。
　　千官纷雨泪，六御迅龙奔。
　　云气苍梧远，天山禹穴昏。
　　依光瞻日月，颂德满乾坤。②

元明之交，陈秀民《滦阳道中》仍作"建德门"，所走

---

① 陈孚：《陈刚中诗集》卷三《玉堂稿·出健德门赴上都分院》，《四库全书》本。
② 王恽：《秋涧集》卷十三《大行皇帝挽辞八首》，《四库全书》本。

的路线也依然是早晨出健德门,晚上住宿在居庸关。顶着山中的狂风,直到明月高悬天空时才抵达驿站。其开头云:

晨出建德门,暮宿居庸关。
风鸣何萧萧,月出何团团。①

大都南城即金中都旧城的彰义门等,在元代依然是诗人吟咏的对象。范梈《章义门送人还南城观台》之"章义门"即彰义门,是出大都城向西南的门户。特殊的交通地位,使其屡屡进入诗题。顺着城墙下的道路送别朋友,常常令人想起唐代诗人王维《送元二使安西》,心中同样涌出"西出阳关无故人"的思绪。诗云:

郊原平晚绿萋萋,独上高台意转迷。
古树鸣蝉城下路,送人常忆向安西。②

元代的文学家与历史学家,共同烘托出了大都城的立体图景。遍览元人诗文集,可以获得更多的富有浪漫主义色彩的记载。严谨的历史著作与注重形象思维的诗歌相得益彰,留下了关于元大都城墙、城门和社会发展的鲜活记忆。

---

① 陈秀民:《滦阳道中》,朱彝尊编《明诗综》卷八十八,清刻本。
② 范梈:《德机集·章义门送人还南城观台》,《元诗选》本。

五、承前启后明北京

就古代城墙城门的发展进程及其与当代的关联程度而言，明代北京具有承前启后的历史地位。明北京在基本延续元大都确定的城市格局的前提下，洪武、永乐两朝先后改变了北城墙与南城墙的位置，嘉靖年间又增修外城，由此最终确立了北京以城墙为标志的城市轮廓与功能分区。从洪武元年（1368）创始到正统二年（1437）完成的内城城门命名系统，再加上嘉靖年间确定的外城城门名称，被清北京全部承袭并且一直延续到当代，只有皇城与宫城的部分名称有所调整。明代不同时期对城墙与城门的改造，既有政治、军事方面的现实需求，也有历史文化因素在发挥驱动作用。

（一）洪武元年北墙南缩与城门更名

元明易代之后，大都的全国政治中心地位被南京代替，城市规模与城门名称随之调整。在古代北京城市史上，洪武元年（1368）发生了明代第一次城垣与城门名称的变更。

1. 北墙南缩及德胜门、安定门的命名

明洪武元年(1368)闰七月至八月,徐达率领的军队从兵临城下到占领元大都,再到整修大都南城与北城,城市格局随着政治、军事的暴风骤雨而迅速变更。《明太祖实录》有如下记载:

> [闰七月]丙寅,达率诸军入通州城,指挥华云龙以兵来会。是夜三鼓,元主及其后妃、太子开建德门北走。①
>
> [八月]庚午,大将军徐达命马指挥守通州,进师取元都。师至齐化门,命将士填壕登城而入,达登齐化门楼……②
>
> [丁丑]大将军徐达命指挥华云龙经理故元都,新筑城垣,北取径直,东西长一千八百九十丈。③
>
> [己卯]大将军徐达……督工修故元都西北城垣。④

---

① 《明太祖实录》卷三十三,洪武元年闰七月丙寅。
② 《明太祖实录》卷三十四,洪武元年八月庚午。
③ 《明太祖实录》卷三十四,洪武元年八月丁丑。
④ 《明太祖实录》卷三十四,洪武元年八月己卯。

[壬午]诏改大都路为北平府，命征元故官送至京师。①

　　戊子，大将军徐达……令指挥叶国珍计度北平南城，周围凡五千三百二十八丈。南城，故金时旧基也。②

　　[癸巳]大将军徐达遣指挥张焕计度故元皇城，周围一千二十六丈。③

　　洪武元年九月戊戌朔，大将军徐达改故元都安贞门为安定门，建德门为德胜门。④

　　闰七月二十八日（1368年9月10日），徐达率军由河西务进入通州，元顺帝一行连夜出"建德门"逃奔上都。八月初二（14日）明军自齐化门填塞护城河攀墙入城，徐达登上齐化门城楼，元明之间政权易主。初九（21日）徐达令指挥华云龙整修大都城，把北城墙向南缩进五里，新筑的城墙从东到西的直线部分长一千八百九十丈。十一日（23日）修复大都西北城墙，即从今德胜门以西偏向西南的抹角部分。万历《大明会典》记载，北京城的北墙长

---

① 《明太祖实录》卷三十四，洪武元年八月壬午。
② 《明太祖实录》卷三十四，洪武元年八月戊子。
③ 《明太祖实录》卷三十四，洪武元年八月癸巳。
④ 《明太祖实录》卷三十五，洪武元年九月戊戌朔。

"二千二百三十二丈四尺五寸"①，以此减去"北取径直"的1890丈，可知西北隅这段斜向的城墙长约342丈。十五日（27日）大都路改为北平府，这是大都失去首都地位的标志。二十日（10月2日）叶国珍测得南城即金中都旧城周长5328丈；二十七日（9日）张焕测得大都宫城周长1026丈。到九月初一（12日），徐达命名新筑北城墙所开的两座城门分别为"安定门"和"德胜门"。至此，对前朝国都南、北二城的革故鼎新告一段落。

上述记载显示，就像元代王恽《大行皇帝挽辞八首》一样，明初时人也偶尔把"健德门"同音异写为"建德门"。此外，《明太祖实录》所称徐达"改"大都的安贞门、建德门为北平府的安定门、德胜门并不确切，实际上他是为新城墙上的新城门"命名"而不是为旧城墙上的旧城门"改名"。之所以出现这样的记载，是因为安贞门、健德门一线的城墙被废弃后，新修的城墙及其城门相当于向南平移了五里。安贞门与安定门，健德门与德胜门，处在南北对应、相隔五里的纵向直线上。这两组城门的命名语词，显然具有前后承继的关系，但已经变得越来越浅显易懂。"德胜"有以德取胜之意，"安定"更是明白如话地期望天下太平。这样的差异也透露出主持命名之人自身文

---

① 申时行等：《大明会典》卷一百八十七《工部七·营造五·城垣》，明万历十五年内府刻本，第2页。

化素养的截然不同：长于治国谋略的刘秉忠无书不读，所以从《周易》选择典雅深奥的语词为城门命名；作为军事统帅的徐达以能征惯战著称，因此只是在前代旧称的启发下稍作通俗化的改造而已。

徐达改造元大都故城，"缩其城之北五里，废东西之北光熙、肃清二门"①。随着北平府的北城墙向南平移五里，元大都时代的光熙门与肃清门被甩在了新墙以外。弃掉的土墙不再被刻意维护，由此加速了它们的湮废进程。德胜门与安定门命名后一直沿用至今，并且以城门为参照点派生了若干街道或地片名称。即使有形的城门在晚近时代已经消失或遗存有限，这样的地名仍然可以指示区域文脉之所在。

2. 北平府北墙南缩的原因何在？

徐达主持的北墙南缩，决定了安定门与德胜门的位置。有人认为，徐达此举旨在节省守城兵力。这种推断看似有些道理，但若对照彼时的军事形势，则顿觉大谬不然。早在明军集结通州尚未攻城时，元顺帝就已连夜出健德门、经居庸关逃回草原。徐达率军占领大都后，常遇春、傅友德等继续向山西及塞北进军，北平府已从前线变为后方。虽有蒙古军队偶尔在周边出现的情况，但也被守

---

① 彭时等：《寰宇通志》卷一《顺天府》，明景泰间刻本，第9页。

军的疑兵之计吓退，无从构成实质性的威胁。《明太祖实录》记载：

> 庚辰，故元丞相也速侵通州。时大军征山西，北平守兵单寡，通州城中亦不满千人。也速将万余骑，营于白河。守将平章曹良臣曰："吾兵少，不可以战。彼众虽多，然亡国之后，屡挫之兵，可以计破。"乃密遣指挥佥勇等于沿河舟中各树赤帜三，亘十余里，钲鼓之声相闻。也速望之惊骇，遂引兵遁去，城中出精骑渡白河，追之至蓟州，不及而还。①

此事发生在洪武二年（1369）二月十五日。北平府城早在半年前就已南缩五里，但此时依然是"守兵单寡"而非虎贲云集，足见徐达缩城与节省兵力无甚关联。即使因此可以节省若干守军，对于保卫整座城市所需的大量军队而言也无足轻重。《洪武北平图经志书》说：

> 旧土城一座，周围六十里。克复后以城围太广，乃减其东西迤北之半，创包砖甃，周围四十里。其东、南、西三面各高三丈有余，上阔二丈；

---

① 《明太祖实录》卷三十九，洪武二年二月庚辰。

北面高四丈有奇，阔五丈。濠池各深阔不等，深至一丈有奇，阔至十八丈有奇。城为门九……各门仍建月城外门十座。①

对于徐达加强北平府城池建设的成绩，上面的叙述有两处不够准确：北城墙南缩五里，大致相当于舍弃了大都靠北的三分之一而不是一半，原来六十里的城周就缩减为五十里而不是"四十里"；所谓"创包砖甓"并不等同于给土城全部包砖，明代长期在夏秋季节用苇箔苫墙防雨的史实表明，此时只是给城门一带而不是全部城墙包了砖。尽管如此，这段文字明确指出北墙南缩是由于"城围太广"，而不是因为守军不足才做出这样的举动。

既然这样，"城围太广"的原因只能从古代礼制对城市规模的限定方面去寻找。《左传》称："先王之制，大都，不过叁国之一；中，五之一；小，九之一。"②意思是说，大、中、小城邑的范围，依次不能超过国都的三分之一、五分之一、九分之一。历代城邑虽然不可能完全拘泥于如此刻板的限制，但至少应该做到不大于国都的周长。大都毕竟是元朝的首都，其主要建筑与大量人口的空

---

① 《日下旧闻考》卷三十八《京城总纪》引《洪武北平图经志书》，第604—605页。
② 《春秋左传·隐公元年》，《黄侃手批白文十三经》本，上海古籍出版社1983年版，第1页。

间分布自有其多年形成、相对固定的格局。尽管它被降为北平府，四面城墙的周长却无法缩小到国都南京的三分之一。在这样的条件下，只能选择退而求其次，设法按照最低规格的礼制要求，把城市规模压缩到略小于国都南京的水准。

放眼元朝留下的大都城，宫殿区与代表性建筑集中在城区南部。因此，最容易减少城墙周长的做法，是把相对空旷的北部区域甩到城墙之外。《明太祖实录》记载，元至正二十六年（1366）八月初一，朱元璋"拓建康城……延亘周回凡五十余里"[①]。建康（南京）城墙的这个周长，直到徐达攻克元大都也未改变。元大都"城方六十里"[②]，北墙向南推进五里，意味着东西两面的城墙长度合计缩短了十里，剩下的"五十里"恰好略少于南京的"五十余里"。从八月初九到九月初一，徐达仅用20余天就赶筑了德胜门至安定门一线的北城墙，以最简捷的方式达到了最起码的礼制要求。在北平府城的西北隅，有高梁河自西向东汇入积水潭。北城墙修到这里时，如果按照城墙必取直角的固定思维，势必需要向西穿过积水潭再与西墙相接，这无疑将加大工程量而且扰动已有的水系格局。设计者从河湖分布的实际状况出发，把这段城墙修成了经过湖泊西北一隅

---

① 《明太祖实录》卷二十一，丙午八月庚戌朔。
② 《元史》卷五十八《地理志一》，第1347页。

的南岸、偏于西南方向的斜角。由此把原来的积水潭一分为二：位于东南的主体部分留在城里，湖面较小的西北部分则被隔在城外。这种"因地制宜"的灵活机动，被某些后来者附会为"天倾西北，地陷东南"的象征，二者之间的差距显然不可以道里计。

3. 更名东直门与西直门的时间线索

按照以往的习惯看法，元大都的崇仁、和义二门与丽正、齐化、平则、文明、顺承五门，是在明英宗正统二年（1437）同时更名。但是，翻检《明太宗实录》，建文年间已出现了东直门、西直门。这部实录纂毕进呈于宣德五年（1430）正月，由此再过7年，才有明英宗系统更改元大都延续下来的城门名称之事。这就意味着，其间著录的必是史官所记洪武至永乐年间使用的城门名称，已经存入金匮石室的皇帝实录也不会受到此后城门更名的任何影响。在此前提下，崇仁门、和义门更名为东直门、西直门，应发生在洪武至建文年间。

《明太祖实录》只有一次提到"和义门"，时在明军尚未占领元大都的洪武元年（1368）二月初一[①]，崇仁门、东直门、西直门则从未出现过。但是，把建文朝事迹一并包括在内的《明太宗实录》，记录了建文元年（1399）七月初

[①] 《明太祖实录》卷三十，洪武元年二月壬寅朔。

五燕王朱棣率领部将张玉等攻打北平府九门的情形：

> 是夜，玉等攻九门。黎明已克其八，惟西直门未下。上令指挥唐云解甲，骑马导从如平时。过西直门，见斗者，呵之曰：汝众喧哄，欲何为者？①

据此可见，这时既然已有"西直门"，则必有与之对应的"东直门"；所记之事发生在建文元年（1399）七月，则崇仁门、和义门更名为东直门、西直门必在此前的洪武年间。大约撰于洪武六年（1373）或稍后的《洪武北平图经志书》所列北平九门，仍有"东北曰崇仁"与"西北曰和义"的记载②。这两座城门改称东直门、西直门，势必在洪武朝此后20多年的某个年份。更名之事不见于《明太祖实录》，应是其间缺少与这两座城门相关而且值得书写一笔的事情所致。

（二）永乐年间南墙外拓与城门异地同名

永乐年间营建北京准备迁都期间，北京城墙与城门发生了在明代的第二次变化。营建的重点在于建筑格局的规

---

① 《明太宗实录》卷二，建文元年七月癸酉。
② 《日下旧闻考》卷三十八《京城总纪》引《洪武北平图经志书》，第605页。

划及其实施推进，城墙与城门的建设和管理也是其中的内容之一。

1. 营建北京与南墙外拓

朱棣通过发动"靖难之役"在南京夺取帝位，永乐元年（1403）正月升北平为北京、改北平府为顺天府，为未来迁都做了必要的政治准备。元大都宫城的大内旧殿从前虽然做了燕王府，但此刻已不符合新皇帝的宏大气派与现实需求，必须进行大规模的营建。

永乐四年（1406），多位重臣被分派到四川、湖广、江西、浙江、山西、北京等地，或"督军民采木"，或"督军民匠砖瓦造"。工部奉命"征天下诸色匠作"，军队系统的诸卫和留守司"选军士"，地方省府州"选民丁"，拉开了营建北京的序幕[1]。为完成如此庞大的工程，财力、交通、物料、人力的储备持续了将近10年，直至"河道疏通，漕运日广，商贾辐辏，财货充盈，良材巨木已集京师"[2]。十三年（1415）三月"修北京城垣"[3]，这是着手修建北京大城的开端。十四年（1416）十一月"复诏群臣议营建北京"[4]，集中实施最后阶段的全面建设，从修筑核心区

---

[1]《明太宗实录》卷五十七，永乐四年闰七月壬戌。
[2]《明太宗实录》卷一百八十二，永乐十四年十一月壬寅。
[3]《明太宗实录》卷一百六十二，永乐十三年三月丁巳。
[4]《明太宗实录》卷一百八十二，永乐十四年十一月壬寅。

的皇城宫殿推进到城内的其他区域。

在集中进行大规模营建的关键时刻，永乐十七年（1419）十一月"拓北京南城计二千七百余丈"①。自洪武元年（1368）北墙南缩五里之后，明代北京城市格局发生了第二次重大变化。这是因为，明北京虽然基本延续了元大都的城市格局，但宫城的位置显著前移。紫禁城以南的太庙和社稷坛的南界，已经抵达了元大都的丽正门一线。为在此线以南继续安排五府六部等行政机构，只有把南城墙继续前推以获得足够的空间。这样，明北京的南城墙由今天的长安街一线向前扩展了大约二里远，到达今崇文门、前门、宣武门一线，北京的内城（北城）的轮廓由此固定下来。大规模的工程建设必然涉及原有居民的搬迁，永乐十八年（1420）三月"命工部：京师民居近皇城当迁者，量给所费，择隙地处之"②。工部负责执行朝廷的法令，把拆迁费用酌情发给皇城附近需要迁出的居民，在比较空闲的地方另行安置。

永乐十八年十一月戊辰（1420年12月8日）昭告天下，即将正式迁都北京："北京行在"改称"京师"，十九年正月初一（1421年2月2日）在奉天殿接受百官朝贺。③在完成营建工程后，《明太宗实录》回顾道："初，营建北京，凡

---

① 《明太宗实录》卷二百十八，永乐十七年十一月甲子。
② 《明太宗实录》卷二百二十三，永乐十八年三月丙子。
③ 《明太宗实录》卷二百三十一，永乐十八年十一月戊辰。

庙社、郊祀、坛场、宫殿、门阙，规制悉如南京，而高敞壮丽过之。复于皇城东南建皇太孙宫、东安门外东南建十王邸。通为屋八千三百五十楹。自永乐十五年六月兴工，至是成。"①这里的八千三百五十间房屋，是营建北京的工程总量。②不仅十王邸根本无须如此众多的建筑，东安门外也没有可以容纳它们的地理空间。或有将上文标点为"复于……建十王邸，通为屋八千三百五十楹"者，不仅句读大谬，而且有违历史地理条件提供的可能性。北京的营建既以南京为样板，又在建筑体量、规格等级等方面超越了此前的国都。

2. 元明南墙城门的异地同名

明北京不仅保持了元大都大城的东西两面城墙，而且在很长的时间内沿用了大部分元代城门的名称。《明太宗实录》永乐十三年（1415）二月十五日条记载：

> 癸未，置南北二京城门郎。北京丽正、文明、顺承、齐化、平则、东直、西直、安定、德胜九门。南京……十三门。每门六员，秩正六品。③

---

① 《明太宗实录》卷二百三十二，永乐十八年十二月癸亥。
② 李宝臣：《明京师十王邸考——兼证永乐营建北京宫殿总量》，《北京文博》2004年第3期。
③ 《明太宗实录》卷一百六十一，永乐十三年二月癸未。

上述北京九门的丽正门、文明门、顺承门、齐化门、平则门，仍在使用元大都时代的名称。正六品的城门郎专门管理城门事务，这个职位到永乐十四年（1416）七月又被革除。①

永乐十七年（1419）北京南墙前拓至今前三门一线，意味着东西两面城墙也随之向南延伸了二里远。就城墙与城门的设置而言，相当于元大都丽正门、文明门、顺承门一线向南平移。外扩之后的南城墙三个城门，依然像元大都那样以丽正门居中，文明门、顺承门分列东西两侧。城门名称依旧，所指代的地点却已向南移动了二里，这就形成了彼此之间的"异地同名"。

（三）洪熙至正统年间的修城与城门定名

永乐年间迁都以后，大城的城墙依然是土城。城墙容易被雨水冲坏，砖砌的城门也不免随之倾塌，因此需要陆续维修。皇城的东墙在宣德年间外扩，直接影响了通惠河的使用。英宗正统初年对北京城墙进行了较大规模的修缮和改建，并且确立了大城近六百年来一直被沿用的城门命名系统。

1. 城墙城门的维修与改造

《明实录》显示，迁都北京仅仅五年之后，就开始频

---

① 《明太宗实录》卷一百七十八，永乐十四年七月己酉。

繁出现维修北京城墙与城门的记载。明宣宗即位之后，试图把国都迁回南京。尽管迁都在数年之间并未得到真正落实，但京师地位岌岌可危的北京又一度被称为"行在"。在宣宗已经即位的洪熙元年（1425）闰七月：

> 雨坏齐化、正阳、顺承等门城垣。命行在工部修治。①

实际上，大雨冲坏的北京城墙与城门，并不限于南墙及东墙的上述三座城门。稍后的九月，得到更多城墙受灾的报告：

> 行在工部奏：北京城垣东、西、北三间面有倾颓，城楼、更铺亦多摧敝。请本部具材，行后府发军修治。上命俟春暖为之。②

上文的"三间面有"当系实录誊写者的笔误，应作"三面间有"。根据工部的奏报，这三面不仅有城墙倒塌，城门楼以及供值夜班的更夫休息的更铺也大多被摧折或损毁。工部提出由他们准备修城的建材，请朝廷命令后军都

---

① 《明宣宗实录》卷六，洪熙元年闰七月戊午。
② 《明宣宗实录》卷九，洪熙元年九月丙辰。

督府派军卒施工维修。皇帝鉴于天气渐冷，批示等待来年春季天气转暖后再兴工。宣德三年（1428）七月，秋季大雨又一次对北京内外的城墙造成严重破坏：

> 行在工部奏：北京文明等门城垣，及永平、遵化、蓟州、密云等处城池，喜峰等口关墙，皆因雨潦倾坏。命军卫有司修治，永平诸处令都督佥事陈景先董其役。①

连绵不断的降雨把城墙泡软后，遇到暴雨就更容易倒塌。除了北京文明门等处的城墙之外，北京北部的长城沿线重要节镇和关口的城池也被冲毁。于是命令各地守军投入抢修，并且指定陈景先负责长城沿线的施工。

宣德七年（1432）六月将皇城东墙向外推移，是永乐年间迁都以后对城墙的一次显著改造。《明宣宗实录》记载：

> 甲辰，上以东安门外缘河居人逼近黄墙，喧嚣之声彻于大内，命行在工部改筑黄墙于河东。皇城之西有隙地甚广，豫徙缘河之人居之，命锦衣卫指挥、监察御史、给事中各一员，度其旧居

---

① 《明宣宗实录》卷四十五，宣德三年七月辛酉。

地广狭,如旧数与地作居。凡官吏、军民、工匠,俱给假二十日使治居。

乙巳,行在工部言:筑东安门外黄墙,计用六万五千人。民夫不足,请以成国公朱勇所部士卒三万五千人助役。上曰:炎暑如此,岂宜兴役!待秋凉为之。①

六月十七日,明宣宗认为,东安门外、通惠河东岸的居民过于靠近皇城,喧闹嘈杂的声音响彻宫城之内。于是谕令工部,把皇城的东墙再向外移,移到通惠河的东岸。为此,须提前把河边的居民安置到空地很多的皇城以西,由锦衣卫等机构派员负责丈量各户的居住面积,照原数给予他们新的住宅用地。所有相关人等,给二十天的时间完成迁居。十八日,工部报告施工需要六万五千人,请求由军队补足欠缺的民夫数量。皇帝考虑到夏季太过炎热,要求秋季天凉后再施工。

这次施工过后,通惠河在城内自南向北的河段被包在皇城禁地之内,这就使它不能再像元代那样作为漕运通道。此外,由于通惠河的水源地靠近昌平皇陵区,为了维护皇陵的"龙脉"与风水,明代也逐渐放弃了郭守敬引西山泉水补给通惠河的做法,漕运的终点码头随之从城内的

---

① 《明宣宗实录》卷九十一,宣德七年六月甲辰、乙巳。

积水潭移到京城东南的大通桥。

出于城门安全和城墙稳固的考虑，宣德九年（1434）曾有迁移居民与修缮城墙之举。先是六月戊申（初三），后有七月甲午（十九日）、乙未（二十日）的奏报或谕令：

> 戊申，行在工部尚书吴中奏：城中军民房屋，有逼近城垣者。昨民家失火，延烧文明门楼。请令如永乐中离城二十余丈居住，逼城者令别迁。上谕中曰：方今苦雨而令徙居，贫家良难。宜先与善地，令从容营构，俟秋后雨止而迁。
>
> 甲午，密云中、后二卫奏：今夏霖雨，山水冲坏城垣一百二十余丈，乞放遣二卫军士之在京修仓者回卫修筑。从之。乙未，命都督佥事王彧，以五军神机营官军及民夫，修北京城垣。①

六月，靠近城门的百姓家中失火，殃及文明门的城楼。工部官员提出按照永乐年间的规定，距离城门二十丈之内的人家迁到别处居住。宣德皇帝考虑到贫苦居民搬家的艰难，主张先给他们找到合适的地方，并予以足够的时间建房，等到秋天雨季过后再行搬迁。七月十九日，密云驻军奏报山洪冲坏城墙的情况，皇帝允准了他们的请求，

---

① 《明宣宗实录》卷一百十一，宣德九年六月戊申、甲午、乙未。

把此前抽调到京城修筑粮仓的军卒派回去筑城。第二天，皇帝派出军民修筑北京的城墙，无疑也是被夏秋大雨冲毁的部分。

明英宗正统元年（1436）十月，开始全面整修京师九座城门的城楼与护城河：

> 辛卯，命太监阮安，都督同知沈清，少保、工部尚书吴中，率军夫数万人，修建京师九门城楼。初，京城因元旧，永乐中虽略加改葺，然月城、楼、铺之制多未备。至是，始命修之。①

明代北平府沿用了元大都的城墙与城门，永乐年间略加修葺改建，但城门的瓮城、敌楼和更铺等并不完备。英宗即位不久，就着手加强北京城的防御功能，派出数万人进行大规模的增修和完善。经过十月以后的准备，自正统二年（1437）一月开始，逐次展开施工。古代中国崇尚泛神论，各个行业都有自己的祖师。大到山河城池，小到屋门灶台，也都有主宰它们的神明。动土施工之前，对相关神明的祭拜必不可少。因此，《明英宗实录》记载的多次祭奠门神与城壕之神的活动，准确地反映了相应的城门或城壕动工修建的开始时间与最后竣工的日期：

---

① 《明英宗实录》卷二十三，正统元年十月辛卯。

[正月]丙午……遣少保兼工部尚书吴中、右侍郎邵旻，祭告平则、西直等门及城壕之神。以城楼、城壕圮坏，欲改作修治也。……庚申，以修葺京城楼，命旗军助工者月增米一斗，军匠增三斗，民匠月给米五斗余，丁匠给五斗。俱月给盐一斤。①

[四月]丁卯……命少保兼工部尚书吴中、右侍郎邵旻，祭德胜、安定二门之神。以修城楼也。②

[九月]癸卯，遣少保、工部尚书吴中，祭司工之神。以营建京城楼堞也。③

[十月]甲子，以修京城门楼、角楼并各门桥毕工，遣官告谢司工之神及都城隍之神。④

按照上面提供的线索，一月开始修建平则门、西直门等城楼与护城河，为此还增加了每月补助军民工匠的米和盐。四月，修建德胜门、安定门的城楼。九月，修建其他城楼与城墙设施。到十月甲子（初八），完成了整修城门、城楼、角楼以及各城门外护城河上桥梁的主要任务，因此

---

① 《明英宗实录》卷二十六，正统二年一月丙午、庚申。
② 《明英宗实录》卷二十九，正统二年四月丁卯。
③ 《明英宗实录》卷三十四，正统二年九月癸卯。
④ 《明英宗实录》卷三十五，正统二年十月甲子。

才要向神明禀告。

在正统二年（1437）完成第一步任务之后，北京城门及各种配套工程继续推进。《明英宗实录》正统三年（1438）正月丙午（二十一日）条载：

> 丙午，遣少保、工部尚书吴中祭朝阳门之神，侍郎李庸祭东直门之神。以将营建城楼故也。①

据此可见，朝阳门和东直门的改建，始于正统三年正月。同年六月初十条载：

> 壬戌，……行在工部言：近者修德胜等门城楼，将在京各厂局物料支给殆尽。明春当修正阳门城楼，乞发后军都督府军千名，给与口粮，令于蔚州、保安等处山场采木编筏，自浑河运至，贮小屯厂，以备支用。从之。②

由于修建德胜门等城楼，储存在北京的木材等物料几乎被全部用完。由于计划在正统四年（1439）春天修正阳门城楼，工部提出调用士兵1000人到今河北蔚县、涿鹿等

---

① 《明英宗实录》卷三十八，正统三年正月丙午。
② 《明英宗实录》卷四十三，正统三年六月壬戌。

地的山场采伐木料，编成木筏顺着浑河（清康熙间改称永定河）漂流到今丰台区的小屯，贮存在木厂里备用。英宗批准了这个建议，到正统四年（1439）四月，整修北京城门、护城河连带桥梁与水闸的全部工程宣告竣工。《明英宗实录》正统四年四月二十九日条载：

> 丙午，修造京师门楼、城濠、桥闸完。正阳门正楼一，月城中、左、右楼各一。崇文、宣武、朝阳、阜城、东直、西直、安定、德胜八门，各正楼一，月城楼一。各门外立牌楼，城四隅立角楼。又深其濠，两涯悉甃以砖石。九门旧有木桥，今悉撤之，易以石。两桥之间，各有水闸。濠水自城西北隅环城而东，历九桥、九闸，从城东南隅流出大通桥而去。自正统二年正月兴工，至是始毕。焕然金汤巩固，足以耸万国之瞻矣。[1]

经过两年多的建设，京师九门形成了正楼、月城楼、牌楼、角楼、桥梁、水闸齐备的格局。护城河被挖深，两壁敷设砖石护岸。城门口的石桥代替了易朽的木桥，环绕京师的护城河水有水闸节制，从大通桥流入通惠河故道。

在正统四年（1439）系统增筑维修京师九门之后，朝

---

[1] 《明英宗实录》卷五十四，正统四年四月丙午。

廷把重点转到城墙的修整与加固方面。正统五年（1440）八月初三（壬申），《明英宗实录》记载：

> 壬申……命侍郎邵旻，董修德胜等门城垣。初，以指挥陈友督工。友坐视不加意，修辄复坏。遂抵友罪，而命旻董之。①

最初负责监工的陈友漫不经心，城墙质量类似于当代所谓"豆腐渣工程"。他被撤职治罪后，改由邵旻管理德胜门等处城墙的施工。同年九月"修正阳、崇文二门城垣"②，应当属于正常的例行维修。

北京城墙建设的重大转变，发生在正统十年（1445）六月至十二年（1447）闰四月。阮安、朱勇、沈荣、王瑢、王佑奉明英宗之命，主持了给北京四面城墙包加砖石的工程。此前以黄土堆垒或版筑的城墙，最怕暴雨冲刷或被连绵细雨浸软。如遇二者交替出现，则更易坍塌坼裂。虽然某些段落外围也以砖石护卫，但作为城墙主体建筑材料的黄土禁不起雨水的冲蚀。全面包砖或以砖石修筑的城墙不仅克服了怕雨的弱点，而且显著增强了作为防御屏障的功能。与维修增筑城门时祭拜各个门神一样，给城墙包以砖

---

① 《明英宗实录》卷七十，正统五年八月壬申。
② 《明英宗实录》卷七十一，正统五年九月甲辰。

石之前也要照例祭拜城隍与司工之神。作为涉及京城许多方面的一项重大工程，施工前还要到敬奉皇家祖先的太庙祭告。《明英宗实录》记载：

［正统十年六月戊辰］京师城垣，其外旧固以砖石，内惟土筑，遇雨辄颓毁。至是，命太监阮安、成国公朱勇、修武伯沈荣、尚书王卺、侍郎王佑督工修葺之。①

［正统十年七月癸酉］以兴工修理京都城垣，遣官祭告太庙。②

［正统十一年正月辛亥］遣修武伯沈荣祭京都都城隍之神，工部尚书王卺祭司工之神。以兴工修理城垣故也。③

［正统十一年六月辛亥］命修京城北垣，遣工部右侍郎王永和祭告司工之神，成国公朱勇祭告京都城隍之神。④

［正统十一年七月己卯］以修理都城东垣工毕，遣成国公朱勇祭京都城隍之神，工部尚书王

---

① 《明英宗实录》卷一百三十，正统十年六月戊辰。
② 《明英宗实录》卷一百三十一，正统十年七月癸酉。
③ 《明英宗实录》卷一百三十七，正统十一年正月辛亥。
④ 《明英宗实录》卷一百四十二，正统十一年六月辛亥。

香祭司土之神。①

[正统十二年四月己卯]升工部营缮所所副蒯祥、陆祥俱为工部主事，以蒯善攻木、陆善攻石，管匠修城有劳也。实授金吾右卫带俸署都指挥佥事陈良为都指挥佥事，升济阳等卫指挥同知陈贵、陈善为指挥使，指挥佥事谢信、赵鉴、段斌为指挥同知，以营军修城有劳也。顺天府带俸经历张忠，亦自以修城有劳，乞升官。上怒曰："升赏出自朝廷，岂臣下可干邪！"命下狱鞫之。法司奏："当赎杖还职。"上曰："忠发身石匠，其罢官，仍就原役。"②

[正统十二年闰四月壬戌朔]修高梁桥闸。甲子，遣太保、成国公朱勇，工部侍郎王佑，祭京都城隍泊司工之神，以修都城北垣毕工也。③

从上述记载可以看出给北京城墙包砖的基本过程：正统十年六月进行准备，七月开始动工；十一年（1446）正月再次动工。这两次动工未明确维修的段落，可能分别是南垣和西垣。东垣在十一年七月竣工，不知此前始于何时。十一年六月动工维修北垣，到十二年（1447）闰四月

---

① 《明英宗实录》卷一百四十三，正统十一年七月己卯。
② 《明英宗实录》卷一百五十二，正统十二年四月己卯。
③ 《明英宗实录》卷一百五十三，正统十二年闰四月壬戌朔、甲子。

竣工。在这期间的正统十二年四月，朝廷论功行赏，提升管理工匠"修城有劳"的著名建筑师蒯祥、陆祥为工部主事，带领驻军"修城有劳"的陈良等人也分别提升官职。唯有石匠出身的顺天府带俸经历张忠要求也给自己升官，遭到皇帝训斥与司法机构审判后，被罢免官职回归本行重操旧业。正统年间的这一系列工程，为北京的城墙与城门确立了长期遵循的规制。

2. 内城城门命名系统的最终定型

这里所谓北京"内城"或"北城"，是就此后在嘉靖年间修筑"外城"或"南城"之后的情形而言，正统年间尚未修筑"外城"或"南城"。万历《大明会典》记载：

> 正统初，更名丽正为正阳、文明为崇文、顺成为宣武、齐化为朝阳、平则为阜成。余四门仍旧。[1]

顺成门，应作"顺承门"。依旧沿用旧名的其余"四门"，是洪武元年（1368）命名的安定门、德胜门，以及洪武年间更名的东直门、西直门。"正统初"，应是正统二年

---

[1] 申时行等：《大明会典》卷一百八十七《工部七·营造五·城垣》，明万历十五年内府刻本，第2页。

(1437)十月初步完成城门修缮与增筑之时。《明英宗实录》显示:该年正月派工部尚书吴中等官员"祭告平则、西直等门及城壕之神"①,可见此时"平则门"尚未更名。但到同年十月初八(甲子)向"司工之神及都城隍之神"禀告主要工程竣工后仅隔两天,十一日(丁卯)即有如下记载:

> 丁卯……行在户部奏:丽正等门已改作正阳等门,其各门宣课司等衙门仍冒旧名,宜改从今名。仍移行在礼部更铸印信,行在吏部改书官制。从之。②

这里明确指出,"丽正门"此前已经改作"正阳门",其余诸门也已更换新名。鉴于相关衙门不宜仍用旧名,户部提出请礼部铸造新的印信、吏部改写新的职官名称。这些都进一步证明,正统二年(1437)十月十一日之前,京师九门更新了它的命名系统。由此确定的北京城门名称,至今已延续了将近600年之久。

(四)嘉靖年间增筑外城确立"凸"字形格局

嘉靖三十二年(1553)增筑外城,是在洪武年间徐达

---

① 《明英宗实录》卷二十六,正统二年一月丙午。
② 《明英宗实录》卷二十五,正统二年十月丁卯。

主持北墙南缩、永乐年间南墙前拓之后，明代北京城垣与城市格局的第三次变迁，也是古代北京城市轮廓的最后定型。永乐年间营建北京，并未以外城保护内城。正统十四年（1449）发生"土木之变"，蒙古军队直驱北京城下，直接强化了修筑外城保护城外居民的迫切性。从成化年间提议修城到北京南城的完工，前后持续了80年之久，而且也并未实现理想的"四周之制"。

1. 修建外城的持续提议与初步尝试

明宪宗成化十二年（1476）八月初十，定西侯蒋琬上疏，纵论北京修建外城的重要性和必要性。兵部的计议透露，陕州判官叶培此前已经提出修建外城的建议：

> 定西侯蒋琬言：太祖皇帝肇建南京，京城之外复筑土城以护居民，诚万世不拔之基也。今北京止有内城而无外城，正统己巳之变，胡虏长驱，直至城下，众庶奔窜，内无所容，前事可鉴也。且承平日久，聚处益繁，思为忧患之防，须及丰亨之日。况西北一带，前代旧址犹存。若行劝募之令，加以工罚之徒，计其成功，不日可待。……事下兵部，会廷臣议。谓筑城之役，顷因陕州判官叶培之言，议令俟年丰之日区处。今琬复计及此，但诸路水旱频仍，京师米价翔贵。

且浚河修城，工役未止，稍俟军民息肩之日，即如初议举行。①

叶培提出的修建外城的建议已被暂缓，蒋琬叙述的理由也不可谓不充分，北京西北的元大都土城旧址确实可以继续利用，但修城之事仍被朝廷以等待丰年兴工或军民负担过重而搁置。到嘉靖二十一年（1542）七月戊午（初十），毛伯温再次建议仿效南京修筑外城。《明世宗实录》记载：

> 戊午，时边报日至，湖广道御史焦琏等建议：请设墙堑，编铺长，以固防守。兵部议覆：请于各关厢尽处，各沿边建立栅门、墩门。
>
> 掌都察院事毛伯温等复言：古者有城必有郭，城以卫君，郭以卫民。太祖高皇帝定鼎南京，既建内地，复设罗城于外。成祖文皇帝迁都金台，当时内城足居，所以外城未立。今城外之民，殆倍城中。思患预防，岂容或缓！臣等以为，宜筑外城。
>
> 便疏入，上从之。敕未尽事宜，令会同户、工二部速议以闻。该部定议覆请，上曰：筑城系利国益民大事，难以惜费，即择日兴工。民居、

---

① 《明宪宗实录》卷一百五十六，成化十二年八月庚辰。

葬地，给别地处之，毋令失所。

已，刑科给事中刘养直言：诸臣议筑外罗城，虑非不远。但宜筑于无事之时，不可筑于多事之际。且庙工方兴，材木未备。畿辅民困于荒歉，府库财竭于输边。若并力筑城，恐官民俱匮。上从其言，诏候庙工完日举行。①

来自边境的紧急军情天天传来，为抵御北元军队的侵扰，兵部主张各地构筑工事加强防守。在这种形势下，掌都察院事毛伯温等再次提出修建北京外城，嘉靖帝也下了不惜工本的决心。但是，根据刘养直的建议，动荡时期不宜施工修城，修建坛庙耗费的大量物料尚且难以补足，再加上灾荒导致百姓贫困，国库的钱财又几乎都用来支撑前线军队需要，因此只得暂缓修建外城。

嘉靖二十九年（1550）八月，蒙古俺答部骑兵在北京周围肆行劫掠之后扬长而去，这就是历史上著名的"庚戌之变"。经此事变，修建外城变得更加必要。居民宋良辅等愿自出财力资助，十二月开始"筑正阳、崇文、宣武三关厢外城"②。但是，来自民间的财力终究难以支撑如此巨大的工程，次年（1551）二月"诏停南关厢土城工"③。

---

① 《明世宗实录》卷二百六十四，嘉靖二十一年七月戊午。
② 《明世宗实录》卷三百六十八，嘉靖二十九年十二月甲申。
③ 《明世宗实录》卷三百七十，嘉靖三十年二月庚辰。

三十二年（1553）三月丙午（三十日），朱伯辰再次提出建议，利用城郊尚存的旧有基址修筑外城：

> 兵科给事中朱伯辰言：臣伏睹高皇帝定鼎金陵，于时即筑外城。圣虑宏远，盖为万年之计。文皇帝移都北平，密迩边塞，顾有城无郭，都则以缔造方始，未暇尽制耳。迩因虏警，圣上俯俞言者之请，修筑南关，臣民甚幸。缘将事之臣措置失当，毁舍敛财，拂民兴怨。且所筑仅正南一面，规制偏隘，故未成旋罢。臣窃见城外居民繁多，无虑数十万户。又四方万国商旅货贿所集，宜有以围之。矧今边报屡警，严天府以伐虏谋，诚不可不及时以为之图者。臣尝履行四郊，咸有土城故址，环统如规，可百二十余里。若仍其旧贯，增卑培薄，补缺续断，即可使事半而功倍矣。①

与此前其他朝臣的奏疏一样，朱伯辰颂扬南京修外城的远见，回顾北京未及修建外城的原因，肯定皇帝前年体察朝臣建议、尝试修建外城对于保护居民与财货的意义，强调在军情紧急时更需要及时"严天府以伐虏谋"，也就是通过加强国都北京的守卫力量以粉碎敌人的图谋。他提

---

① 《明世宗实录》卷三百九十五，嘉靖三十二年三月丙午。

出,自己在北京四郊见到有120多里土城遗迹可以利用,只需将低处增高、薄处培厚、缺处补齐、断处接续,即可收到事半功倍的成效。这个建议得到严嵩与嘉靖帝的肯定,随即决定勘测兴工。

2. 规划完整却无法实现的"四周之制"

嘉靖帝采纳朱伯辰的建议时,不仅要弥补永乐年间未修外城的缺憾,而且提出"今须四面兴之,乃为全算,不四面,未为王制也"①。换言之,希望四面修筑外城把北京包围起来,否则就不符合"王制",也就是传统礼制规定的国都城市格局。为此,兵部尚书聂豹等人经过勘查,仅仅过了9天,在嘉靖三十二年(1553)闰三月丙辰(初十),就提出了一个完整的、符合"王制"的四面修城计划。《明世宗实录》记载:

> 兵部等衙门尚书聂豹等言:臣等钦遵,于本月初六日,会同掌锦衣卫都督陆炳,总督京营戎政、平江伯陈圭,协理戎政、侍郎许论,督同钦天监监生杨纬等,相度京城外。四面宜筑外城,约计七十余里。臣等谨将城垣制度,合用军夫、匠役、钱粮、器具、兴工日期,及提督工程、巡

---

① 《明世宗实录》卷三百九十五,嘉靖三十二年三月丙午。

视分理各官，一切应行事宜，计处停当，逐一开具。并将罗城规制画图贴说，随本进呈。伏乞圣裁施行。

一、外城基趾。臣等踏勘得：自正阳门外东道口起，经天坛南墙外及李兴、王金箔等园地，至荫水庵墙东止，约计九里。转北，经神木厂、獐鹿房、小窑口等处，斜接土城旧广禧门基趾，约计一十八里。自广禧门起，转北而西，至土城小西门旧基，约计一十九里。自小西门起，经三虎桥村东、马家庙等处，接土城旧基，包过彰义门，至西南，直对新堡北墙止，约计一十五里。自西南旧土城转东，由新堡及黑窑厂，经神祇坛南墙外，至正阳门外西马道口止，约计九里。大约南一面计一十八里；东一面计一十七里；北一面势如椅屏，计一十八里；西一面计一十七里。周围共计七十余里。内有旧址堪因者，约二十二里。无旧址应新筑者，约四十八里。间有迁徙等项，照依节年题准事例，拨地给价，务令得所。

一、外城规制。臣等议得：外城墙基应厚二丈，收顶一丈二尺，高一丈八尺；上用砖为腰墙，垛口五尺，共高二丈三尺。城外取土筑城，因以为濠。正阳等九门之外，如旧彰义门大道桥，各开门一座，共门十一座。每门各设门楼五间,四角设角楼四座。其通惠河两岸,各量留便门,不设门楼。城外每面,应筑敌台四十四座,每座长二丈五尺,广二丈,收顶一丈二尺。每台上盖铺房一间,以便官军栖止。四面共计敌台一百七十六座,铺一百七十六所。城内每面,应筑上城马道五路,四面共计马道二十路。西直门外及通惠河二处,系西湖玉河水出入之处,应设大水关二座。八里河、黑窑厂等处,地势低洼,潦水流聚,应设小水关六座。城门外两傍工完之日,拟各盖造门房二所,共二十二所,似便守门人员居处。……①

上文"似便"应是"以便"之讹。除了上面的"外城基趾"与"外城规制"之外,这项计划还包括:"军民夫匠役"部分,说明筑城需要的军兵、民夫、工匠数量及其食宿开支等安排;"钱粮器具"部分,交代置备修城的砖瓦、石料、木材、建筑器具等所需费用;"督理官员"部分,提出专门监督筑城的官员人选、管理形式及相应的处罚规定:"但有修筑不如法,三年之内致有坍塌者,查提各催工人员及原筑工匠问罪,责令照依原分地方修理。"②

---

① 《明世宗实录》卷三百九十六,嘉靖三十二年闰三月丙辰。
② 《明世宗实录》卷三百九十六,嘉靖三十二年闰三月丙辰。

对照"外城基趾"的设计，今永定门一线完工的外城南墙少于计划的里程。这是因为，既然已经决定仓促收工，也就无须一定修到原计划的东南角与西南角。东墙预计经过的神木厂、獐鹿房，即今朝阳区黄木厂、郎家园；西墙预计经过的三虎桥、马家庙、彰义门，即今海淀区三虎桥、马神庙与丰台区的湾子村一带。这里需要注意的另一个关键问题是，预计修筑的东西两面外城的北段如何与北城墙衔接。聂豹等设想的外城北墙，是充分利用徐达舍弃的元大都健德门至安贞门一线（今之北土城）及其以南至光熙门、肃清门故址的东西两段土城的旧址。他的奏疏已经写明：外城东墙要"斜接土城旧广禧门（即大都光熙门）基趾"，这就是说，在其北段某个地点折向西北，以"斜"向与元大都光熙门旧址相接，而不是一直向北抵达北土城延长线之后再向西转成直角。"自广禧门起，转北而西，至土城小西门（即大都肃清门）旧基。"换言之，先从光熙门旧址沿着大都土城墙向北，再西折经过安贞门、健德门之后转向南，继而到达肃清门旧址小西门。由此向西南延伸，以与东墙对称的"斜"向和金中都旧城西墙的延长线相接。因此，即使完成了外城的"四周之制"，它的总体轮廓也不会是单一的"口"字形，而是由南大北小的两个"口"字形与中间的一个等腰梯形的组合（图5-1）。况且聂豹也已明确指出"北一面势如椅屏"，这就意味着，设想的外城北墙与东西两面衔接的轮廓，就像一把面朝南放置的椅子一样——靠背是元大都留下的北土城，左右扶手是东西两面分别与光熙门、肃清门"斜接"的段落。这些都证实，以往所谓外城与内城将如同两个"口"字叠加套合，内城被外城像"回"字形那样包裹起来的说法，无疑是疏于查考文献细节的轻率之论。

图5-1　北京外城设计轮廓（红色）与完成部分（绿色）示意图

3. 匆忙完工的北京南城

嘉靖三十二年（1553）闰三月初十，皇帝批准了聂豹等人制订的修建外城的计划，十九日"建京师外城兴工，遣成国公朱希忠告太庙，遂敕谕提督城工等官"[①]。工程耗费的

[①]《明世宗实录》卷三百九十六，嘉靖三十二年闰三月乙丑。

财力很快就超出预计的程度，线路沿途的地质水土状况也不理想，给施工带来了意想不到的困难。《明世宗实录》四月丙戌（十一日）记载：

> 上谕辅臣严嵩等曰：建城一事固好，但不可罔力伤财，枉作一番故事。如下用土、上以砖石，必不堪久。须围垣以土坚筑，门楼以砖包而可承重，一二年定难完。朕闻西面最难，用工者兹经始不可不先思及之。
>
> 嵩传示在工诸臣平江伯陈圭、都督陆炳、侍郎许论等。圭等覆言：重城四面，原议用土坚筑，其垛口腰墙及各城门始用砖砌。惟西面地势低下，土脉流沙，稍难用工。宜先完南面，由南转东、北而西，以次相度修理。上允之，令严嵩督工匠以渐修筑，毋致虚縻财力。
>
> 上又虑工费重，大功不易，以问嵩等。嵩等乃自诣工所视之，还言：臣等今日出视城工，时方修筑正南一面，自东及西延长二十余里。询之各官云：前此难在筑基，必深取实地，有深至五六尺、七八尺者。今基筑皆已出土面；其板筑土有才起一二板者，有筑至四五板者，其一最高至十一板。盖地有高低，培垫有浅深，取土有近远，故工有难易。大抵上板以后，则渐见效矣。

上谕答曰：卿等以工议具闻，谓委难重。然既作之，必果持久方可。但土质恐未坚，或曰且做看，此非建大事者之思也。又或仍以原墙说，正先作南面，待财力都裕时，再因地计度，以成四面之计。或同圭等，一详计之。

于是，嵩会圭等议覆：京城南面民物繁阜，所宜卫护。今丁夫既集，板筑方兴，必取善土坚筑，务可持久。筑竣一面，总挈支费多寡。其余三面，即可类推。前此度地画图，原为四周之制，所以南面横阔凡二十里。今既止筑一面，第用十二三里，便当收结，庶不虚费财力。今拟将见筑正南一面城基，东折转北，接城东南角；西折转北，接城西南角。并力坚筑，可以克完。报其东、西、北三面候再计度以闻。报允。①

施工刚刚二十余天，嘉靖帝告诫严嵩等人：外城建设要以土筑围墙、门楼包砖，这样才能坚固而不至于空耗财力。听说西墙的施工最困难，提醒督工的官员早做谋划。严嵩将这些转告陈圭等负责官员，他们提出土质不利于施工，应先把南墙修完，接着再修东墙和北墙，最后完成西墙。皇帝允准后又担心工费过重难以竟功，严嵩等来到工

---

① 《明世宗实录》卷三百九十七，嘉靖三十二年四月丙戌。

地查看，得知南墙东西长达二十余里，此前已经克服了打地基最深须达七八尺的困难，各工段在地面以上的黄土版筑也有速度不等的进展。皇帝表示，此事不能"来着看"。有人建议先做南墙，等将来财力充裕再做成四面外城。严嵩奉命与陈圭等商议后提出，城南是人口众多、社会繁荣之地，应当筑城保护。目前施工正在进行，应当把南墙修筑完毕以积累经验。既然暂时搁置"四周之制"，那就可以把南墙规划的长度从二十多里缩短到十二三里，以节省人力财力。这样，可将南墙的两端折向北去，分别与北城的东南角和西南角相接。其余三面，留待将来再考虑。

北京外城按照这个作为权宜之计的设想加紧修筑，到十月辛丑（二十八日）：

> 新筑京师外城成。上命正阳外门名永定，崇文外门名左安，宣武外门名右安，大通桥门名广渠，彰义街门名广宁。①

至此，城墙代表的北京城市轮廓由"口"字形变为"凸"字形。上述五门再加上稍后在内外城墙衔接处开辟的东便门与西便门，北京的城门系统确立了一直延续到民国前期的"里九外七皇城四"的格局，城市规划布局的中

---

① 《明世宗实录》卷四百三，嘉靖三十二年十月辛丑。

轴线也从正阳门向南延伸到永定门(图5-2)。

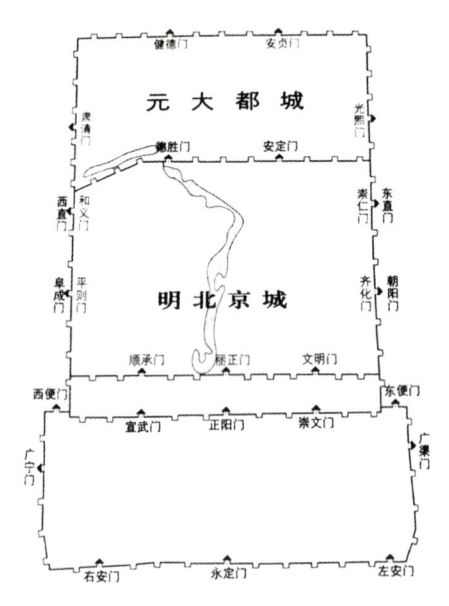

图5-2 元大都与明北京城墙城门的关系

(选自《北京历史地图集》)

嘉靖帝在外城竣工之日批准命名的城门只有五个，显示出东便门与西便门是稍后增辟的"方便之门"。由于二者的规制不及其他城门，而且带有临时将就的意味，这才以"便门"相称。嘉靖四十二年(1563)十月丁卯(二十二日)，蒙古军队突破密云等处的边墙危及北京。《明世宗实录》记载：

给事中邢守庭、御史陈联芳等，各以虏报日

棘，疏请从文武诸臣分守皇城五门并京城九门、重城七门。上许之，令各用心巡视。

上谕户部，发粟赈城中避虏流民。尚书高燿言：流民多自东来，城东大通桥见有漕粮，近以虏警，移顿左便门内。可更移至崇文门外空处，人给与五升。上是之……①

北京此时加以防守的城门，达到了"皇城五门、京城九门、重城七门"之数。东便门、西便门此前已是"重城七门"之二，"皇城五门"应是在通常合称"皇城四门"的承天门、东安门、西安门、北安门之外加上了大明门。沿着大通河（即通惠河）从通州运来的漕粮，在京城东南的大通桥靠岸后运抵朝阳门内的仓廒贮存。此时由于军情紧急，暂且安放在"左便门"之内。皇帝听从户部尚书的建议，又将漕粮运到崇文门外空地上赈济躲避战乱的流民。这里的"左便门"自然就是东便门，相应地，西便门也当有"右便门"之称。

战争的威胁暴露了外城防御设施的严重缺陷，嘉靖四十二年（1563）十二月初一，工部尚书雷礼提出增筑瓮城、城门包砖、城墙增高、城壕挖深等建议。《明世宗实录》记载：

---

① 《明世宗实录》卷五百二十六，嘉靖四十二年十月丁卯。

嘉靖四十二年十二月乙巳朔，工部尚书雷礼请增缮重城备规制，谓永定等七门当添筑瓮城，东西便门接都城止丈余，又垛口卑隘，濠池浅狭，悉当崇甃深浚。上善其言，命会同兵部议处以闻。仍谕阁臣嘉礼为国尽心，令殚谋以副知遇。①

雷礼的建议深得皇帝嘉许，要求兵部讨论商定办法、内阁予以褒奖，使其竭尽全力做好外城的建设。次年（1564）正月壬寅（二十八日）"增筑瓮城于重城永定等七门"②，雷礼的建议及其设计得以实现，外城七门的城墙和城门增强了军事防御功能。

（五）明代北京皇城的规划与管理

皇城是帝都时代的首都或陪都特有的城市建筑分区，也是古代意义上的城市核心区域。明北京在元大都的基础上以南京为蓝本加以改造，对皇城及其环抱的宫城的管理，体现了相应时代的政治要求。皇城与宫城的管理包罗万象，古代关于漕运、能源、水源供应的规划设计，无一不是以保障宫廷需要为中心。就其日常管理而言，重点在于守卫、治安、防火与某些文化事务方面。

---

① 《明世宗实录》卷五百二十八，嘉靖四十二年十二月乙巳朔。
② 《明世宗实录》卷五百二十九，嘉靖四十三年正月壬寅。

1. 皇城的规划与城门设置

在元大都萧墙的旧址上，明北京改建了皇城，南、北、东三面城墙向外稍有开拓。南城墙在今东西长安街北侧，北城墙在今地安门东西大街南侧，东城墙在今东黄城根，西城墙在今西黄城根。皇城设置四门，南为承天门，北为北安门，东为东安门，西为西安门。承天门是皇城的正门，大致有承应天命、奉天承运之意，代表了帝王时代的传统思想。皇城北、东、西三门都以所对应的方位配以"安"字为名，寄托对安宁或平安的期望（图5-3）。

在承天门颁布诏书，是新皇帝登极礼仪的重要环节。永乐年间迁都后，第一个在北京即位的皇帝是明仁宗。从永乐二十二年（1424）七月至洪熙元年（1425）六月，他的在位时间不足一年，由此确定的"登极仪"大致被后来的皇帝

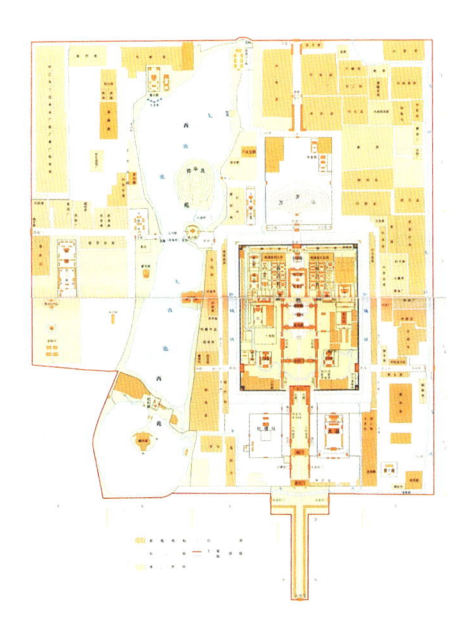

图5-3 明代北京皇城和宫城
（选自《北京历史地图集》）

沿用。《大明会典》所载"昭皇帝登极仪",在完成了奉天殿、华盖殿复杂的即位仪式后,还要进行下列步骤:

> 百官出至承天门外。候翰林院官赍诏书用宝讫,鸿胪寺官请颁诏。翰林院官捧诏授礼部官,由奉天殿左门出。锦衣卫于午门前候,捧诏置云盖中,导至承天门开读。行礼如常仪。①

翰林院负责拟定和书写诏书,尚宝司掌管印玺,鸿胪寺主管朝会,礼部掌管国家礼仪制度,锦衣卫负责宫廷宿卫等。新皇在奉天殿即位,在华盖殿接受朝贺。文武百官参加上述仪式后,来到承天门外等候。翰林院官带着诏书交给掌印官加盖印玺完毕,鸿胪寺官提请皇帝颁诏。翰林院官手捧诏书交给礼部官,由奉天殿左门走出。锦衣卫等候在午门前,礼部官捧着诏书放到"云盖"(顶盖绣祥云图案的轿子)里,抬到承天门城楼上宣读。此前已在承天门下的文武百官,按照规定的制度行礼。这套制度在明清两代日益繁复,"凡宣布覃恩庆典诏书,于门楼上设金凤衔而下焉"②。举凡新皇登极、册立皇后等大典,诏书在承天门(清代改天安门)宣读完毕,再由漆成金黄色的木雕

---

① 《大明会典》卷四十五《登极仪》。
② 《日下旧闻考》卷九《国朝宫室》,第128页。

凤凰衔着徐徐坠下，礼部官用"云盘"（绘祥云图案的盘子）接下诏书，再经一系列步骤昭告天下，这就叫作"金凤颁诏"，承天门的地位由此愈显崇高。

　　承天门向北经过端门至午门，在中心御道的左右两侧新建了太庙和社稷坛，以此体现《周礼·考工记》关于"左祖右社"的规划原则和文化精神。不仅加强了与宫城的空间关联，而且强化了城市中轴线对全城格局的控制地位。承天门向南过金水桥，进入"T"字形分布的宫廷广场。广场的东、西、南三面以红墙围绕，靠近金水桥的北半部区域比较宽阔，东西两侧分别开辟长安左门、长安右门；南半部迅速变窄，顺着城市中轴线延伸到最南端的大明门。大明门的位置相当于今天的毛主席纪念堂所在地，是明朝统治的政治象征，名副其实的国门。以大明门内的东西红墙为界，墙的内侧各有一条通檐连脊的千步廊；墙的外侧安排中央的主要衙署机构。

　　宫城，就是内城中央的紫禁城。按照我国古代的天文学观念，天上的恒星分为若干区域。众星拱卫的中心是以北极为中枢的紫微垣，因此用紫禁城比喻处在天下中枢的皇宫禁地。紫禁城周垣七里，四周有护城河（俗称筒子河）环绕。正门叫作午门，后门称玄武门，东西两侧有东华门与西华门。紫禁城的建筑，分为以奉天、华盖、谨身三大殿为主的外朝，以乾清、交泰、坤宁三大宫为主的内廷两部分。由午门向北，穿过前朝的奉天殿、后宫的乾清宫，即至玄武门。玄武门正北，是人工堆成的万岁山。此处原为元大都后宫的延春阁所在地，明代把营建紫禁城的工程废料以及开挖南海的泥土等堆积在这里"厌胜"，也就是压制前朝的"王气"。由此形成的高十四丈七尺（约合46.67米）的土山，既是全城的制高点，也是内城的几何中心。万岁山上有五座微型山峰，中间的主峰被安排在城市中轴线上。一定区域范围内的主山，叫作这个地方的"镇山"。万岁山的绝对高度虽然微不足道，它却是全城的主山，因此被人们看作北京的镇山。

2. 皇城的守卫与治安管理

皇城（或称"外皇城"）处于内城九门环抱的大城与宫城（紫禁城，或称"内皇城"）之间，高大的城墙将其隔离成一个封闭的独立空间。明代皇城之内只有宫城、御苑和内官办公机构，无须处理民政事务，最主要的日常管理职责就是戍守护卫与维护治安。

（1）侍卫亲军轮番宿卫

明代的上直京卫亲军指挥使司，负责轮番宿卫宫禁。经过洪武、永乐、宣德三朝的不断增设，指挥使司之下形成了二十六卫的格局。《明史・兵志》记载，金吾、羽林等十九卫掌管巡察皇城，永乐年间规定：

> 自午门达承天门左右，逮长安左右门，至皇

城东西，属旗手、济阳、济州、府军及虎贲右、金吾前、燕山前、羽林前八卫。东华门左右至东安门左右，属金吾、羽林、府军、燕山四左卫。西华门左右至西安门左右，属四右卫。玄武门左右至北安门左右，属金吾、府军后及通州、大兴四卫。①

除了巡守皇城四面，这十九卫还有轮番守卫北京大城各门的任务。

特务机构是负责守卫宫禁的另一系统，东厂的职责在于缉捕刑讯，涉及京城各门与皇城各门关防出入、皇城禁地命案之类的事情，都可以直接奏报皇帝。永乐年间迁都北京后，锦衣卫参与皇城四门的日夜轮值巡察，对京城事务的干预无所不在。

（2）缜密的宿卫巡逻制度

《大明会典》显示，明代建立了缜密的皇城宿卫巡逻制度。内外皇城的侍卫亲军定额有八千多名，所用的盔甲、枪刀等器械每一年或三年更换一次。值班守卫和巡逻的官军，以随身携带的铜制符牌验证身份。每块符牌分别镌刻"承""东""西""北"的左半边或右半边，依次代表皇城四门中的承天门、东安门、西安门、北安门。符牌

---

① 《明史》卷八十九《兵志一》，第2187页。

由尚宝司发出，负责哪座城门即领取哪个字号的铜符。守卫官持右半边，巡逻官持左半边。彼此相遇则出示铜符，左右两半契合才能继续执行任务。

夜间守卫与巡逻的警夜官，须在尚宝司领取表示身份和职责范围的铜质令牌。令牌分别刻着"申""金""木""水""火""土"六字，"申"字令牌发给金吾卫等诸卫，其余发给五城兵马司。"申"字令牌一至十七号对应不同区域的巡夜者，一至四号夜巡午门，五至八号巡长安左右门及东华门，九至十二号巡西华门，十三至十六号巡北安门，第十七号由每日在皇城值宿的都督和带刀的千户、百户专用。值勤守卫和巡逻的兵卒，皆持"勇"字牌。另有"仁""义""礼""智""信"五种金牌，分别制成龙、虎、麟、狮、云的形状，由不同等级的勋戚和官员在班直、巡朝、夜间宿卫时佩戴；"勋""亲""文""武""乐"五种牙牌，分别作为勋戚、文武百官、教坊司乐工进入紫禁城的凭证。

内皇城与外皇城四周的一百多处"铺"，是守卫和巡逻的值班地点。各铺夜间配备铜铃传递警讯，内皇城四周四十铺，设41个铜铃；外皇城四周七十二铺，设78个铜铃。每天定更之初，内皇城警夜者自阙右门开始分发铜铃，逐次传递至阙左门第一铺为止，次日将铜铃交到阙右门第一铺。外皇城自长安右门分发铜铃，传递至长安左门为止，次日将铜铃交到长安右门第一铺。入夜后重新发放铜铃，依次传递到各铺备用。①

（3）严明的法规律令

明朝对守卫巡逻内外皇城的职责和纪律，做了非常详细的规定。比如，《大明会典》记载，紫禁城内的人员出入各门，守卫官军必须仔细检查，凭借事前发放的铜符进出。如果携带金银或其他物品，必须核对宫里的证明才可放出。若是公差外出，须记录其前往何处以及所穿衣服的颜色等细节，事毕回还时核对放行。官员军民有事入奏，守卫官军不得追问缘故或拆开文书观看。诸如此类的规定与具体的操作步骤无异，倘若违反都将依律论罪。②

守卫紫禁城与外皇城的律令都比较严苛，对于上岗迟到或擅离职守者，降职与责打是最轻的惩罚。例如：

> 皇城各门街铺，上直守卫，该管官旗钤束不严，及容情故纵所管军人离直、点视不到，十名以上者各杖一百。指挥降千户，千户降百户，卫镇抚降所镇抚，百户及所镇抚各降总旗，总旗降小旗，小旗降军，俱调边卫带俸食粮差操。若受财卖放者，不分人赃多寡问罪，亦照前降调。其留守五卫昼夜轮流点城官员，但受财卖放者，一

---

① 《大明会典》卷一百四十三《兵部二十六·守卫》。
② 《大明会典》卷一百四十三《兵部二十六·守卫》。

体参问降调。若止是巡点不严以致军士不全，问罪还职。其各该直宿官旗军人点视不到，一二次者送问；三次以上者，问发边卫差操。①

此外还有，执勤士兵的武器不准离身，违者鞭打四十，随便离岗鞭打五十，在别处住宿杖打六十。百户以上的大小官员，如有违犯各加一等。翻越皇城者处以绞刑，翻越大城者杖责一百，流放三千里。皇城门不按时关闭落锁，杖责一百，发配边远地区充军。不遵守规定擅自开闭城门，则处以绞刑。

皇城的城门是维护宫禁的第一道屏障，禁止人畜在长安左右门、鹿角栅之内制造污秽、拥挤和混乱，闲杂人等不许在长安门出入、卖物、穿走，禁止左道邪术、烧炼丹药之人擅入皇城以求仕进。不许在皇城门前担荷背负、背阙踞坐、俯卧御桥、直趋禁道，或妇人假装男子入内诉冤。官员入朝时乘坐的马匹或轿子，缺乏令牌、服色不正或携带应禁器物的军民工匠，都不准进入东西长安门的鹿角栅内，违者将被驱逐或拿问治罪。罢闲官员若擅入禁门交结权贵，拿送锦衣卫责打一百，发配烟瘴之地永久充军。②

---

① 《大明会典》卷一百六十六《刑部八·律例七·宫卫》。
② 《大明会典》卷一百四十三《兵部二十六·守卫》。

(六)明北京内外城的城门命名之源

与元大都城门语词主要采自《周易》等相当深奥的古代典籍相比,明代北京内外城的城门命名语词已变得比较通俗易懂,基本可从字面上推知其象征意义。它们的文化源头,同样出自我国源远流长、底蕴深厚的传统文化。

1. 内城九门命名语词溯源

在洪武年间命名德胜门和安定门、改崇仁门为东直门、改和义门为西直门后,明英宗正统二年(1437)十月,系统更改了北京内城其余五门的名称。

正阳门,与元大都至明代更名前的"丽正门"具有密切的文化关联。中国古典哲学把推动万物运行的力量分为"阴"与"阳",太阳就是众"阳"的根本与宗主,进而被作为人君的象征,因此以"正阳"指帝王。《史记》所载司马相如撰《封禅书》称:"正阳显见,觉寤黎烝。"《史记索隐》征引文颖的解释:"阳,明也,谓南面受朝也。"[①]这段话的大意是,帝王君临天下,就像太阳普照大地一样,使天下万民受到启迪。阳,就是光明,帝王面向南方接受天下朝拜。以此为城门命名,表明它居于全城正中,蕴含着君主面对艳阳高照的南面治理天下之意。

崇文门与宣武门,位于正阳门的东西两侧。从元大都

[①] 《史记》卷一百一十七《司马相如列传》,第3071页。

的文明门到明北京的崇文门,语词上的关联一目了然。崇文,有崇尚文治、推崇文化之意。三国魏明帝青龙四年(236)设置官署崇文观,以此安置擅长文学的士人,经学家王肃曾任崇文观祭酒。[1]唐贞观十三年(639)设立的崇贤馆,上元二年(675)为太子李贤避讳改称崇文馆,掌管经籍图书与教授诸生课业。[2]由元大都顺承门更名的宣武门,所选语词也是由来已久。春秋时期晏婴辅佐齐庄公时,"事之以宣武"[3],以宣扬尚武精神来引导国家的施政方向。唐代有方镇称宣武军,治所在今河南开封。崇文门与宣武门在地理位置、语词含义上都是左右对称的关系,象征着崇尚文治与宣扬武节是稳定江山社稷的两大基石。早在春秋时期,孔子就强调"有文事者必有武备,有武事者必有文备"[4]。东汉张衡赞誉明帝刘庄"文德既昭,武节是宣"[5],也蕴含着文武共济、相辅相成的治国理念,两座城门更名的历史文化之源尽在于此。左崇文、右宣武,与官员上朝时文站东、武列西的次序一致。在承天门前的千步

---

[1] 陈寿:《三国志》卷三《魏明帝纪》、卷十三《王肃传》,中华书局1997年版,第107、416页。
[2] 欧阳修:《新唐书》卷四十九上《百官志四上》,中华书局1997年版,第1294页。
[3] 《晏子春秋》卷七《外篇第七》,《诸子集成·晏子春秋校注》本,中华书局1954年影印本,第203页。
[4] 《史记》卷四十七《孔子世家》,第1915页。
[5] 张衡:《东京赋》,《文选》卷三,中华书局1977年影印本,第62页。

廊两侧，文官主导的吏、户、礼、兵、工各部以及翰林院在东，执掌杀伐的五军都督府与负责司法的刑部、大理寺在西，形成了"左主生、右主死"的官署分布格局。明清刑场设在宣武门外菜市口，世间盛传囚车经过的城门洞顶刻着"后悔迟"三个大字，或称箭楼西侧立着这样一块石碑，与城门名称中的尚武肃杀之气相互映衬。

东墙的朝阳门与西墙的阜成门左右对称，命名语词的选择与五行、四季的象征意义相关，与元大都齐化门、平则门的语义仍有联系。朝阳门对应着早晨太阳升起的东方，五行属木，四季属春。春季播种五谷，万物在太阳照耀下一齐生长，寄托对大地回春的希望。"朝"字两读，早晨升起的太阳叫作朝（zhāo）阳，面对着太阳的方向则是朝（cháo）阳。二者都与城门的选词密切关联，只是人们习惯于从城门对应的方向着眼，称之为朝（cháo）阳门。阜成门位于太阳降落的西方，五行属金，四季属秋，是万物收获的季节。阜成，有成长壮大、收成众多之意，赞美物阜年丰的收获。东方与西方的多种文化象征相配，正与春种秋收、春华秋实的寓意契合。

东直门与西直门的"直"字，或以为是形容城门的形制"直"而不曲，或称是形容两座城门之间"直接"贯通无碍。但是，这两座城门在建筑上并无特别之处，彼此之间虽无皇城阻拦却有什刹海相隔，上述两种解释因此难以成立。"直"还作"当"讲，含有"处在某个位置"或

"正对某个方向"之意。《仪礼·士冠礼》称:"主人玄端爵韠,立于阼阶下,直东序西面。"①大意是说:主人穿着入庙祭拜的礼服,立在台阶下答谢宾客。他所站的位置在东墙下,面朝西。此外,"直北"就是正北。例如,《史记·封禅书》:"文帝出长门,若见五人于道北,遂因其直北立五帝坛。"②杜甫《小寒食舟中作》:"云白山青万余里,愁看直北是长安。"③据此可见,所谓"东直"与"西直",就是"直东"与"直西"之意。以此为城门命名,标志着二者分别对着东面与西面。尽管朝阳门与阜成门也分处东西城墙,但东直门与西直门的命名语词更具一目了然的指位功能。

安定门与德胜门,脱胎于元大都的安贞门与健德门。"安定"这个常用词由来已久,《尚书·盘庚》就有"安定厥邦"之语,④意思是使他的国家平安稳定。以此命名城门,寄托着对安邦定国、长治久安的期望。德胜,有以德制胜之意,即两汉时人所谓"德胜不祥,义厌不惠"⑤;"以德胜人者昌,以力胜人者亡"⑥。以此作为城门之名,表达

---

① 《仪礼》卷二《士冠礼》,《十三经注疏》本,第951页。
② 《史记》卷二十八《封禅书》,第1383页。
③ 杜甫:《小寒食舟中作》,《全唐诗》卷二百三十三,第2577页。
④ 《尚书·盘庚》,《黄侃手批白文十三经》本,上海古籍出版社1983年版,第23页。
⑤ 《汉书》卷三十《艺文志》,第1773页。
⑥ 《后汉书》卷二十五《鲁恭传》,第877页。

了通过道德教化而成功治理天下的政治理想。

2. 外城七门命名语词释义

为了防御蒙古军队的持续袭扰，嘉靖三十二年（1553）增筑外城，确立了北京城区以城墙为标志的凸字形轮廓。在国都军情岌岌可危的形势下，对城门命名语词的选择顺理成章地会以期望和平安定为主旨。

北京外城的修建，把城市规划的中轴线从正阳门延伸到永定门。"永定"即永远安定或稳定，是虽不固定但通俗易懂的语词。以永定门为基准点，外城南墙左为"左安门"，右为"右安门"，指示城门所在方位，仍然寄托对天下安定与安全的追求。

外城东墙开辟的广渠门，与西墙的广宁门左右对称。这两个名称也不是固定搭配的惯用语词，"广"有宽阔、广大、扩大、广泛等含义。广渠门面对着北京运输漕粮的通惠河，"广渠"含有宽广的水道或拓宽水道之意。人工开挖、宽度有限的通惠河，后世亦称"通惠渠"。广宁门是出外城再过卢沟桥奔向太行山东麓大道的必经之地，当然也希望所到之处普遍安宁，这应是"广宁"的寓意之所在。广宁门处在金中都的彰义门旧址以东大约四里远，二者之间的彰义门大街东西相通。因此，广宁门往往被后世俗称为"彰义门"。虽然这是明显的同名异地，但在民间与官方却有普遍而长久的历史影响。

东便门与西便门的开辟稍晚于上述五座城门，因此未及在外城竣工之日得到嘉靖帝的批复命名。它们的命名语词具有约定俗成的色彩，也显示出城门的规制要比其他各门逊色。

（七）兵临城下的激战防守与溃败

明代流传至今的文献或清代研究明朝历史的著作比较丰富，其中记载的涉及城墙城门的人类活动丰富多彩。史料既然难以网罗殆尽，那就只能择其典型举例说明。在战争条件下，城墙是高大坚固的防御屏障，城门则是攻守双方拼命争夺的关键所在，相关的军事活动随之变得历历可考。这里仅以明正统十四年（1449）"土木之变"、嘉靖二十九年（1550）"庚戌之变"、崇祯十七年（1644）"甲申之变"为例，显示北京城门与重大历史事件的密切关联。

1. "土木之变"与内外城门战守

正统十四年（1449）七月，蒙古瓦剌部首领也先率军进攻山西大同。明英宗不顾朝臣劝阻，在太监王振怂恿下"御驾亲征"。八月初一刚至大同即仓皇退军，八月十五日被俘虏于怀来附近的土木堡，史称"土木之变"。消息传至北京，朝野慌乱，人情汹汹。九月初六，按照皇太后的敕谕，英宗之弟郕王朱祁钰即位以稳定大局，改明年为景泰元年（1450）。也先以英宗为人质进兵北京，景泰帝与兵部尚书于谦等指挥了北京保卫战。至十月十五日，也先兵退。

为了加强保卫北京的军事装备，八月二十日，"给九门守卫官军盔甲"①。二十一日，礼科给事中李实奏报："正阳等九门，已置炮架、铳石，以备固守。"只是护城河两岸树木太密，不仅妨碍用兵，而且有利于敌人，准备抽空令守门官军砍去。②九月初三，"令工部于京城堞口俱置门扉，缚沙栏木于城东、西、南三面垣上。凡为门扉一万一千有余，沙栏长五千一百余丈"③。发放盔甲以武装士兵，城门储备武器弹药御敌，四周城墙的堞口用门板堵塞，东、西、南三面再添加木障，以防止敌人攀爬入城，守军从各方面都有所准备。

随后，战事在北京展开。《明英宗实录》记载，十月十一日（戊午）：

> 虏众奉上皇车驾次芦沟桥果园，署官以果品进。
>
> 上皇命袁彬作书三封，奉皇太后及弟皇帝及谕文武群臣，通报虏情，俾固守社稷。遣岳谦同虏使纳哈，出至彰义门外答话。谦为官军所杀，纳

---

① 《明英宗实录》卷一百八十一，正统十四年八月丁卯。
② 《明英宗实录》卷一百八十一，正统十四年八月戊辰。
③ 《明英宗实录》卷一百八十二，正统十四年九月庚辰。

哈出奔回。也先遂列阵至西直门外。上皇御幄止于德胜门外。

帝敕武清伯石亨、尚书于谦等：今高礼、毛福寿领军，于彰义门北杀退贼三百人，生擒一人。尔等即选精兵，于教场住劄，以便调用。自都指挥而下，不用命者斩首以徇，然后闻奏。遂敕太监兴安、李永昌，往同石亨、于谦等整理军务。①

十月十一日，也先带着明英宗到达卢沟桥果园，管理果园的官员进献果品。英宗修书三封，向太后、景泰帝以及群臣通报情况，希望他们固守。锦衣卫指挥使岳谦与瓦剌使者纳哈前往彰义门外与明朝守军交涉，前者被杀，后者逃回，也先于是带兵列阵于西直门外，把英宗安置在德胜门外。在这次初步接战中，高礼、毛福寿在彰义门北击败敌军，景泰帝命令石亨、于谦等挑选精兵在校场驻扎待命，给予他们先斩后奏的权力，但也派出太监作为监军。

十三日（庚申），明军在德胜门、西直门外相继杀退敌军：

武清伯石亨、尚书于谦，败虏于德胜门外。初，虏以数骑来窥德胜门，谦等伏兵于两旁空房，

---

① 《明英宗实录》卷一百八十四，正统十四年十月戊午。

> 先遣数骑迎战,诈败。虏众万余来追,伏兵起,以神炮火器击之,虏遂却。
>
> 都督孙镗与虏战于西直门外,斩其先锋数人,虏稍却,镗逐之。虏益兵围镗,镗力战。毛福寿、高礼俱往援之,礼中流矢,亨复分兵往援,虏乃引却。①

驻守德胜门的石亨与于谦,采取诱敌深入之计,取得了重大胜利。他们先让少量骑兵诈败于敌人的小股侦察部队,当数万瓦剌骑兵来追时,德胜门两旁的伏兵突然杀出,用大炮和其他火器等将敌军击退。与德胜门外的奇袭战不同,西直门外进行了一场反包围的激战。孙镗初战乘胜追击,反被敌军增兵包围,几经奋力冲杀,更借助于毛福寿、高礼与石亨的两度救援接应,方才把瓦剌军队击退。

十四日(辛酉)在彰义门外的激战,对于击退瓦剌军队并促使其撤军北归,发挥了关键作用:

> 命都督王敬、武兴,都指挥王勇,往彰义门杀贼。佥都御史王竑,往毛福寿、高礼处提督军务,与孙镗一处屯兵。若有紧急飞报,王敬、武

---
① 《明英宗实录》卷一百八十四,正统十四年十月庚申。

兴、王勇互相应援，不许自分彼此，失误军机。

敕都督毛福寿等，于京城外西南街巷要路，堵塞路口，埋伏神锐短枪，以待策应。

诏京城严夜禁，兵部分遣郎中巡督，以防奸细。

王敬、武兴，与虏战于彰义门外。兴以神锐列于前，弓矢、短兵次之，报效内官数百骑列于后。虏至，以神锐击却之。报效者争功，自后跃马而出，阵乱，虏众乘之。遂败虏，逐至土城，兴中流矢死。居民皆升屋，以砖瓦掷之。虏少止。王竑、毛福寿往援。虏遥见旗帜，乃遁。[1]

朝廷命令王敬、武兴、王勇在彰义门与敌交战杀贼，警告他们一旦遇到危急必须相互支援，不准分兵自保。派王竑与已经防守彰义门的毛福寿、高礼合作，并与孙镗集中屯兵。令毛福寿等人在这一带堵塞要路的出入口，埋伏使用短枪的士兵准备策应。为防敌军奸细得知军事部署，京城加强夜间巡逻盘查。王敬、武兴在彰义门外遇敌交战，安排使用火器的士兵在前，其次是手持弓箭和刀枪等冷兵器的部队，到前线的宫中太监骑马排在最后。但是，前排的士兵用火器刚刚把敌军击退，急于抢夺战功的太监

---

[1]《明英宗实录》卷一百八十四，正统十四年十月辛酉。

就从后排纵马前冲，导致阵形大乱，给敌军以可乘之机。明军把敌军追到彰义门外的土城，武兴中箭而死。本地居民爬上房屋，揭下砖瓦居高临下投向敌军，瓦剌军队的攻势逐渐减弱。此时，王竑、毛福寿带兵来援，瓦剌军远远望见他们的旗帜，这才从战场退出。

经过德胜门、西直门、彰义门等处的几次战斗，十五日（壬戌），"虏众奉上皇车驾由良乡西去，所过州县大掠，又散遣部属掠畿内诸府州县"①。瓦剌军无心再战，于是押着明英宗从良乡向西退军。他们不仅为害沿途州县，而且派出部属到更远的地方大肆劫掠。"土木之变"带来的北京戒严与战争威胁，至此才宣告结束。

2. "庚戌之变"使京城死守戒严

嘉靖二十九年（1550），农历庚戌年。蒙古土默特部首领俺答汗要求开放贡市，但明朝诸臣反对继续以本国所产换来塞外之物，由此引发俺答进攻北京的战争。六月，俺答率军进犯大同，与当年瓦剌部也先的路线一致。明朝的大同总兵仇鸾给俺答以重赂，使其避开大同。八月，俺答由古北口进攻北京，嘉靖帝却拜仇鸾为节制诸路兵马的大将军。严嵩盼咐兵部尚书丁汝夔，听凭俺答所部在北京城外连续八天自由焚掠。直到明朝允诺通贡之后，这才满载

---

① 《明英宗实录》卷一百八十四，正统十四年十月壬戌。

所获再由古北口从容退出。"庚戌之变"再次暴露了明朝的兵备弛废与政治黑暗，兵临北京城下时，军事部署的重点自然是各城门的防守。

俺答部突破古北口一线之后进至通州，派兵分掠密云、怀柔、三河、昌平各州县，京师随之戒严。《明世宗实录》记载，八月戊寅（十七日）：

> 分命文武大臣防守京城。内外提调营务：成国公朱希忠，遂安伯陈鏸，署都督佥事郭琮，闲住署都督佥事元聚，兵部右侍郎谢兰。分守各门：正阳门，英国公张溶、吏部右侍郎李默；崇文门，襄城伯李应臣、户部左侍郎骆颙；朝阳门，抚宁侯朱岳、右通政张濂；东直门，东宁伯焦栋、太仆寺卿张舜臣；安定门，丰润伯曹松、大理寺右寺丞王达；德胜门，定国公徐延德、都察院左副都御史梁尚德；西直门，安乡伯张坤、大理寺右少卿倪嵩；阜城门，宣城伯卫錞、大理寺左寺丞陶谟；宣武门，靖远伯王瑾、礼部右侍郎程文德；皇城四门，礼部左侍郎王用宾、锦衣卫都督陆炳。以给事中张勉学、御史魏谦吉等各四员，充监视官。在京大小文臣中有知兵者，悉听兵部尚书丁汝夔委用。[①]

---

① 《明世宗实录》卷三百六十四，嘉靖二十九年八月戊寅。

八月十七日，京师九门与皇城四门分别安排了一文一武两位大臣防守。其中的"阜城门"，是阜成门的同音异写。此外还有"诏城中居民并四方入应武举官生，悉发乘城，昼夜防守"，也就是把居民与应考的武举派到城墙上参加昼夜轮班。来自保定的杨守谦率师入援，在良乡得到命令，"诏列营崇文门外"副总兵朱楫等"兵亦至彰仪门外"，这些都使得"城中人心稍安"①。这里的"彰仪门"，指金中都彰义门故址。

八月十八日，"都御史杨守谦及朱楫等，兵营于东直门外"，看来都改变了前一天的驻扎地点。命令都察院与工部官员"出城督治濠堑，保守关厢。命礼部尚书徐阶传谕九门防守官，以虏未至，毋辄先闭关以自困，但加意防检，启闭以时，勿玩勿怯"②。一方面加强守备，另一方面又传令守卫城门的官员，敌人未到时只需加强查验而不要关闭城门自谋其乱。二十二日，多年不上朝的嘉靖帝"出御奉天殿"，"命礼部尚书奉敕谕至午门，鸿胪官宣示群臣"，责备臣下的同时也为自己的懒政辩解。③二十三日，俺答汗得到明朝同意恢复贡市的许诺，"退趋白羊口"后又从古北口回归塞外。④庚戌之变因取消贡市而起，也因恢

---

① 《明世宗实录》卷三百六十四，嘉靖二十九年八月戊寅。
② 《明世宗实录》卷三百六十四，嘉靖二十九年八月己卯。
③ 《明世宗实录》卷三百六十四，嘉靖二十九年八月癸未。
④ 《明世宗实录》卷三百六十四，嘉靖二十九年八月甲申。

复贡市而止。俺答汗没有占领北京的意图，孱弱的明朝也无力反击，这样也就不曾发生攻城与守城的战斗。

3. "甲申之变"与城门内外溃败

崇祯十七年（1644），农历甲申年。正月初一，李自成在西安称帝。大顺军一路向东挺进，三月十九日占领北京，明朝灭亡，史称"甲申之变"。

据清人辑录的《崇祯实录》所载，正月二十六，皇帝为请命赴山西的吏部右侍郎兼东阁大学士李建泰饯行：

> 上临轩授尚方剑，幸正阳门楼宴饯之，命文武大臣侍坐。……是日大风霾，登城西望，埃尘涨天，上下神意惨丧。①

崇祯帝赐予李建泰便宜行事的尚方剑，并在正阳门城楼饯行，对他寄予极大希望。当时北京人心惶惶，朝廷募兵没有一人响应，李建泰以家财佐军的打算无从实现。登城西望所见的大风霾，似乎也在预示着明朝惨淡的命运。随着军情日趋危急，三月初一（己丑）做了守城的部署。《崇祯实录》载：

---

① 《崇祯实录》卷十七，崇祯十七年正月乙卯。

>命部、院、厂、卫、司、捕各官，讯察奸宄，申严保甲。巷设逻卒，禁夜行，巡视仓库、草场。命内监分守九门，稽出入京师。武备积弛，禁兵皆南征，太仓久罄。至是，命襄城伯李国桢提督城守，各门勋臣一人、卿贰二人。谕文武各官输助。初，议金民兵。魏藻德曰：民畏贼，如一人遁，大事去矣。上然之，禁民上城。……壬辰，襄城伯李国桢守西直门。①

明朝的特务政治使厂卫太监深受皇帝倚重，京城内外的事务无所不管。在保甲、夜巡等城市治安之外，分守九门的职权仍然归于"内监"，更兼武备长期弛废，禁军调出南征兵力不足，粮仓久空军民难以为继，处处都是明朝必然败亡之象。配备勋臣与各部官员分守九门，却须动员在京官员拿出钱财资助军队。为防一人后退带动百姓四散奔逃，禁止民兵上城参加守卫，这就进一步削弱了北京的防御力量。李国桢奉命负责西直门等处，只是聊胜于无的军事安排。

三月初七，唐通率领八千人保卫北京，皇帝召见，加以慰劳赏赐，"同蓟辽兵屯彰义门外"。这时的"彰义门"，已是北京外城的广宁门。外戚、勋臣、官员都不愿响应出

---

① 《崇祯实录》卷十七，崇祯十七年三月己丑、壬辰。

钱助饷的诏令，"又议前三门富室各输粮给军且赡其妻帑，使无内顾。诸巨室多不乐而罢"①。正阳门、崇文门、宣武门一带是商业发达的区域，但朝野上下在危急时刻离心离德，留下了舍命不舍财的典型例证。

三月十五日，镇守军事天险柳沟的监军杜之秩投降，腹背受敌的总兵唐通被迫归附大顺军。十六日，大顺军攻下昌平，焚毁明朝十二皇陵的享殿。《明史纪事本末》记载：

> 是夜，贼自沙河而进，直犯平则门，竟夜焚掠，火光烛天。京师内外城堞凡十五万四千有奇，京营兵疫，其精锐又太监选去，登陴羸弱五六万人、内阁数千人，守陴不充。无炊具，市饭为餐。饷久阙，仅人给百钱，无不解体。②

平则门即北京阜成门，成为大顺军攻击的第一座城门。守城军队数量严重不足而且缺少精锐，作为战斗力保障的钱粮也非常缺乏，形势岌岌可危。十七日黎明，"开西直门纳避难者。内官坐城上，以令箭下，门立启，无敢诘问，勋戚大臣惟坐视而已"③。内官权力的无可置疑，决定了明朝

---

① 《崇祯实录》卷十七，崇祯十七年三月乙未。
② 《明史纪事本末》卷七十九《甲申之变》，第1378页。
③ 《明史纪事本末》卷七十九《甲申之变》，第1379页。

必然崩溃。这天早朝皇帝求计,诸臣束手无策,负责守城的内侍也玩忽职守。《崇祯实录》载:

> 巳刻,哨骑叩城下曰:寇至。守城内臣使骑候之,曰:非寇也。不为意。日且午,有五六十骑抵门,弯弓贯矢,大呼开城。守卒亟发炮,毙二十骑、难民数十人。门始闭,须臾,贼大至。方报过芦沟桥,俄攻平则、彰仪等门。城外三大营,兵皆溃且引降。火车、巨炮皆为贼得。贼因举炮攻城,轰声震地。①

平则、彰仪等门,即阜成、广宁等门受到炮攻。寄予期望的城外军队溃退投降,手中的重武器转为大顺军所用。由于士兵普遍不愿用命,皇帝遂令其最信任的数千内侍去守城。十八日(丙午),大顺军用缴获的大炮冒雨攻城,北京军情更急。《明史纪事本末》载:

> 丙午,寇攻城,炮声不绝,流矢雨集。仰语守兵曰:"亟开门,否且屠矣!"守者惧,空炮向外,不实铅子,徒以硝焰鸣之,犹挥手示贼,贼稍退,炮乃发。贼驱居民负木石,填濠急攻。我

---

① 《崇祯实录》卷十七,崇祯十七年三月乙巳。

发"万人敌"大炮，误伤数十人。守者惊溃，尽传城陷，合城号哭奔窜。贼驾飞梯攻西直、平则、德胜三门，势甚危急。太常少卿吴麟徵累土填西直门，因单骑驰入西安门。①

守城者居然如此惧敌甚至通敌，士气与民气荡然无存，听闻谣言即作鸟兽散，结局可想而知。同日，"李自成向彰义门设坐"，派归降的太监杜勋等入城面见崇祯帝，谈判未果。兵部尚书张缙彦带着皇帝的手谕，这才得以登上内侍曹化淳等把守的彰义门城墙了解实情。《崇祯实录》载：

> 因阅城上，守卒寥寥。见城下穴墙声急，太监王承恩炮击之，连毙数人。化淳等饮酒自若。缙彦驰至内阁，约同奏上。至宫门，传止之。是夕，太监曹化淳开彰义门迎贼入。守城勋卫尽遁，御史光时亨迎降。外城已陷，而内城尚未知也。②

最信任的内监成了主导投降的敌军先导，也就是近年所谓"带路党"，根本原因在于明朝政治的腐败已不可挽

---

① 《明史纪事本末》卷七十九《甲申之变》，第1380页。
② 《崇祯实录》卷十七，崇祯十七年三月丙午。

回。崇祯帝虽然试图有所作为,但无法治疗专制肌体上日渐加重的沉疴。这天半夜,"太监王相尧领内兵千人开宣武门迎贼,俄而内城亦陷"。嗣后,崇祯帝化装出城遇阻,最后自缢于紫禁城北的万岁山。《崇祯实录》记载:

> 昧爽,上微服出自中南门。杂内侍数十人,皆骑而持斧。欲出东华门,内监守城,施矢石相向。时成国公朱纯臣守齐化门,趋其第,阍人辞焉。上太息,去。趋安定门,门坚不可启。天且曙,仍回南宫。散遣内员,携王承恩入内苑,登万岁山之寿皇亭。俄而上崩,太监王承恩亦自缢从死焉。①

此时已是三月十九日黎明。崇祯帝夹杂在数十个内侍中间逃出东华门,守卫紫禁城的内监误以为宫中发生内乱,对他们射箭或投掷石块加以阻拦。一行人来到内城东墙靠南的齐化门,准备前往守城的朱纯臣家中暂避,却被不明真相的看门人拒绝,只得在长长的叹息过后离开。转而向北,来到内城北墙靠东的安定门,但城门已被守城者死死封锁无法打开。转了半宿,天将大亮,于是回到紫禁城内的乾清宫。崇祯帝遣散内侍,只带王承恩登上万岁山

---

① 《崇祯实录》卷十七,崇祯十七年三月丙午。

的寿皇亭。过了一会儿，君臣先后自缢而亡。这一天，大顺军"先入东直门"，然后"千骑入正阳门"。午刻，李自成"自西长安门入"，随后"至承天门"，入紫禁城"登皇极殿"。①

在"甲申之变"中殉难者众多，其中，王家彦"奉命守得胜门"，孟兆祥"奉命守正阳门"，吴麟徵"奉命守西直门"，李若珪"守崇文门"，高文采"守宣武门"，都在城陷后慷慨赴死。王章"巡城，至阜城门"遇害。②在历史发生巨变的时刻，他们以最大的勇气体现了古人倡导的忠孝节义精神。

（八）明代诗人笔下的北京城墙城门

明代北京城墙与城门的文学形象来自多种体裁作品的共同塑造，诗歌只是其中的类型之一，从文学角度为历史发展留下了生动鲜活的线索。这些作品或以城门为题以引起所咏之辞，或描写与城墙城门有关的史事或人物，或据以抒发对于京师乃至国家的情感。这里仅据若干诗文集与清康熙四十四年（1705）朱彝尊编《明诗综》等文献，选出具有典型意义的几种作品稍加说明。

---

① 《明史纪事本末》卷七十九《甲申之变》，第1383—1384页。
② 《明史纪事本末》卷八十《甲申殉难》，第1388、1389、1391、1394页。

1. 诗人眼中的皇城与城门

刘崧（1321—1381）是元末明初的文学家，《早春燕城怀古》二首描写的破败景象，应是明初北平府尚未对元代皇城加以整理时的面貌。金水河已经枯竭，当年的皇家禁苑尘土飞扬、道路被毁。石雕的赑屃被断桥压埋，残破的墙壁挂满野草和蛛网。曾经喧闹的酒坊还悬着破旧的招牌，金水河外修筑的旧工事插着柳枝。当年的歌舞升平之地，如今只剩下松柏笼罩着荒芜的祠庙。诗云：

> 金水河枯禁苑荒，东风吹雨入宫墙。
> 树头槐子干未落，沙际草芽青已黄。
> 北口晚阴犹有雪，蓟门春早渐无霜。
> 城楼隐映山如戟，笳鼓萧萧送夕阳。

> 宫楼粉暗女垣欹，禁苑尘飞辇路移。
> 花外断桥支赑屃，草间坏壁缀罘罳。
> 酒坊当户悬荷叶，兵垒缘渠插柳枝。
> 不见当年歌舞地，空余松柏锁荒祠。[①]

承天门是皇城的正南门，在明代北京的政治生活中具有独特地位，因此也成为诗人吟咏的对象。承天门最著名

---

① 刘崧：《早春燕城怀古》二首，《明诗综》卷四，清刻本。

的仪式与政治功能，是颁布皇帝即位等重大活动的诏书。文武百官在承天门前恭听宣读，再由礼部官员捧接从城楼系下的诏书，回到礼部抄录分发各地相关部门。嘉靖年间严嵩《早入承天门见鸦次韵》，描写清早进入承天门见到的景象：成群的乌鸦飞入皇城内，叫声惊动了宫女与值班的官员，也唤醒了城中的千家万户。这时月光已退、朝阳将露，由此也可见上早朝的辛苦。诗云：

喧鸦争入帝城飞，映雾翻林飏曙晖。
宫女乍闻惊梦起，省郎纷逐散朝归。
声传万井含钟杳，影落千门带月稀。
还向昭阳自来去，绿窗凝望重依依。①

杨子器《早朝》诗十四首之一，描写群臣上朝之早以及在承天门下、金水桥前谢恩的情形：

彩云飞拥翠华春，寒耿疏星照紫宸。
晓向承天门外望，过桥多少谢恩人。②

此外，明代宣德至正统间王佐、成化间榜眼程敏政、

---

① 严嵩：《钤山堂集》卷十六《早入承天门见鸦次韵》，清刻本。
② 杨子器：《早朝》，孙承泽《天府广记》卷三十三引，第705页。

弘治间进士顾清、正德间进士黄佐、嘉靖年间丘云霄等，都有以承天门为题的诗。嘉靖四十二年（1563）状元欧大任《天马篇》，有"承天门下黄金阙，高鼻夷人入持谒"等语①，描述海外进献骏马之事。写景与抒情兼具，为皇城正门留下了文学的记录。

东华门是皇城的东门，朝臣进出皇城的主要通道。李梦阳（1473—1530），弘治年间进士，其《东华门偶述》云：

> 银瓮烂生光，盘龙绣袱香。
> 但知从内出，不省试何王？②

朱国祚（1559—1624），万历十一年（1583）状元，《东朝侍直》云：

> 东华疏雨净氛埃，夺玉阶平扫碧台。
> 犹恐侍臣侵履湿，宣从殿侧左边来。③

大明门是承天门前宫廷广场的南门，实际意义上的"国门"。皇帝到南郊祭祀，或从南方归来，都要经行大明门。

---

① 欧大任：《欧虞部集·痈馆集》卷一《天马篇》，清刻本。
② 李梦阳：《东华门偶述》，《明诗综》卷二十九，清刻本。
③ 朱国祚：《东朝侍直》二首之二，《明诗综》卷五十四，清刻本。

嘉靖年间进士袁袠（zhì）（1502—1547）《大明门候驾》，描述皇帝在天坛圜丘祭拜之后经由大明门返回皇宫的场景：

> 虎旅驱中道，钩陈警六飞。
> 圜丘群望毕，宣室受釐归。
> 旭日迎芝盖，晴云拂羽旗。
> 笙歌前路拥，拜舞接光辉。①

万历进士林熙春（1552—1631）《亲郊恭纪三十首》之十三《驾出大明门》，描写皇帝出行前的准备工作，其中之一就是民众最容易想象的"清水泼街，黄土垫道"。诗云：

> 风清六道净车前，天语飞传解闭廛。
> 四海为家真此日，闾阎稽首见青天。②

2. 经行内城诸门的诗思感怀

北京内城九门大多见于明人诗歌中，或作诗题，或在诗中提到。德胜门、安定门命名于洪武元年（1368），东直门、西直门也更名于洪武年间。永乐十七年（1419），丽正

---

① 袁袠：《大明门候驾》，孙承泽《天府广记》卷四十三引，第713页。
② 林熙春：《林宣忠公全集·赐还草》之《亲郊恭纪·驾出大明门》，《四库全书》本。

门、文明门、顺承门由今长安街以南一线移到今前三门一线，后于英宗正统二年（1437）与齐化门、平则门一起依次更名为正阳门、崇文门、宣武门、朝阳门、阜成门。

(1) 丽正门（正阳门）

刘崧处在元明之交，《出丽正门》所述，应是明初北平府的景象。"铁键重门车碌碌，金铃草带马珑珑"两句表明，虽然改朝换代之后显得破败，但城墙巍峨的丽正门仍是忙碌的交通节点。出城南看到的断垣荒草，也是战争过后不久的写照。诗云：

> 双塔南城莽苍中，断垣荒草路西东。
> 万条柳暗鹅毛雨，千丈尘高羊角风。
> 铁键重门车碌碌，金铃草带马珑珑。
> 边烽不动居人少，散漫牛羊落日红。①

在此之后，永乐二年（1404）状元曾棨《冬日扈从还南京随驾出丽正门马上作》，吟咏"万乘出都门，旭日净浮埃。……回首望玉京，城阙何壮哉"②。正统年间进士倪谦（1415—1479）《游正阳门》，记载休息日的早晨登上正阳门的经过，描述城楼的形制与登高所见，颂扬建筑的巍峨与

---

① 刘崧：《刘槎翁先生诗选》卷八《出丽正门》，明刻本。
② 曾棨：《冬日扈从还南京随驾出丽正门马上作》，曹学佺编《石仓历代诗选》卷二百九十八，《四库全书》本。

政治意义。诗云：

> 兹晨值休沐，高步城南楼。
> 徘徊俯层构，一览八极周。
> 吾皇驭宸极，善继弘远猷。
> 群工乐趋事，神功不日收。
> 万雉切霄汉，八窗干斗牛。
> 提封亿万里，赋贡走夷酋。
> 增崇天府国，伟冠帝王州。
> 抽毫未能赋，微吟纪斯游。①

万历年间王醇《日珥录五首》之二，提醒朝廷在"正阳门底捷书飞"的同时，必须警惕幕府隐藏的奸细"受金泄出天朝事"。②

（2）文明门（崇文门）

文明门是北京南墙上的东门，正统初改崇文门。明初重臣杨士奇（1365—1444），有多首诗与文明门有关。《蒙恩南还，陛辞后出文明门，留别词林知己》有"翰苑故人多契阔，离筵芳酒又分违"，《正月廿九日戏简仲熙庶子三绝句，时邹徙舍城东》有"文明门里会文儒"，《乐善老友辞官南

---

① 倪谦：《倪文僖集》卷二《游正阳门》，《四库全书》本。
② 王醇：《日珥录五首》之二，《列朝诗集》丁集十四，民国刻本。

归题梅奉赠》有"解印南归江上家,文明门外发轻车",《送黄养正》有"文明门外柳,频折送人归"等句。[1]由此可见,出文明门向东至通州登船,是元明时期从水路南下的主要路径。此外,永乐十九年(1421)进士薛瑄(1389—1464)《夏日出文明门》,描绘了城门内外的夏季风景:

> 文明门外柳阴阴,百啭黄鹂送好音。
> 行过御沟回望处,凤凰楼阁五云深。[2]

(3)顺承门(宣武门)

顺承门与文明门对称分布,正统初改称宣武门。明初刘崧《余以官满赴京,十一月十四日出北平顺承门,赋六言绝句八首》,是其卸职回归南京时所作的组诗。另有《送别叔铭出顺承门》写道:

> 送客出城秋已凉,太行南上楚天长。
> 顺承门外斜阳里,荞麦花开似故乡。[3]

此外,景泰四年(1453)举人吴宣《顺承门外》,弘治

---

[1] 杨士奇:《东里诗集》卷二、卷三,《四库全书》本。
[2] 薛瑄:《夏日出文明门》,吴长元辑《宸垣识略》卷五引,北京古籍出版社1983年版,第89页。
[3] 刘崧:《送别叔铭出顺承门》,《明诗综》卷四,清刻本。

十五年（1502）进士何景明《早入宣武门》，嘉靖二十三年（1544）进士李攀龙《宣武门眺望》，都以这座城门为题。欧大任七律《登宣武门楼》，描写登楼远眺所见景物并展开对北京地理形势与"王气"的联想。从其中"茱萸黄菊俱堪佩"一句显示的风俗来看，作者登楼与写诗的时间应在九月初九重阳节。诗云：

> 百二山河控上游，郁葱佳气满皇州。
> 风驱大漠浮云出，天转滹沱落日流。
> 双阙金茎连北极，万家红树动高秋。
> 茱萸黄菊俱堪佩，独上城南百尺楼。[①]

（4）齐化门（朝阳门）

东墙的南门齐化门，正统初改朝阳门。永乐年间的重臣金幼孜《冬十一月廿三日随驾阅武于齐化门外》有句："圣主从容事阅兵，銮舆向晓出都城。"[②] 与他同时期的杨士奇《早发通州望朝阳门》，明后期汤珍《途潦不一舆由土桥取山径往朝阳门作》，都表明朝阳门扼守着京城与通州之间的通道。杨士奇在诗中猜想早晨上朝的情形，好似听

[①] 欧大任：《登宣武门楼》，沈德潜等编：《明诗别裁集》卷九，中华书局1973年影印本，第100页。

[②] 金幼孜：《金文靖集》卷四《冬十一月廿三日随驾阅武于齐化门外》，《四库全书》本。

到皇宫里的金钟御鼓声传出了城外。诗云：

> 沧海熹微曙色红，露华清溢万年松。
> 君王正御蓬莱殿，钟鼓声高出九重。[1]

（5）东直门与西直门

东直门与西直门，是洪武年间对崇仁门与和义门更名的结果。欧大任（1516—1595）是嘉靖四十二年（1563）状元，《九日同邵长孺、程无过、汪元初、程虞仲出东直门游邵家庄》为这座城门留下了文化的记录。崇祯年间进士方以智，以长诗《哀哉行》描写北京城陷后崇祯帝无法出城直至殉国的过程。诗中虽然只见东直门，实际上崇祯帝却是先出东华门奔齐化门（朝阳门）。由于不能出城，转而向北来到安定门，见城门已被封死，只得再折回紫禁城，最后到万岁山殉难：

> 奔城南，走城北，炮声轰轰天地黑。
> 女墙攒甲皆中官，司马上城上不得。
> 乱传敌楼铁骑从至尊，宫人夜出华林园。
> 须臾中官大开东直门，贼营四币如云屯。

---

[1] 杨士奇：《东里诗集》续集卷六十一《早发通州望朝阳门》，《四库全书》本。

比时张牙禁出入,蓬首陋巷阴风泣。
居民畏死争焚香,父老衣衫暗沾湿。
吁嗟乎!先皇帝,烈丈夫,
万岁山前从者无,神灵九庙长悲呼。
却忆去年雷震奉先破寝室,宝座赤蠛飞三日。
享庙卫士夜惊鬼,黑牛十丈端门出。
九卿大老无愁容,金紫得意长安中。
谈兵献策者仇寇,只引旧例相朦胧。
日夕甘泉烽火至,沙河土关纷贼骑。
犹然阁试新门生,品第人情出名次。
伤心此辈送国家,师生衣盔求清华。
一旦薰莸尽膏火,崑冈玉石谁争差。
可怜忼慨忠义士,前后只合横尸死。
已焉哉,哀勿哀!仰天气绝魂归来。
小臣拜禄十七石,却生此日当其灾。[1]

西直门是出北京奔西山风景游览地的必经之路,嘉靖年间赵完璧《秋日出西直门》,描述了前往西山沿途的见闻和心情:

秋日游晴旷,西风被面凉。

---

[1] 方以智:《哀哉行》,《明诗综》卷六十九,清刻本。

> 征袍红叶满，羸马白沙长。
> 曲水惊闲鹭，荒池度野芳。
> 碧峰千万点，一望慰愁肠。①

与此相似，万历年间著名学者胡应麟《始出西直门，策蹇行堤上四十里，暮抵碧云禅寺，宿颙上人方丈中》，记录了自西直门到西山碧云寺的过程和见闻。

（6）德胜门与安定门

洪武二十九年（1396）举人梁潜《三月十七日送驾出德胜门》赞颂永乐帝北征的壮举，极力描写军威之壮、气势之雄，期待皇帝早日凯旋。诗云：

> 煌煌旄钺发平明，万里河山锦绣迎。
> 王气浮天随宝纛，虹光拂地护龙旌。
> 玉关指日看归马，青海无波待洗兵。
> 万姓欢呼传捷报，六军歌舞入瑶京。②

此外，成化年间进士江源《过德胜门》、嘉靖年间南京国子监博士文彭《出德胜门见杏花》，都描写了出使的艰辛与自己的无畏精神。弘治进士、嘉靖年间内阁首辅严

---

① 赵完璧：《海壑吟稿》卷二《秋日出西直门》，《四库全书》本。
② 梁潜：《三月十七日送驾出德胜门》，《御定咏物诗选》卷一百三十一，《四库全书》本。

嵩《正德戊寅正月七日，驾自宣府回前期颁赐廷臣服色。是日大雪，百官迎德胜门外。首臣奉觞致辞称贺，即事纪述》，记载群臣迎接去宣府游猎的皇帝的场面。同为正德年间进士，江晖《前上陵德胜门》追念永乐帝北征的功绩，陈沂《大驾西狩还京，百官出候于德胜门》（四首）记录了德胜门前迎接皇帝打猎归来的情形。

安定门与德胜门左右对称，两座城门以外有五军营（团营）操练驻扎之地。明初重臣金幼孜《秋日随驾出安定门偶成》、杨士奇《早出安定门》，成化弘治间学者林光《出安定门偶至华藏寺》，弘治间进士罗荣《都城安定门外太清道院》，都以描述所见景物为主。崇祯十年（1637）榜眼陈之遴（1605—1666）《燕京杂诗》之十，回忆安定门教场当年旌旗招展、军威雄壮的场面，感叹眼前营垒废弃、野草丛生、狐鼠出没的巨大变化，痛惜今天的荒凉破败，兼有提醒朝廷谨防军营奸细之意，表现了对国事的担忧：

> 安定门西旧教场，朱旗玄纛岁翱翔。
> 风云尚想团营壮，狐鼠多从禁旅藏。
> 没马乱蒿迷废垒，惊人斜雁起回冈。
> 霜前北望松楸少，千里平芜落照黄。[1]

---

[1] 陈之遴：《燕京杂诗》之十，徐世昌辑《晚晴簃诗汇》卷二十一，1929年刻本。

3. 明人诗歌中的外城城门

明代嘉靖年间修建外城后,加强了守卫北京的军事屏障。扼守着北京出西南城门奔向太行山东麓大道的金中都彰义门,其重要性让位于明北京外城位于彰义门之东大约四里的广宁门,人们因此也把广宁门俗称为彰义门,两个地点不免有时混淆。此外,左安门、广渠门也成了明代诗题。

(1)彰义门

明代修筑外城之前,彰义门所在地点与金中都时代一致。嘉靖三十二年(1553)修筑外城之后,"彰义门"基本上就做了"广宁门"的俗称。这座城门因为重要的交通地位而成为南北往来的节点,并随之进入诗歌等文史作品内。

明初刘崧《夜宿南城彰义门递铺承曾元鼎携酒叙别》,唐文凤《赋宛平十景诗一十章送江弘德归新安》之九《彰义门》,嘉靖状元欧大任《彰义门重别陈梦庚》《邢子愿还治南宫醉别彰义门外》,嘉靖进士王世贞《彰义门别舍弟作》,万历举人区大相《同七弟送四兄于彰义门》,都为彰义门留下了文化的痕迹。弘治进士李梦阳《石将军战场歌》,追忆石亨父子在"土木之变"后的北京保卫战中所做的出色贡献,期望再有这样的勇将来守护日益危急的边境。下面截取其中几句:

忆昔蒙尘实惨怛，反覆势如风雨至。
紫荆关头昼吹角，杀气军声满幽朔。
胡儿饮马彰义门，烽火夜照燕山云。
内有于尚书，外有石将军。
石家官军若雷电，天清野旷来酣战。①

李梦阳《发京师》之一，描述了队伍出彰义门南下的雄壮气势：

驱车彰义门，遥望郭西树。
冠盖耀青云，车马夹广路。
威风何赫奕，各蒙五侯顾。
回飙动地起，白日倏已暮。
…………②

万历进士魏大中《良乡县》，把社会现实与良乡向北通达彰义门以西大道的地理形势联系起来，既突出了良乡扼守北京西南要路的交通地位，也对由此给本地增加的沉重负担感到相当无奈：

---

① 李梦阳：《石将军战场歌》，《明诗别裁集》卷四，第44页。
② 李梦阳：《发京师》二首之一，《明诗综》卷二十九，清刻本。

彰义门西路，桑干古渡分。
长羁乘传马，不断出关军。
沙白迷荒戍，城黄压暮云。
车牛征到骨，募派底纷纷。①

（2）左安门与广渠门

欧大任《广渠门再别黎惟敬》《答张民部饷军左安门寒夜见寄》，记下了嘉靖年间新开辟的外城两座城门。前一首在广渠门送别即将乘船沿着运河南下的朋友；后一首奉达在北京戒严期间到左安门劳军的朋友，期待他像西汉霍去病扬威西北边陲一样建功立业，诗云：

飞刍忽上白云边，知尔登楼啸远天。
半夜军声胡垒月，万家寒色蓟门烟。
橄成楯鼻提兵日，箭落麾头破虏年。
投笔欲随骠骑去，汉庭勋业在祁连。②

在元大都奠定的基础上，明代经过北墙南缩、南墙前拓、修筑外城等一系列的改造，确立了北京城的基本结构。清代的继续发展，有赖于明代客观上在地理空间与社

---

① 魏大中：《良乡县》，《明诗综》卷六十一，清刻本。
② 欧大任：《欧虞部集·旅燕稿》卷三《答张民部饷军左安门寒夜见寄》，清刻本。

会人文等方面所做的充分准备,这就促使清北京以延续前代城市格局为主线,城墙与城门更是直到清末才顺应社会需求而有所改造。

六、一仍旧贯清北京

清代是我国传统社会的最后阶段，北京内外城的城墙和城门延续了明代奠定的格局，只有皇城和宫城的城门名称有所更改。晚清社会的巨大变革，对城墙与城门产生了局部影响，成为此后一系列重大转折的前奏。

（一）城门更名与皇城管理

清代定都北京后不仅完全继承了明代确立的城市格局，而且对内城九门与外城七门的名称也没有更改。明代开国之后的70年间，北京的数座城门一直沿用元大都时代的名称。清北京对明北京的继承更加彻底，也显示出这些城门的命名语词具有政治与文化的普遍适宜性。皇城和宫城的城门命名，则在清代做了微调。到了晚清的道光年间，外城的广宁门有了"广安门"这个虽非官方正式更名却也逐渐通行的名称。

1. 皇城与宫城的城门更名

表达政治意愿越强烈、凸显时代特征越充分的地名语词，往往最容易随着相应时代的完结而被后来者更改，皇城与宫城某些城门的命名尤其如此。

（1）大清门的定名及其早期史迹

明朝将北京皇城宫廷广场的正南门命名为"大明门"，无疑是全城最具政治象征意义的名称。清朝定都北京后，同样需要这样一个体现改朝换代、江山易主的标志。《日下旧闻考》说："顺治元年（1644）肇定大清门名额。"[1] 清兵进入北京是在五月初二，"己丑，师至燕京。故明文武官员出迎五里外，摄政和硕睿亲王进朝阳门"[2]。大明门改为大清门，应在此日或稍后某天。

《清世祖实录》第一次出现"大清门"，是顺治元年（1644）九月初四。皇帝正在从盛京前往北京的途中，礼部奏报未来几天的活动安排。先在通州城外的行殿行礼更衣，"驾由永定门入大清门，升武英殿。文武百官由大清门左右，进至承天门外金水桥南，文武分班。驾至，跪迎俯伏"[3]。此后，大清门继续作为国家统治的象征，与多次重要活动相关。仅在顺治一朝，就还有如下数次：同年十

---

[1] 《日下旧闻考》卷九《国朝宫室》，第127页。
[2] 《清世祖实录》卷五，顺治元年五月己丑。
[3] 《清世祖实录》卷八，顺治元年九月己丑。

月初一皇帝到南郊告祭天地宣布即位，先由"卤簿前导，出大清门"，到天坛完成一套相当复杂的礼仪，然后仍由"卤簿前导，奏乐，进大清门"，再入宫进行其他活动。[1]卤簿，就是皇帝出行时跟随的仪仗队。十一月二十三日冬至，皇帝到天坛祭天，率领群臣依然经由大清门往返。[2]八年（1651）六月初七，礼部确定了若干礼仪制度，其中包括：

> 凡皇城内居住官民，房屋门户及院墙有盖黄绿瓦者，悉行改换。大清门前原立有下马牌，民民乘车马者俱下，其在石栏内贸易者永行禁止。两旁系故明市肆，许贸市如故。[3]

早在此前的顺治五年（1648）八月十九日，皇帝已经谕令"除八旗投充汉人不令迁移外，凡汉官及商民人等尽徙南城居住……定限来岁岁终搬尽"[4]，这就是清朝著名的"旗汉分置"政策。这样，到礼部制定上述条例的顺治八年（1651），包括皇城在内的北京内城已归旗人居住。条例规定更换宫廷之外所有房屋院墙使用的"黄绿瓦"，使

---

[1] 《清世祖实录》卷九，顺治元年十月乙卯。
[2] 《清世祖实录》卷十一，顺治元年十一月丁未。
[3] 《清世祖实录》卷五十七，顺治八年六月壬子。
[4] 《清世祖实录》卷四十，顺治五年八月辛亥。

这种颜色的构件专为皇家建筑"御用",凸显出皇权至上的独尊地位。大清门前的下马牌(亦作下马碑)要求所有乘车骑马者至此步行,而且禁止在两旁石栏杆之内摆摊设市,这是维护"国门"肃静的要求。"民民"的意思与"绵绵"相通,形容众多的样子。大清门两旁,仍然延续明代的传统,允许进行商品交易活动。

在具有泛神论传统的古代社会,大到山河湖海,小到城门瓦窑,各类地物都有其主宰之神,大清门也不例外。顺治十二年(1655)五月十六日,由宣武门外琉璃厂烧制的一批建筑构件鸱吻要运至宫城安装。沿途经过的内城和宫城各门不仅有官员迎接,还要祭奠门神和窑神,大清门及其门神是其中之一。《清世祖实录》记载:

> 乾清宫、乾清门、交泰殿、坤宁宫安吻,文官四品以上、武官三品以上及科道官齐集,迎于正阳门。遣尚书郭科祭琉璃窑之神,侍郎额黑里祭正阳门之神,侍郎梁清标祭大清门之神,侍郎觉罗额尔德祭午门之神,尚书觉罗巴哈纳祭乾清门之神。文武左右随吻入内,至于乾清门。左班官员序立于内官监掌印官之下,右班官员序立于工部尚书之下,祭毕而退。[①]

[①]《清世祖实录》卷九十一,顺治十二年五月己亥。

顺治十三年十二月初六（1657年1月19日），册立董鄂氏为皇贵妃。次日，诏书在天安门宣读，随后置于龙亭之内，"自大清门出，由礼部大门入"，再由礼部刊示天下。①在顺治之后的各朝，与大清门相关的活动不胜枚举。

（2）天安门的定名及其早期记载

明代将北京皇城的正南门命名为"承天门"，是古代社会君权神授思想的反映。清代更名为"天安门"，既表明与前朝略有差异，又显示文化正统的一脉相承。顺治八年（1651）九月十八日，"改承天门为天安门"②，大致有上天保佑世间安定或天道运行平稳安定之意。皇城的北门在明代叫作"北安门"，顺治九年（1652）七月初七，"皇城北门工成，名曰地安门"③。改建后的北门与南门对称更名，寄托了对大地运行安稳平和的期望，也有请求地祇保佑世间平安之意。

天安门的政治意义远大于地安门，见于史籍的相关活动很多，这里仅以《清世祖实录》所载见其一斑。顺治九年（1652）九月二十二日，皇帝到国子监祭奠孔子。不陪祀的官员先后"在天安门外金水桥南"送驾与迎驾。④十一年（1654）正月二十六日，礼部奏呈先农坛祭祀与亲耕耤

---

① 《清世祖实录》卷一百五，顺治十三年十二月己卯。
② 《清世祖实录》卷六十，顺治八年九月壬辰。
③ 《清世祖实录》卷六十六，顺治九年七月丙子。
④ 《清世祖实录》卷六十八，顺治九年九月辛卯。

田的礼仪制度。其中规定，祭祀之日的早晨，不陪祀的官员"俱朝服，于天安门外金水桥南分班序立"，跪候车驾经过。祭祀与亲耕等礼仪结束，"不陪祀文武百官于天安门外跪候驾还宫"。[1]随着这些制度的建立，部分官员在天安门外金水桥南的迎送就成为常态。十二年（1655）三月二十四日，"一甲一名进士图尔宸、史大成率满汉诸进士，于天安门外上表谢恩"[2]。可见此时的科举是旗人与汉人分别取士，否则不会同时出现两名状元。九月二十七日，兵部奏上武科的殿试则例，"武举人各于天安门就试"[3]。十三年十二月（1657）册立董鄂妃时，先有"外郎耆老等俱集天安门外金水桥前"等候，继而是"群臣随从至天安门外金水桥前"听取宣读诏书。[4]

顺治十五年（1658）三月初八，礼部提出："自元年以来，殿试中式举人俱在天安门外。臣等伏思，临轩策士，大典攸关，应于太和殿前丹墀考试。"[5]这个建议得到允准，殿试的地点就从天安门前转到了太和殿前，并且成为清代科举考试的定例。各省乡试得中的举人，进京参加在贡院举行的会试，录取者被称为贡士。皇帝亲自主持贡士参加

---

[1] 《清世祖实录》卷八十，顺治十一年正月丁巳。
[2] 《清世祖实录》卷九十，顺治十二年三月己酉。
[3] 《清世祖实录》卷九十三，顺治十二年九月戊申。
[4] 《清世祖实录》卷一百五，顺治十三年十二月己卯。
[5] 《清世祖实录》卷一百十五，顺治十五年三月乙巳。

的殿试，分别赐予一甲前三名（状元、榜眼、探花）进士及第、二甲若干人进士出身、三甲若干人同进士出身，习惯上都称为进士。乡试、会试、殿试的第一名，分别叫作解元、会元、状元。如果某个出类拔萃的考生连得三个第一，那就成了科举时代屈指可数的"连中三元"。

（3）神武门的定名及有关史事

明代宫城即紫禁城的北门叫作玄武门，因北方属于"四象"中的"玄武"得名。以距离清代较近的明熹宗时期为例，天启三年（1623）四月初三，"有盗入玄武门廊下潜匿"①，暴露了宫廷禁地守卫的松懈。天启七年（1627）八月初四开始，出售宫中人员多余物品的"内市"从北安门外"仍移于玄武门外"②。这样的城门名称并无政治象征意义，但清乾隆年间的《日下旧闻考》称："玄武门即今神武门也。"③究其原因，显系康熙年间为避讳皇帝之名"玄烨"而改，这是帝王时代常见的文化现象。在此之前的顺治十二年（1655）六月初四，已经按照"因其形势，赐以嘉名"的宗旨，把明代玄武门外的万岁山（清代又称紫禁城后山）改名"景山"。④乾隆年间在景山的五座微型山峰上修建了五座亭子，中间的主峰万春亭是全城的制高点，

---

① 《明熹宗实录》卷三十三，天启三年四月壬戌。
② 《明熹宗实录》卷八十六，天启七年八月戊子。
③ 《日下旧闻考》卷三十五《宫室》，第548页。
④ 《清世祖实录》卷九十二，顺治十二年六月丁巳。

也处在城市布局的南北中轴线上。景山俗称煤山,"相传其下皆聚石炭,以备闭城不虞之用者"①。当代勘查表明,景山下面并未埋藏一旦封城则可供急用的煤炭,它只是明代以开挖护城河与南海时的河泥以及修造宫殿的建筑废料堆成的一个山包。

《清圣祖实录》未见玄武门改称神武门的记载,但确实不见前者而只有后者,相关事迹也有不少。康熙十一年(1672)正月二十四日,皇帝陪太皇太后前往赤城汤泉,"随辇步行,至神武门乘马,出德胜门,驻跸巩华城"。三月二十九日回京,"至神武门下马,扶太皇太后辇入慈宁宫"。②十五年(1676)八月至汤泉、十月回京,十七年(1678)九月去遵化州汤泉,也都是去时随太皇太后之辇步行,出神武门才上马,回时至神武门立即下马随行。康熙五十六年(1717)十一月十六日,"酉刻,上闻皇太后违和,不待警跸,止领近侍人员,急从西直门进神武门,诣皇太后宫问安"③。傍晚五至七时之间,康熙帝听说太后有病,等不及侍卫齐备,就带着少数随从经西直门、神武门进宫探问,与早年对太皇太后奉行的孝道一般无二。

---

① 沈德符:《万历野获编》卷二十四《畿辅·煤山梳妆台》,中华书局1958年版,第604页。
② 《清圣祖实录》卷三十八,康熙十一年正月辛未、三月乙亥。
③ 《清圣祖实录》卷二百七十五,康熙五十六年十一月丙寅。

2. 皇城与宫城的治安管理

清代皇城和宫城区域的管理，仍以守卫紫禁城及其周边机构为重点。与明代相比，消防系统更加健全，有助于维护治安、减少火灾损失。

（1）宫廷禁卫与皇城驻守

《大清会典》等文献显示，清代紫禁城内外的禁卫，主要来自内务府系统与八旗兵系统。内务府系统三旗包衣的骁骑营在紫禁城内武英殿等31处值宿，护军营负责守卫顺贞门等12处宫门，侍卫处掌管上三旗的侍卫亲军。在八旗兵系统，由满洲八旗和蒙古八旗的精锐组成前锋营和护军营，上三旗参与守卫紫禁城内各门以及各处的堆拨和栅栏，下五旗负责紫禁城外的阙左门、阙右门、端门、天安门、长安左右门、大清门以及东华门、西华门、神武门外的栅栏和堆拨。各门昼开夜闭，官吏出入时由守门官兵验行，夜间有护军巡逻守卫。①

八旗按照五行、五色、五位相配的原则分布在清代北京内城，环绕紫禁城的外皇城同样划归八旗分别驻守：镶黄旗、正黄旗驻守紫禁城北，正白旗驻守紫禁城东北，镶白旗驻守紫禁城东，正蓝旗驻守紫禁城东南，正红旗驻守紫禁城西北，镶红旗驻守紫禁城西，镶蓝旗驻守紫禁城西南。每个旗的职责范围界线清晰，守卫的士兵分为若干

① 《大清会典》卷八十七，清光绪二十五年刻本，第7—10页。

汛，在值守区域内设置栅栏若干处。①

《大清会典》记载，清代北京遇到紧急情况时的报警系统，最初是在景山鸣炮。顺治十年（1653）在北海白塔山和内城九门各设五门信炮，次年又在上述诸处各竖五根杉篙，配上黄色条旗和灯笼以备日夜报警。接到报警后，守卫皇城的八旗护军营兵丁在规定的地点集合应变，其中正白旗、镶白旗在东安门外，正蓝旗、镶蓝旗在天安门外，正红旗、镶红旗到西安门外，正黄旗、镶黄旗到地安门内。两翼前锋营兵，在天安门外金水桥的南面集合。②

（2）逐步健全的消防管理

以紫禁城为代表的古代砖木结构的建筑最怕失火，明清紫禁城宫殿前放置巨大的铜缸与木桶，平时由惜薪司的内官负责续水防备火灾。冬季为防止铜缸里的水结冰，就在水中安放铁箅子之类或在缸底点起炭火增温，每日添炭保持不灭，直到春季冰雪消融为止。③

清康熙年间在内外皇城安排几十名太监日夜巡查火烛，雍正年间建立了规模较大的救火队伍。《钦定总管内务府现行则例》记载，当时从守卫宫廷的军队中选出100人组成防范火班，紫禁城内37处侍卫值宿点都配备防火

---

① 《大清会典事例》卷一千一百五十六，清光绪二十五年刻本，第6—8页。
② 《大清会典》卷八十七，第20页。
③ 刘若愚：《酌中志》卷十六《内府衙门职掌》，北京古籍出版社1994年版，第106页。

用具。在咸安宫（乾隆年间称寿安宫）前空地上建造25间板房贮放消防器具，包括铁锚、斧镬、长杆铁杈子、长杆钩子、长杆麻刷、蜈蚣梯子、大小水桶、扁担钩绳等。雍正时紫禁城内配备汲水的激筒8架，到乾隆、嘉庆时增至100余架。乾隆四十八年（1783），火班从100人增加到182人[①]，嘉庆、光绪年间继续扩大。消防制度在清代中后期更加完善，嘉庆十九年（1814）议定《紫禁城内火班章程》[②]，光绪十五年（1889）修订《紫禁城火班章程》[③]。

3."广宁门"与"广安门"的混用

在包括城墙与城门在内的所有方面，清北京都全盘继承了明北京。唯一例外的是，外城的广宁门在道光年间开始，又有了"广安门"这样一个称谓，但"广宁门"也没有被明令废止。自民国以来，几乎所有的论者都认为，清代为避讳道光帝爱新觉罗·旻宁的"宁"字（简作"宁"），朝廷把广宁门改称语义相同的"广安门"，却从未有人指出其依据何在，更找不到道光年间为避讳而改名的任何官方文件，其间显然另有隐情。

为帝王或其祖上的某个名称用字避讳，是我国古代由

---

① 《钦定总管内务府现行则例》卷一《添设防范火烛班房人员》，海南出版社2000年版，第34—38页。
② 《清仁宗实录》卷二百九十一，嘉庆十九年五月戊申。
③ 《清德宗实录》卷二百六十五，光绪十五年正月乙亥。

来已久的政治文化传统。比如，唐代为李渊之父李虎避讳，就称"虎牢关"为"武牢关"；为太宗李世民避讳，遂把中央六部中的"民部"改称"户部"并一直沿用下来。如此等等的事例不胜枚举，以致史学研究中形成了专门的"避讳学"。相对而言，清代的乾隆帝与道光帝，都不主张为自己的名字过分避讳，如此开明的思想在古代帝王中并不多见。《清高宗实录》记载，雍正十三年（1735）九月二十日，乾隆帝即位不久，大学士鄂尔泰等奏请以改写同音字的方式，回避"弘历"二字，被皇帝的谕旨否决：

> 朕思尊君亲上，臣子分谊当然。但须务其大者，以将恭敬。至于避名之典，虽历代相沿，而实乃文字末节，无关于大义也。中外臣工，如身膺文职者，当思宣猷布化，裨益于国计民生。官居武职者，当思效力抒忠，奏绩于疆场牧圉。士子读书励行，黎民守法奉公，方为克尽爱戴尊崇之实。若但于御名谨避，将字画更改，并失其字之本义，揆诸古人二名不偏讳之理，既不相符。且区区拘泥之见，亦不足以明敬悃，甚无取焉。所请改写"宏"字"历"字，不必行。嗣后凡遇朕御名之处，不必讳。若臣工名字有同朕，心自不安者，上一字著少写一点，下一字将中间禾字

书为木字，即可以存回避之意矣。尔部可传谕中外，一体遵行。①

乾隆帝认为，为臣者对君主的尊崇，应当体现在重要的事情上。避讳虽是传统的做法，却只是无关紧要的文字游戏。无论文官还是武将，也无论读书人还是老百姓，只要各尽其职忠于本分，就是以自身行动表达对君主的尊崇。如果遇到皇帝之名就改写失去本义的同音字，既不符合古人倡导的做法，也没有任何实际的可取之处。因此，遇到"弘曆"二字不必写为"宏厯"。臣工的名字与此相同者一概不令改易，如果自己感到内心不安，可以通过缺笔稍作表示，也就是"弘"少写最后一点，"曆"字写作"厯"。到乾隆四十一年（1776）十一月十二日旧事重提，乾隆帝在谕旨中进一步指出：

> 即汉字亦有不能尽同者，如"永"字世所习用，而体义亦不宜缺笔。"绵"字为民生衣被常称，尤难回避。且皇子辈"永"字乃皇祖钦定，皇孙辈"绵"字则朕所命名。而近派宗支蕃衍，依次取名者愈久愈多。我世世子孙，自必遵朕旧章，不令改易。第恐后来臣工等，不能深

---

① 《清高宗实录》卷三，雍正十三年九月丙辰。

体朕意，妄谓于心不安，轻有所请，或致无可适从。自当豫示折衷，以垂法守。朕以为，与其改众人之名以避一人之名，莫若改一人之名使众无可避，较为妥善。将来继体承绪者，惟当以"永"作"颙"，以"绵"作"旻"，则系不经用之字，缺笔亦易。而"永""绵"等字，均可毋庸改避。至于清文，则仍其旧，总不必改避。其"奕"字辈以下，则所谓过此以往，朕未之或知。然亦可推广此意，永远遵行。①

乾隆帝相信皇室子孙能够遵从前辈制定的章程，只是担心朝中臣子不能理解他的用意而乱加避讳，因此预先做出明确规定。他提出以不常用的生僻字更改皇帝一人之名，这就无须使众人为一人避讳，而且对儿孙辈未来如何定名提出具体做法，要求后代永远遵行这样的原则。实际情况也确实如此，嘉庆帝"永琰"、道光帝"绵宁"即位后分别改名"颙琰"与"旻宁"，就是遵循了乾隆帝的主张。《清宣宗实录》记载，嘉庆二十五年（1820）八月初十，已经即位的道光帝给内阁发出谕令：

乾隆四十一年十一月，恭奉皇祖高宗纯皇帝

---

① 《清高宗实录》卷一千二十，乾隆四十一年十一月庚辰。

谕旨："绵"字为民生衣被常称，尤难回避。将来继体承绪者，当以"绵"作旻，则系不经用之字，缺笔亦易等因。钦此。今朕钦遵成命，将御名上一字敬改。至臣下循例敬避，上一字著缺一点，下一字将心字改写一画一撇。其奉旨以前所刻书籍，俱无庸追改。寻，肃亲王永锡等奏：临文不讳，圣主不以为嫌，而臣子之心究多惶悚。谨案，《康熙字典》"甯"字注乃定切，引《汉书》"永以康甯"一语，与御名下一字音义相通。嗣后文移奏牍，恭请避写"甯"字。得旨：既知临文不讳，何用琐琐！仍遵前旨，改写一画一撇。又奏：前代避讳，原有改用音相近者。批：不可为法。①

道光帝遵照祖父的谕旨，把"绵宁"改为"旻宁"，并且表示臣下回避时"旻"字可缺"文"字上方的一点，而把"宁"字替换为不常用的"寍"，已经刻好的书籍则无须追改。但是，永锡等心有不安，引经据典提出把"宁"替换为"甯"，但被道光帝以太过琐碎而否决。永锡等又重申用近音字替代避讳，又被皇帝认为不足取法而作罢。

上述文献充分证明，道光帝遵循乾隆帝的谕旨，不主

---

① 《清宣宗实录》卷二，嘉庆二十五年八月癸巳。

张为自己过度避讳，也就不可能主动把已成惯用名称的"广宁门"改为语词含义相同的"广安门"。因此，《清宣宗实录》道光元年（1821）七月二十日的谕旨才会有："复据英和奏，亲至广宁门外查看，大道水深四五尺，人马断难行走，不得已暂行还宫。"①同年九月二十八日，"赏广宁门外普济堂煮赈小米三百石"②。三年（1823）十月初一，"加赏广宁门外普济堂煮赈小米五百石"③。

参照上述史实，"广安门"取代"广宁门"，应当经历了这样的过程：道光帝本人不赞成过分避讳，因此在即位初期沿用了"广宁门"之名，只是将"寜"写作"寧"以示避讳之意。道光四年（1824）之后，"臣子之心究多惶悚"，自觉以含义相同的"广安门"替代"广宁门"。《清宣宗实录》自本年九月十三日至二十九年（1849）九月二十六日，出现了25次"赏广安门外普济堂煮赈小米三百石"的记载④，"广宁门"则不见踪影。在此后的咸丰、同治、光绪三朝实录里，"广安门"代替了"广宁门"，但奉天与广东的两个"广宁县"却一直存在。光绪年间纂修《顺天府志》时，将"广宁门"与"广安门"混用。上述官修文献绝无漠视国家法令的必要，它们都表明改"广宁

---

① 《清宣宗实录》卷二十一，道光元年七月戊辰。
② 《清宣宗实录》卷四十一，道光元年九月乙亥。
③ 《清宣宗实录》卷六十，道光三年十月丙申朔。
④ 《清宣宗实录》卷七十三，道光四年九月壬寅。

门"为"广安门"并非朝廷谕旨,而是先由臣子形成"非正式"的共识,然后再影响到京城百姓。两个名称在民国时期继续混用,直至"广安门"最终取代了"广宁门"。最初的动机虽然出自为道光帝避讳,它却既不是官方的正式更名也不属于百姓的约定俗成,与常见的因避讳而改名不可同日而语。当代推行汉字简化与省并之后,寧、甯、寗一般被"宁"代替,曆、厤、歷、歴也都归于"历"字了。

(二)《清实录》所见"盛世"城门史事

顺治朝是清代定都北京的初始阶段,到康熙、雍正、乾隆三朝达到了鼎盛时期。城墙是古代城市的分界,人们通过城门进出或以此作为地理坐标,留下了大量史事记载。这里仅就各朝的实录,择要加以钩稽和说明。官方编纂的实录自然要以皇帝的活动和谕令为中心,其他方面都属于次要因素。

1. 顺治朝的城墙与城门线索

顺治元年(1644)五月初一,多尔衮率领的清军到通州。初二到北京,明朝降附的文武官员出迎五里外。"摄政和硕睿亲王进朝阳门,老幼焚香跪迎。"乘辇入武英殿接受参拜后,"王下令诸将士乘城"[①],也就是登上北京城

---

① 《清世祖实录》卷五,顺治元年五月戊子、己丑。

墙守卫。九月十九日,顺治帝由通州出发,"自正阳门入宫"[1]。十月初一"出大清门,不奏乐,至圜丘",告祭天地,宣布即位。礼毕,"卤簿前导,奏乐,进大清门",入宫受贺。[2]

二年(1645)四月初四,"固山额真叶臣,坐私拆皇城,不准叙军功"[3]。八旗官员进城后私自拆毁皇城,朝廷为示惩戒,剥夺了他凭借军功被赐予奖牌的资格。初九,"谕民间丧葬毋出正阳门,著为例"[4]。规定普通居民死后,不准从正阳门出城安葬。十月十五日,豫亲王多铎班师还京,顺治帝"出正阳门,于南苑北迎之"[5]。

三年(1646)五月初二,多尔衮"率诸王大臣,出安定门",为即将出征的豫亲王多铎送行。[6]十月初七,多铎凯旋,顺治帝"出安定门迎劳之,赐宴"[7]。

四年(1647)三月二十二日,顺治帝带领王公大臣"出正阳门,幸南苑北,较阅驰马",按照赛马抵达的先后予以不同奖赏。[8]

---

[1]《清世祖实录》卷八,顺治元年九月甲辰。
[2]《清世祖实录》卷九,顺治元年十月乙卯朔。
[3]《清世祖实录》卷十五,顺治二年四月丙辰。
[4]《清世祖实录》卷十五,顺治二年四月辛酉。
[5]《清世祖实录》卷二十一,顺治二年十月癸巳。
[6]《清世祖实录》卷二十六,顺治三年五月丁未。
[7]《清世祖实录》卷二十八,顺治三年十月己卯。
[8]《清世祖实录》卷三十一,顺治四年三月癸亥。

五年（1648）四月初六，顺治帝"率诸王贝勒公等，出德胜门行猎"①。六月十八日，颁行"除八旗投充汉人不令迁移外，凡汉官及商民人等尽徙南城居住"的谕令，并限定次年岁末搬迁完毕。②由此使北京内城尽被八旗占据，人口分布状况显著改变。

　　六年（1649）五月初五，"摄政王多尔衮以京城水苦，人多疾病，欲于京东神木厂创建新城移居。因估计浩繁，止之"③。由于城里的水源大多是苦水，多尔衮建议在北京东郊神木厂（今朝阳区黄木厂）一带修建新城。这个事关重大的设想被顺治帝阻止，北京城的位置和格局因此依然如故。

　　七年（1650）七月初四，多尔衮提出："京城建都年久，地污水咸。春秋冬三季犹可居止，至于夏月溽暑难堪。"计划在边外建一小城，"以便往来避暑"④。八旗进京后尚未适应本地水土，夏季气候炎热尤其难当。十二月十三日，多尔衮去世。十七日，顺治帝率百官"易缟服，出迎于东直门五里外。……由东直门至玉河桥，四品以下各官俱于道傍跪哭"⑤。

---

① 《清世祖实录》卷三十八，顺治五年四月辛未。
② 《清世祖实录》卷三十九，顺治五年六月辛亥。
③ 《清世祖实录》卷四十四，顺治六年五月癸亥。
④ 《清世祖实录》卷四十九，顺治七年七月乙卯。
⑤ 《清世祖实录》卷五十一，顺治七年十二月壬辰、丙申。

八年（1651）正月十一日，《清世祖实录》载：

己未，户部尚书觉罗巴哈纳等入奏事毕。上问曰：外间钱粮，有无益之费否？巴哈纳等奏曰：有京师营建用砖，因临清土质坚细，遣官一员烧造。分派漕船装载抵通，又由五闸拨运至京，给与脚价。上曰：营造宫殿，京师烧砖尽可应用。若临清烧造，苦累小民，又费钱粮拨运，甚属无益。况漕船载运漕粮，远涉波涛，已称极苦。再令装载带运，益增苦累，朕心甚为不忍。临清烧造城砖，著永行停止，原差官彻回。①

君臣之间的一番问答，改变了北京建设用砖由山东临清烧造，再由漕船捎带进京的传统做法。由此减轻了临清百姓以及漕运船队的巨大负担，修造城墙与城门的建材应是其中的一部分。四月初九，顺治帝"出安定门行猎，是日驻跸沙河"②。六月初七，礼部确立的礼仪制度规定，包括皇城居民房屋与院墙不准使用"黄绿瓦"，大清门石栏内禁止贸易但两旁准许设为市场等。③

---

① 《清世祖实录》卷五十二，顺治八年正月己未。
② 《清世祖实录》卷五十六，顺治八年四月乙卯。
③ 《清世祖实录》卷五十七，顺治八年六月壬子。

2. 康熙朝出入内外城的足迹

康熙朝历时61年,对于城墙城门的记载较多。这里根据《清圣祖实录》,择要列出从皇城到内外城诸门与皇帝的活动或谕令相关的线索。如果前面一件史事涉及多座城门,后面则不再讨论。

(1)皇城天安门与大清门

康熙元年(1662)十一月初四,批准兵科给事中的建议,"急选并末职,俱请照大选例,在天安门外掣签"①。按照明清吏部的铨选制度,遇到中下级文官出缺,由吏部每月选补一次。每逢双月举行的选补,叫作"大选"。单月的选补称为"单月选",也叫"急选",意思是列入选班之人能够更快中选。清朝急选与任用其他低级官吏,通过在天安门外抽签决定某人担任某个职务,在资格之外还要看运气如何。

五十二年(1713)三月十八日,万寿节,即皇帝寿辰。"八旗兵丁、直隶各省耆老士庶,齐集午门外、大清门内,叩祝万寿。"②

五十七年十二月十二日(1719年1月21日),抚远大将军允禵率军出征,在太和殿接受敕印,"出午门,乘骑出

---

① 《清圣祖实录》卷七,康熙元年十一月甲戌。
② 《清圣祖实录》卷二百五十四,康熙五十二年三月乙未。

天安门，由德胜门前往"①。

（2）内城诸门与外城广宁门

在康熙朝实录记载较多的内城城门中，正阳门是国家举行祭天等大典的必经之地，崇文门与大量税务问题有关，德胜门是皇帝出京前往北方各地休养或行猎的关口。与其他城门相关的活动较少，外城只有一次提到广宁门。

正阳门 康熙二十三年（1684）三月初十，"正阳门外民居失火。上幸正阳门楼，遣内大臣、侍卫扑灭之"。十一日回顾失火时的情形，"该城及司坊巡捕营等官并无一人在者，亦无一救火之人"，对官员的玩忽职守、置若罔闻提出申斥。②

二十四年（1685）九月二十二日，谕令大学士等，清理街道不能挖到正阳门牌楼地基的深度，"至浚治护城河，若积土城下，遇雨水流入河内，旋至淤塞"，命其会同八旗都统等实地查勘，确定"应何法挑掘，何方贮土"再行奏报。③

二十六年（1687）二月十二日，鉴于"昨夜正阳门外失火，汉官皆不事扑灭，但袖手旁观"，谕令八旗分班直宿。各方议定"两黄旗于地安门，两白旗于东安门，两红旗于西安门，两蓝旗于东西两长安门更番豫备。如遇何方

---

① 《清圣祖实录》卷二百八十二，康熙五十七年十二月乙卯。
② 《清圣祖实录》卷一百十四，康熙二十三年三月丙子、丁丑。
③ 《清圣祖实录》卷一百二十二，康熙二十四年九月己卯。

火灾，即往扑救"①。

二十九年（1690）四月二十日，此前京师干旱，"是日大雨，四野沾足。上出正阳门，至南苑观禾"②。

五十二年（1713）三月十一日，听闻各省祝贺皇帝寿辰的老人"十八日至正阳门内，听礼部指地方行礼"，谕令南书房翰林等简化程序，对老人予以照顾。③

崇文门　康熙二年（1663）十一月初一，户部奏报："凡外国进贡之人带来贸易物件，应令崇文门监督止记册报部，不必收税。"④

四年（1665）七月初十，"以崇文门税务，归顺天府治中兼理"⑤。

五年（1666）六月二十二日，"停崇文门监督出京货物税"⑥。

七年（1668）七月初四，"命崇文门及左右两翼收税"选任良员，永不更替。⑦

十一年（1672）十二月初三，允准户部题奏，各省赴京解交颜料等物时，如有"恶棍包揽交纳、崇文门人役

---

① 《清圣祖实录》卷一百二十九，康熙二十六年二月庚申。
② 《清圣祖实录》卷一百四十五，康熙二十九年四月己丑。
③ 《清圣祖实录》卷二百五十四，康熙五十二年三月戊子。
④ 《清圣祖实录》卷十，康熙二年十一月乙丑朔。
⑤ 《清圣祖实录》卷十六，康熙四年七月甲午。
⑥ 《清圣祖实录》卷十九，康熙五年六月辛未。
⑦ 《清圣祖实录》卷二十八，康熙七年七月辛丑。

揩勒等弊，查出从重治罪"①。人役揩勒，即税关人员敲诈勒索。

二十八年（1689）三月十九日，"进崇文门"，悼念去世的安亲王岳乐。②

宣武门 康熙二十四年（1685）十一月十八日，"由午门出宣武门"，至卢沟桥外王家岭，观看火炮射击训练。③

朝阳门 康熙十八年（1679）五月二十九日，"出朝阳门观禾，驻跸窝头"④。

二十七年（1688）正月十一日，太皇太后灵柩"安设于朝阳门外殡宫"，皇帝举哀。⑤

二十八年（1689）七月十三日，奉移皇后灵柩"至朝阳门外享殿"，皇帝亲临。⑥

二十九年（1690）十一月二十二日，在乌阑布通与准噶尔部交战失败的清军回到北京，"命止朝阳门外听勘"⑦，让带兵的将领在城外等候调查问讯并追究责任。

三十三年（1694）十一月十四日，"温僖贵妃丧事，停

---

① 《清圣祖实录》卷四十，康熙十一年十二月甲辰。
② 《清圣祖实录》卷一百四十，康熙二十八年三月丙戌。
③ 《清圣祖实录》卷一百二十三，康熙二十四年十一月甲戌。
④ 《清圣祖实录》卷八十一，康熙十八年五月壬戌。
⑤ 《清圣祖实录》卷一百三十三，康熙二十七年正月乙酉。
⑥ 《清圣祖实录》卷一百四十一，康熙二十八年七月丁未。
⑦ 《清圣祖实录》卷一百四十九，康熙二十九年十一月己酉。

殡于朝阳门外"①。

五十六年十二月十七日（1718年1月18日），皇太后灵柩"安设于朝阳门外殡宫"，仪仗引导自东华门出朝阳门，沿途有官员在东华门外、灯市口、红庙等处齐集迎送。②

阜成门 康熙十八年（1679）五月初九，"出阜成门观禾"，查看庄稼长势后驻潭柘寺。③

东直门 康熙二十九年（1690）七月初六，和硕裕亲王福全出征，皇帝"出东直门，视诸军启行毕，回宫"④。

四十二年（1703）七月初一，自三家店启行"进东直门"，悼念和硕裕亲王福全。⑤

五十年（1711）六月初五，就北京至热河的驿路和驿站问题，谕令大学士和兵部："今来热河，自京城出东直门，按驿站路行，必由顺义县至密云县。其间有孙河、牛栏山、九道河，水发辄至阻误。若出安定门或德胜门，由南石槽至密云县，可无雨水阻误之虑。著于南石槽附近处设一驿站。"⑥

西直门 康熙五十二年（1713）三月十一日，"闻各省祝万寿老人，俱于十七日在西直门外本省龙棚下齐集接

---

① 《清圣祖实录》卷一百六十五，康熙三十三年十一月戊寅。
② 《清圣祖实录》卷二百七十六，康熙五十六年十二月丁酉。
③ 《清圣祖实录》卷八十一，康熙十八年五月壬寅。
④ 《清圣祖实录》卷一百四十七，康熙二十九年七月乙未。
⑤ 《清圣祖实录》卷二百一十二，康熙四十二年七月乙巳朔。
⑥ 《清圣祖实录》卷二百四十六，康熙五十年六月癸亥。

驾",令南书房翰林等转告他们,"恐城门拥挤,年老之人实有未便",不必接驾。[1]

五十六年(1717)十一月十六日,"急从西直门进神武门,诣皇太后宫问安"[2]。

德胜门 康熙十一年(1672)正月二十四日,陪太皇太后前往赤城汤泉,"至神武门乘马,出德胜门,驻跸巩华城"[3]。五月二十一日,"幸德胜门外观麦",查看长势。[4]六月二十五日,根据钦天监官员的建议,"德胜门外窑座三十三所,又旧窑座十所,正当都城来脉,风水所关,请行禁止,应限一月内拆毁填平"[5]。德胜门外长期是北京砖窑集中之地,至此被拆掉。七月二十九日,"出德胜门观禾",再次查看庄稼长势。[6]

十八年(1679)二月初二,抚远大将军公图海自陕西来京陛见,"遣礼部侍郎额星格赍茶酒,出德胜门迎劳之"[7]。四月十七日,"出德胜门观禾",查看庄稼长势。[8]

三十五年(1696)六月初九,自清河回京,"由德胜门

---

[1] 《清圣祖实录》卷二百五十四,康熙五十二年三月戊子。
[2] 《清圣祖实录》卷二百七十五,康熙五十六年十一月丙寅。
[3] 《清圣祖实录》卷三十八,康熙十一年正月辛未。
[4] 《清圣祖实录》卷三十九,康熙十一年五月丙寅。
[5] 《清圣祖实录》卷三十九,康熙十一年六月癸卯。
[6] 《清圣祖实录》卷三十九,康熙十一年七月丙辰。
[7] 《清圣祖实录》卷七十九,康熙十八年二月丁卯。
[8] 《清圣祖实录》卷八十,康熙十八年四月辛巳。

入"①。十二月二十日（1697年1月12日）自昌平回京，"由德胜门入"②。

三十六年（1697）二月初六，"行兵宁夏，命皇长子允禔随驾。设卤簿，出德胜门，驻跸昌平州"③。五月十六日，自清河起驾，"由德胜门入"④。

五十六年（1717）十一月初三，谕令大学士、兵部、步军统领等，在汤山至德胜门之间设立两处驿站，以便及时看望常住汤山的皇太后。⑤

五十七年十二月十二日（1719年1月31日），抚远大将军允禵率兵出征，在太和殿接受敕印，"出午门，乘骑出天安门，由德胜门前往"⑥。

外城广宁门 康熙十八年（1679）二月十九日，抚远大将军公图海"仍赴陕西，上遣礼部侍郎杨正中赍茶酒，送之于广宁门外"⑦。二月初二在德胜门外迎接，现于广宁门外送行。

---

① 《清圣祖实录》卷一百七十四，康熙三十五年六月癸巳。
② 《清圣祖实录》卷一百七十八，康熙三十五年十二月壬寅。
③ 《清圣祖实录》卷一百八十，康熙三十六年二月丁亥。
④ 《清圣祖实录》卷一百八十二，康熙三十六年五月乙未。
⑤ 《清圣祖实录》卷二百七十五，康熙五十六年十一月癸丑。
⑥ 《清圣祖实录》卷二百八十二，康熙五十七年十二月乙卯。
⑦ 《清圣祖实录》卷七十九，康熙十八年二月甲申。

3. 雍正朝实录中的城门史事

雍正朝实录关于城门的记载有20多处，涉及皇城的大清门、天安门，内城的正阳、崇文、朝阳、东直、西直、安定、德胜七门，外城的广渠门与广宁门。兹按年月略述如下。

雍正元年（1723）三月二十七日，康熙帝灵柩发引，"满汉四品官员，齐集朝阳门外跪送。不随往陵上各官，俱步从至朝阳门关外跪送"①。八月初二，谕令各省税关官员杜绝苛刻滋扰，"至于崇文门收税及分派各处查税之人，亦有多方勒索、分外苛求之弊。……尔等若不遵谕旨，经朕访闻，定行重治其罪"②。八月十六日，"定朝阳门外新建仓曰万安仓，设满汉监督各一员"③。八月十八日，孝恭仁皇后灵柩发引，皇帝"由地安门出东直门，是日驻跸杨家闸"④。九月初一，到景陵完成康熙帝安葬典礼。初四，载有康熙帝神牌的黄轿"由朝阳门入。诸王、大臣、满汉文武官员，齐集大清门外，朝服跪迎"⑤。

二年（1724）闰四月初十，鉴于数十年来广宁门外普济堂救济老疾无依之人，广渠门内育婴堂收留养育孤苦儿

---

① 《清世宗实录》卷五，雍正元年三月丙午。
② 《清世宗实录》卷十，雍正元年八月己酉。
③ 《清世宗实录》卷十，雍正元年八月癸亥。
④ 《清世宗实录》卷十，雍正元年八月乙丑。
⑤ 《清世宗实录》卷十一，雍正元年九月丁丑、庚辰。

童，谕令嘉勉其善举并号召各地仿效推广，以此倡导"字弱恤孤"即抚育弱小、照顾孤独无依之人的社会风尚：

> 谕顺天府府尹：京师广宁门外向有普济堂，凡老疾无依之人每栖息于此。司其事者乐善不倦，殊为可嘉。圣祖仁皇帝曾赐额立碑，以旌好义。尔等均有地方之责，宜时加奖劝，以鼓舞之。但年力尚壮及游手好闲之人，不得借名混入其中，以长浮惰而生事端。又闻广渠门内有育婴堂一区，凡孩稚之不能养育者收留于此，数十年来成立者颇众。夫养少存孤，载于《月令》，与扶衰恤老同一善举，为世俗之所难。朕心嘉悦，特颁匾额，并赐白金。尔等其宣示朕怀，使之益加鼓励。再行文各省督抚，转饬有司，劝募好善之人，于通都大邑、人烟稠集之处，照京师例推而行之。其于字弱恤孤之道，似有裨益。而凡人怵惕恻隐之心，亦可感发而兴起也。①

三年（1725）二月二十日，"命修广宁门外石路"②，提高广宁门至卢沟桥的道路等级。十二月十九日（1726年1

---

① 《清世宗实录》卷十九，雍正二年闰四月癸未。
② 《清世宗实录》卷二十九，雍正三年二月戊子。

月21日），谕令巡视五城御史，不要禁阻城里居民仗义收容受冻穷人："尔等巡城之职，固在禁民为非，亦当恤穷救困。嗣后倘有冻毙之人，经朕访闻，尔等不得辞其有责。……今年天气甚冷，京城多有穷民。广宁门、安定门外，向有养济院。此二处，著将变色米赏给一百石，煮粥赈济。传谕仓场侍郎，将米样呈验，然后赏给。"①

四年（1726）四月十九日，在圆明园理政。昨夜下雨通告诸臣不必前来，"而城中官员俱已行至西直门，闻上旨始回"②。

五年（1727）闰三月十七日，此前屡次谕令崇文门监督，对各地来京考试的举子"不必查其行李"。是日又谕令内务府，在卢沟桥设立可供举子安歇的店房，顺便查看有无应当交税之物。"看毕，给与照票，令其入城，广宁门不必重查。"③四月初六谕令户部，严禁销毁钱币制作器皿。"昨步军统领阿齐图，现于崇文门外，拏获销毁制钱之人。"京师尚且如此，其他地方弊端无疑更重。④七月十六日，"自圆明园进西直门，诣大高殿祈晴。礼毕，风日晴明"⑤。在阴雨连绵的月份祈祷天晴，行礼完毕即刻见效。

---

① 《清世宗实录》卷三十九，雍正三年十二月壬午。
② 《清世宗实录》卷四十三，雍正四年四月辛巳。
③ 《清世宗实录》卷五十五，雍正五年闰三月癸酉。
④ 《清世宗实录》卷五十六，雍正五年四月壬辰。
⑤ 《清世宗实录》卷五十九，雍正五年七月庚午。

六年（1728）七月二十六日，内务府总管常明奏报，在卢沟桥为举子设立的店房已经竣工。谕令礼部告知各省，"并令崇文门每年查税官员实心奉行，严饬巡察人役等，毋得借端稽留、额外苛索"①。八月初四，要求改进内城九门的看守。议政王大臣、管理旗务王大臣等商议后提出，除了正阳门之外，在其余八座城门外的护城河边空地修造房屋，由分守内城的各旗派出若干官员和兵丁携带家属居住，按照级别逐一分配住房。八座城门附近各修一处"堆子"，也叫"堆拨"或"堆汛"，满语意为驻兵之所，类似于今天的安全岗亭或派出所。由上述官兵轮流值班，在城门内外巡查以维护治安：

> 谕议政王大臣、管理旗务王大臣等：九门虽有军兵看守，俱在城内居住，其城外并无看守官兵。或于吊桥附近空闲之处修造营房，派兵数百名居住看守，甚属有益。著会同详议具奏。寻议：除正阳门外有巡捕营官兵、不必令旗兵看守外，崇文门等八门外，于沿河空闲处修造房屋。各满洲、蒙古、汉军三旗，派章京四员、骁骑校四员、马甲二百名挈家移住。其房屋，章京八间，骁骑校五间，兵丁二间。于城门附近修造堆子八处，

---

① 《清世宗实录》卷七十一，雍正六年七月乙亥。

令官兵等轮替该班,于附郭等处不时巡查匪类。从之。①

七年(1729)正月二十八日,鉴于"迩年以来广宁门外已修石道,其至通州运粮之路亦修整高洁,往来行人颇为便利",谕令工部"自京师起程,由良乡至宿迁大道一路踏勘",以备整修直隶至江南大道。②三月初十,命官员查看朝阳门至通州的道路状况,准备修建石路,提高这条运粮道路的等级:

> 谕内务府:自朝阳门外至通州,乃京师向东大路。向因雨水之时难于行走,动支钱粮修补铺垫。闻近年又复损坏,若修垫石路,酌量其宽广可容车二辆,两旁土路亦修筑平稳,于往来行旅大有裨益。著总管常明,会同侍郎普泰详加验看。③

同年六月二十二日,送靖边大将军傅尔丹出征,在"德胜门外列兵处赐宴"④。

---

① 《清世宗实录》卷七十二,雍正六年八月壬午。
② 《清世宗实录》卷七十七,雍正七年正月癸酉。
③ 《清世宗实录》卷七十九,雍正七年三月甲寅。
④ 《清世宗实录》卷八十二,雍正七年六月乙未。

八年(1730)二月初七,批准署护军统领青保的建议:"大清门、天安门、端门,系下五旗护军轮派看守。其应备之长枪、撒袋、弓箭等器械,向系本身带入。嗣后请照内门看守之例,俱令官造给发。"①内城诸门的守卫者原是自备兵器,此后改由朝廷制造和分发。

十年(1732)闰五月三十日,谕令内务府,由于天气炎热,"在各门设立冰汤,以解行人烦渴"。若工部窖藏的冰块不够用,"即将崇文门宣课司余银采买办理",而且由此成为固定的制度。②

十二年(1734)七月十七日,"移北营游击驻安定门外"③。

4. 乾隆朝内外城的丰富记载

乾隆朝长达60年,与城门相关的史事涉及皇城的大清门、天安门,内城九门,外城的永定门、广渠门、广宁门、东便门、西便门,兹择要说明。

(1)皇城大清门与天安门

乾隆九年(1744)十二月初四,礼部先期题请十二日午时进呈玉牒。届时,宗人府官从玉牒馆捧出玉牒安放在彩亭内,"导以黄盖御仗,由大清门进天安门",在中和

---

① 《清世宗实录》卷九十一,雍正八年二月丙午。
② 《清世宗实录》卷一百十九,雍正十年闰五月乙卯。
③ 《清世宗实录》卷一百四十五,雍正十二年七月庚寅。

殿行礼后"由太和门、协和门、东华门出,送至皇史宬尊藏"①。

十四年(1749)四月初二,刑部尚书汪由敦等奏初九在天安门颁诏的步骤,得到皇帝允准,由此把"金凤颁诏"的礼仪制度固定下来(图6-1):

图6-1 天安门"金凤颁诏"

(选自《唐土名胜图会》)

  应令工部先期设金凤于天安门上正中,设宣诏台于门上东第一间。诏由午门出,迎至天安门上城。听诏百官耆老等分翼排班,于金水桥南跪听。宣诏官宣读毕,鸿胪寺官赞行三跪九叩礼。捧诏官将诏置朵云内,彩绳悬系,由金凤口衔下。

---

① 《清高宗实录》卷二百三十,乾隆九年十二月丁未。

礼部官接受，置彩亭内，迎出东长安门。所有仪节，请交礼部遵照，载入会典。①

二十四年（1759）十一月初四，到天坛祭祀途中见地面污浊，谕令"每年由前锋统领护军统领内派出一员，专管自午门至大清门一带地面"②。

三十八年（1773）六月初三，采纳吏部议覆的文武月选官掣签办法："候选人齐集天安门外听唱名签，该部堂官代为掣缺。所掣之缺令本员目击登注，以杜撞骗。"③

四十一年（1776）四月二十七日，在午门外举行献俘礼，最后交由刑部堂官"押俘自天安门出"④。

四十二年（1777）二月初九，军机大臣等拟定各种活动的服色要求。"外省来京官员，赴天安门谢恩，朝服。"⑤五月初一，黄轿承载孝圣宪皇后的神牌，经大清门、天安门，送入太庙供奉。⑥

嘉庆元年（1796）正月初一，嘉庆帝即位，典礼步骤之一是"礼部、鸿胪寺官诣天安门楼上，恭宣皇帝钦奉太

---

① 《清高宗实录》卷三百三十八，乾隆十四年四月己卯。
② 《清高宗实录》卷六百，乾隆二十四年十一月庚戌。
③ 《清高宗实录》卷九百三十六，乾隆三十八年六月辛卯。
④ 《清高宗实录》卷一千七，乾隆四十一年四月己巳。
⑤ 《清高宗实录》卷一千二十六，乾隆四十二年二月乙巳。
⑥ 《清高宗实录》卷一千三十二，乾隆四十二年五月乙丑朔。

上皇帝传位诏书，颁行天下"。①在天安门城楼宣读乾隆帝传位给嘉庆帝的诏书，向全国宣告新帝登基。

（2）内城九门史迹

正阳门 乾隆二年（1737）三月初一，到雍正帝的泰陵祭奠。初五，"神主黄舆由永定门、正阳门入"，供奉在太庙。②

三年（1738）三月初三，批准御史朱凤英在正阳门外东西复设两个平价米厂的奏请，"查宣武、崇文门外原有米厂，应复行设立。至永定、德胜二门适中地方，亦复开设一厂。令顺天府府尹委员经管，并令都察院每厂派御史一员监梁"③。此举有利于平抑粮价，救济贫民。

八年（1743）六月初一，谕令给各城门和圆明园发放银两，为往来众人预备防暑的冰水和药物：

> 今年天气炎热，甚于往时。九门内外，街市人众，恐受暑者多。著赏发内帑银一万两，分给九门。每门各一千两，正阳门二千两。豫备冰水药物，以防病暍。可传与步军统领舒赫德，即速遵旨办理。其就近圆明园地方，亦赏发银二千两，著旺扎尔、永兴，带同圆明园参将办理。④

---

① 《清高宗实录》卷一千四百九十四，嘉庆元年正月戊申朔。
② 《清高宗实录》卷三十八，乾隆二年三月己丑、癸巳。
③ 《清高宗实录》卷六十四，乾隆三年三月乙卯。
④ 《清高宗实录》卷一百九十四，乾隆八年六月壬子朔。

九年（1744）十月初九，大学士鄂尔泰等奏报解决钱价昂贵弊端的八条办法，其中提到"崇文门过税之铜，每年仅三百万斤，断不敷打造之用，势必出于销钱"；"查有正阳门外布巷官房一所，地安门外鼓楼东官房一所，应作为钱局"①。

十三年（1748）五月二十五日谕令称，四译馆"馆舍旧有三处，一在御河桥，一在安定门大街，一在正阳门外"②。

十八年（1753）七月初四，鉴于"居住正阳门等三门城外之满洲官员兵丁，竟至四百余家"，谕令重申八旗居住内城的定制。八旗都统奉命调查，"正阳门以南、天桥以北、崇文门以西、宣武门以东一带地方，市廛庞杂。在彼居住之官员兵丁，应勒限令陆续入城居住。其余闲旷之处，八旗告休及闲散人等，尚可暂准居住；现任官员及护军等，应勒限令移进城，仍交该管大臣查禁，毋许复住外城"。③尽管如此，内外城之间的人口流动已是必然。

三十四年（1769）九月，户部左侍郎署步军统领英廉奏称："查外城粮市，有正阳门、东直门外二处铺户人等，每月于附近庙中会议一次。"由于并未发现他们试图操纵

---

① 《清高宗实录》卷二百二十六，乾隆九年十月壬子。
② 《清高宗实录》卷三百五，乾隆十三年五月戊申。
③ 《清高宗实录》卷四百四十二，乾隆十八年七月丁巳。

粮价的证据，官方仍在暗中调查。①

四十五年（1780）五月十一日，"正阳门城楼灾"②。此次应是火灾，随后予以改建。十二月二十七日（1781年1月21日）的上谕显示，修建正阳门箭楼时以砖石代替木材，导致券门出现裂缝，英廉、和珅奏请确定负责官员如何赔偿与重修。乾隆帝提出重修的一半费用由朝廷开销，剩下的一半由英廉赔十分之七、工程监督等赔十分之三，未在正阳门现场的和珅免责。由此可见，清代关于工程质量的监管制度相当健全。谕令称：

> 英廉、和珅奏：正阳门新建箭楼，改用砖石发券。因斤两沉重，致有闪裂，各请赔项、重修等语。箭楼改用石工，本系朕意。但仍用原旧基址，并未新筑，以致石斤较重，有闪裂之处，英廉及监督等自不能辞其责。所有此次重修之项，准其开销一半。其余一半，著英廉赔十分之七，监督等赔十分之三。至和珅，彼时随从热河，并未在工督办。且此事乃自和珅奏出者，所请议处之处，俱著加恩宽免。③

---

① 《清高宗实录》卷八百四十三，乾隆三十四年九月。
② 《清高宗实录》卷一千一百六，乾隆四十五年五月己丑。
③ 《清高宗实录》卷一千一百二十一，乾隆四十五年十二月辛未。

崇文门 乾隆三年（1738）六月初十，谕令"将武英殿各种书籍，交于崇文门监督存贮书局，准令士子购觅"①。七月二十八日，参领王廷臣奏："京城九门，南之崇文、宣武，北之安定、德胜，东之东直，西之阜成等门，向未修有石路。每遇阴雨泥泞，行走维艰。请增修石路，以惠行旅。再，外城广渠门至广宁门，东西十余里，系商货丛集之要路，亦应增修联络。"皇帝下旨，修理石路之事交给常明办理。②

六年（1741）二月初十，谕令寻求解决八旗平民生计艰难之道，"崇文门税务，不必另议"③。

十六年（1751）四月十四日，谕令为前驻藏都统傅清、左都御史拉布敦"特建双忠祠"。内务府等"寻奏于崇文门内立祠"。④四月十六日，采纳户部提出的办法，云南铜铅交足额定数量之后，还有预备折耗添秤之用的盈余，"将实存盈余数目报明户工二部，行崇文门监督，按照经过各关应交税课通盘核算，照例纳税"⑤。

二十五年（1760）四月初二，采纳户部的议覆。浙江行销口外蒙古地方的茶引，即官府批准行销数额与地点的

---

① 《清高宗实录》卷七十，乾隆三年六月辛卯。
② 《清高宗实录》卷七十三，乾隆三年七月戊寅。
③ 《清高宗实录》卷一百三十六，乾隆六年二月乙巳。
④ 《清高宗实录》卷三百八十六，乾隆十六年四月辛巳。
⑤ 《清高宗实录》卷三百八十七，乾隆十六年四月癸未。

凭证，每过税关须盖印放行。"过关戳角，至崇文门又复戳去中间，给商随茶出口。"至此同意闽浙总督的奏请，不再追缴茶商随手散失的残缺茶引。①

二十九年（1764）十二月初七，谕令查明御史汪新奏称"崇文门胥役借端需索，苦累行旅"之事。②初九得到奏报，此事起因是汪新"携带箱只进城，有巡役要去饭钱三百文"③。

三十七年（1772）四月初二，谕令军机大臣等，继续查处贪赃高官钱度。搜获其家人携带的银两解缴内务府，"其箱内所有衣饰等物，并著造具清册，交崇文门查收"④。

三十八年（1773）九月十九日，大学士舒赫德因病请辞，"其崇文门税务，仍著福隆安管理"⑤。

四十六年（1781）七月初七，兵部等议奏增添京营兵额事宜，改设中、南、北、左、右五营，二十三汛。各营设参将、游击、都司、守备、千总、把总、外委等营官，此外还有专管中营的副将一人。以内外城诸门为分界标志，调整各营汛的驻扎管辖区域：

---

① 《清高宗实录》卷六百十，乾隆二十五年四月丙子。
② 《清高宗实录》卷七百二十四，乾隆二十九年十二月甲申。
③ 《清高宗实录》卷七百二十四，乾隆二十九年十二月丙戌。
④ 《清高宗实录》卷九百六，乾隆三十七年四月丁卯。
⑤ 《清高宗实录》卷九百四十三，乾隆三十八年九月乙亥。

中营副将应驻海甸,游击驻四王府。将旧有南一一汛改为乐善园汛,管西直门外并迤南地方。将阜成门外南界拨归右营,圆明园汛安设都司。

其南营管正阳、崇文、宣武等门。旧有参将驻崇文门、游击驻宣武门,即将此两处令南营参游驻扎。西珠市口以西之西南汛,改设都司。

其北营管德胜、安定、东直等门并朝阳门外北界。参将应驻德胜,游击驻安定。德胜门守备,改设都司。安定、东直、朝阳俱安设守备。

其左营管东便、广渠、左安等门,并永定门外东界、朝阳门外南界。参将应驻朝阳,游击驻东便。

其右营管西便、广宁、右安等门,并永定门外西界、阜成门外南界。参将应驻阜成,游击驻广宁。并于左安门外适中之地设左营都司,右安门外适中之地设右营都司,而朝阳、东便、广渠、阜成、西便、广宁各安设守备。

其五营千把外委,各按本汛紧要村庄驻守,余仍旧驻辖。①

五十一年(1786)六月十五日,御史曹锡宝奏报和珅

---

① 《清高宗实录》卷一千一百三十六,乾隆四十六年七月丁未。

家人刘全儿"恐有招摇撞骗等事",皇帝面询和珅得知,此人"一向派在崇文门税务上照管一切","久在崇文门,代伊主办理税务有年"。①九月二十五日,鉴于"和珅于乾隆四十三年兼管崇文门监督,迄今已有八载。现系大学士,亦不便兼理権务",遂令伊龄阿进京为总管内务府大臣,"并兼管崇文门监督"。②

五十四年(1789)十月十八日,伊龄阿监理顺天乡试不利,"除听候部议外,不必兼管崇文门。其崇文门税务,著福长安接管"③。

五十六年(1791)十一月十一日谕令:"崇文门正监督事务,著派奎林管理。奎林现授成都将军,派往西藏办理军务。所有崇文门事务,著伊侄御前侍卫惠伦代办。"④

宣武门 乾隆三十二年(1767)二月初二,新开三通馆,续修通典、通志、文献通考。允准大学士等议奏:"通考馆向在宣武门内,地处西偏,往来未便。现在三书并纂,册籍繁多,纂修等应与总裁面同商订。请将午门内迤西旧给国史馆房屋,给与藏书编纂。"⑤

五十六年(1791)六月初二,谕令军机大臣等,两名

---

① 《清高宗实录》卷一千二百五十六,乾隆五十一年六月丁亥。
② 《清高宗实录》卷一千二百六十五,乾隆五十一年九月乙未。
③ 《清高宗实录》卷一千三百四十一,乾隆五十四年十月庚午。
④ 《清高宗实录》卷一千三百九十,乾隆五十六年十一月壬午。
⑤ 《清高宗实录》卷七百七十八,乾隆三十二年二月丙申。

窃贼"发交宣武门监看守",却在五月二十四日夜脱枷越墙逃走,著将玩忽职守者交与刑部审讯。①

朝阳门 乾隆二十三年(1758)七月初二,工部左侍郎钱维城奏:管理西城平粜米厂两日以来,"每日赴仓领米,不敷所放。缘储济、海运、南新、北新等仓,俱在朝阳门左近,去东、中、南三城较近,北城较远,西城尤远"。朝廷采纳他的建议,改变固定的粮米运价,根据路途远近支付车户不同的运费,以此保障五城供应的均衡。②

四十七年(1782)七月二十六日,谕令稽查朝阳门外粮仓的都统、副都统等,"或逐日往查,或乘间一往,出其不意。务期剔除诸弊,不得因循塞责"③。

四十八年(1783)七月初四礼部奏报,本年的玉册等将"由东长安门出朝阳门外",沿途依次行礼,送至盛京。④

五十四年(1789)八月十一日,采纳仓场侍郎苏凌阿等人的建议:"通惠河及朝阳门外护城河淤积日久,请及时挑浚。再,朝阳门外西石道,临河泊岸约六十余丈,为卸漕要区。向系用土培岸,每当夏雨,多有坍卸,以致淤

---

① 《清高宗实录》卷一千三百八十,乾隆五十六年六月乙巳。
② 《清高宗实录》卷五百六十六,乾隆二十三年七月丙戌。
③ 《清高宗实录》卷一千一百六十一,乾隆四十七年七月辛酉。
④ 《清高宗实录》卷一千一百八十四,乾隆四十八年七月癸巳。

积河身。请照桥闸东石道，一体改砌石岸。"①派员会勘兴工，次年二月告竣。②

阜成门 乾隆元年（1736）九月初七，议定雍正帝安葬泰陵的礼仪。届时，"皇太后宫眷、皇后宫眷，瞻望梓宫起行后，由阜成门出。候梓宫过，随行"，葬毕仍由原路还京。③

二年（1737）二月二十一日，此前安放在田村的孝敬宪皇后灵柩，将移至泰陵与雍正帝合葬。移灵前，乾隆帝到田村行祖奠礼，"礼成，进阜成门，诣大高殿、寿皇殿行礼"④。

十三年（1748）十一月初三，乾隆帝"至东长安门外幄次"，为即将出师的经略大学士傅恒赐酒。"傅恒出阜成门"后，皇子等奉命送至良乡。⑤

东直门 乾隆二十五年（1760）六月初六，通州一带飞蝗已经扑捕净尽，"此时东直门外亦有飞蝗停落，现遣御前侍卫前往扑捕"⑥。

三十八年（1773）二月初三，念及睿亲王多尔衮椒定中原之功，"今其后嗣废绝，而茔域之在东直门外者，岁

---

① 《清高宗实录》卷一千三百三十六，乾隆五十四年八月甲子。
② 《清高宗实录》卷一千三百四十九，乾隆五十五年二月丙子。
③ 《清高宗实录》卷二十六，乾隆元年九月戊戌。
④ 《清高宗实录》卷三十七，乾隆二年二月己卯。
⑤ 《清高宗实录》卷三百二十八，乾隆十三年十一月癸丑。
⑥ 《清高宗实录》卷六百十四，乾隆二十五年六月戊寅。

久益就榛芜，亦堪悯恻"。派员修葺植松，准其近支以时祭扫①。

四十八年（1783）四月初五谕令，郡王扎拉丰阿初四离京休养途中病故，除给予丧葬费用之外，恩准其子扶柩"缓行进东直门。俟将近城门时，派十七阿哥迎至城外，同至伊家，赏奠茶酒"②。

西直门 乾隆元年（1736）八月二十五日，修正礼部所奏雍正帝移灵至泰陵时的礼仪，将原定乾隆帝在雍和宫跪拜后"乘舆出西直门，由别路前往恭候"，改为"步行送梓宫出城后，再乘舆由别路前往，以便跪接"③。

十六年（1751）四月初六，众大臣与盐商奏请庆贺皇太后六旬万寿，预备"在万寿山至西直门，分段备办"④。

二十六年（1761）十一月二十八日，照准对"承办西直门石道工程，浮销八千九百余两"的吉庆、傅察纳"监候秋后处决"，其他渎职者可戴罪立功。⑤

二十七年（1762）三月十四日谕令军机大臣等，西直门南边的一段城墙之所以坍塌，是因为修筑者偷工减料，以碎砖代替新砖。乾隆帝要求根据档案查找承办人或其子

---

① 《清高宗实录》卷九百二十六，乾隆三十八年二月壬戌。
② 《清高宗实录》卷一千一百七十八，乾隆四十八年四月乙丑。
③ 《清高宗实录》卷二十五，乾隆元年八月丙戌。
④ 《清高宗实录》卷三百八十六，乾隆十六年四月癸酉。
⑤ 《清高宗实录》卷六百四十九，乾隆二十六年十一月壬戌。

孙，治其浮冒开销之罪，以儆效尤。据此可见，清代对工程质量的管理是何等严格：

> 谕军机大臣等：纳世通、英廉奏，西直门南边城墙一段，坍塌四丈九尺。原估新砖二进，旧砖四进。今拆卸查看，外面仅只整砖一进，背后俱系碎砖填砌。尽数选用，不过得旧砖二进，应再添新砖二进等语。是旧砖已少三进，其为前此兴工时浮冒开销无疑。本朝百余年来，于一切工程，率经修葺。此项城工，决非专沿前明之旧。所有前次承办何人，自有档案可考。纵或年代久远，本人已故，即查伊子孙治罪。亦可儆从前以戒将来，俾浮冒者皆知所惩创。著传谕纳世通、英廉，即行遵照查明办理，不得稍有含糊。①

四十八年（1783）四月二十四日谕令："西直门等处石道，除总理工程大臣和珅、金简外，著再派胡季堂、德成一同办理。"②六月初五谕令军机大臣等，初三"体仁阁与西直门角楼、小井碑亭三处同时轰烧，自系雷火所致，尚非捏饰"。于是，派皇六子永瑢亲往火神庙致祭，奖赏救

---

① 《清高宗实录》卷六百五十六，乾隆二十七年三月丁未。
② 《清高宗实录》卷一千一百七十九，乾隆四十八年四月甲申。

火的官兵与太监,并且宽免其他失职者。①六月十四日谕令福隆安等,待海运的木料到京后再修建西直门北角楼,现在不妨先储备砖瓦石料。②

安定门 乾隆元年(1736)十月十一日,雍正帝灵柩移至泰陵,乾隆帝步行哭送,"至安定门外,上始乘舆,由别路先至芦殿"等候迎接。③

三年(1738)五月十八日,兵部议准,"喀尔喀等处蒙古来京请安进贡人员,俱令在安定门外馆内居住。所有周围墙垣,应加高修葺"④。

三十五年(1770)闰五月二十日下旨,建造八旗火器营的营房"不必择地,即于安定门、德胜门外,黄寺两旁。地既宽阔,距京亦近,分左右翼,建立二营居住"⑤。

五十七年(1792)七月十二日,"现闻京师安定门外,以及正定、保定、河间、天津等处,俱有蝗蝻",谕令各处迅速据实覆奏。⑥

德胜门 乾隆二十五年(1760)三月初五,允准兵部所奏:"平定回部凯旋之索伦、吉林、察哈尔兵,请照金

---

① 《清高宗实录》卷一千一百八十二,乾隆四十八年六月乙丑。
② 《清高宗实录》卷一千一百八十二,乾隆四十八年六月甲戌。
③ 《清高宗实录》卷二十八,乾隆元年十月辛未。
④ 《清高宗实录》卷六十九,乾隆三年五月己巳。
⑤ 《清高宗实录》卷八百六十一,乾隆三十五年闰五月乙丑。
⑥ 《清高宗实录》卷一千四百八,乾隆五十七年七月己酉。

川凯旋例，于德胜门外住歇一日。"①

二十七年（1762）十月初七，谕令修筑德胜门外至清河的道路，同时查勘其他城门外的道路是否损坏，并把兴工修路作为促使贫民有所收益的途径：

> 京城为輦谷重地，轮蹄辐辏，并属通衢，修治最关紧要。近来朝阳、广宁等门缮修石道，官民均为便利。惟德胜门外至清河一带，地势低洼。一遇大雨时行，遂多泥泞。此时积水虽消，而车马往来，尚多未便。现在物价较昂，未必不由于此。著步军统领衙门，会同兆惠、舒赫德、和尔精额、倭赫，选派贤能司员，详加相度，妥协修治。其余各门，距从前修理之时，亦属年久。或有未能平坦，不便行旅之处。并著查勘奏明，酌量办理。多兴土功，亦所以养穷民也。②

三十八年（1773）六月二十三日，谕令分批调往四川、黑龙江、吉林的京兵，"向在德胜门外安营驻扎，再行起程前往"③。

四十四年（1779）七月初十，谕军机大臣等：此前从

---

① 《清高宗实录》卷六百八，乾隆二十五年三月庚戌。
② 《清高宗实录》卷六百七十二，乾隆二十七年十月丙申。
③ 《清高宗实录》卷九百三十七，乾隆三十八年六月辛亥。

行宫邮递北京的报匣，有破损或被人拆看的嫌疑。不久查明，"行在发回报匣，南石槽把总杨合天接到并不亲递，差兵中途坠马磕损。递至德胜门，恳求把总陈明讳匣不报"。事后，有关责任者受到发往黑龙江或革职、杖徒的惩处。①

四十七年（1782）十一月二十日，谕令："京城德胜门外功德林，冬间贫民就食较普济堂人数虽减，但常例赏银一千两，经费尚恐不敷。著加恩将京仓内小米赏给一百五十石，以资接济。"②

(3) 外城诸门史迹

外城不是朝廷活动的中心，与城门相关的史事较少。唯有广宁门外普济堂是冬季煮粥救济贫民之所，朝廷在很多年份赏赐小米三百石予以支持，因此得以有较多记载。兹按年份列出其大概情形。

乾隆三年（1738）三月十六日，根据仓场侍郎塞尔赫的请求，"命疏浚东便门北护城河道，以利漕运"③。

八年（1743）十一月初九，批准顺天府尹蒋炳的奏请："查广宁门外普济堂，每年冬月，堂内收养贫病之人，堂外每日施粥，穷民藉以存活者甚众。本年直属歉收，堂外就食者比往年更多，所有恩赏钱粮及租息各项恐不敷用，

---

① 《清高宗实录》卷一千八十六，乾隆四十四年七月壬辰。
② 《清高宗实录》卷一千一百六十九，乾隆四十七年十一月癸丑。
③ 《清高宗实录》卷六十五，乾隆三年三月戊辰。

请赏给京仓老米二百石,俾穷民日食有资。"①

十一年(1746)七月二十日,查得贵州邪教首领吕斋婆"前在京城西便门外白云观内寄寓,现今不知存亡。已移咨直隶总督饬拿务获"②。

二十三年(1758)十一月二十二日,方观承奏称,束鹿县(今河北省辛集市)有马匹被劫。"此项马匹于永定门报税烙印,则其贩马属实。"③

二十八年(1763)二月十一日,此前长芦盐商沈朝安等称:"张湾至京城之广渠门,计程四十七里,系大宛二县引盐车运通衢。近年迭遭坍塌,夏秋雨水积聚,车运艰难。今因各门现在修治道途,情愿捐银二万两,稍勷广渠门土道工程之用。"盐商出资赞助修理通州张家湾至北京外城广渠门的道路,乾隆帝谕令直隶总督方观承落实修路事宜。④

三十一年(1766)十月初九,同意督理街道御史素尔讷等人的奏请,将其办事公所移驻永定门外南城兵马司副指挥所遗衙署。⑤

四十四年(1779)十月二十四日,谕令:"京城广宁门外普济堂,冬间贫民较多。所有经费米石,恐不敷用。著

---

① 《清高宗实录》卷二百四,乾隆八年十一月戊子。
② 《清高宗实录》卷二百七十一,乾隆十一年七月甲寅。
③ 《清高宗实录》卷五百七十五,乾隆二十三年十一月乙巳。
④ 《清高宗实录》卷六百八十,乾隆二十八年二月辛丑。
⑤ 《清高宗实录》卷七百七十,乾隆三十一年十月乙巳。

加恩将京仓气头廒底内较好之小米，拨给三百石，以资接济。"[①]气头、廒底，分别指粮仓顶部与底部由于通风条件差而最易受潮变质的米谷。这些也是朝廷准许粮仓每年按一定比例上报的粮食损耗，派官验明成色后可减价粜出。由此至乾隆五十年（1785）以及乾隆五十八年（1793），每年十月都拨给普济堂小米三百石，用以施粥救助冬季饥寒交迫的贫民，实际上形成了一直延续到清末的慈善制度。

康、雍、乾三朝过后，城墙城门的功能延续旧时传统，与国家政治、经济、军事以及百姓生活的联系更加密切，尤其是在晚清时期见证了英法联军、八国联军等外敌的入侵。作为建筑的城墙与城门变化有限，城门内外的社会变迁则空前剧烈，由城墙与城门串联起来的人的活动更是不胜枚举。对于今人比较熟悉的这段历史，这里不再逐次说明。

（三）清代诗词里的北京城门

清代涉及城门的诗词数量不少而且容易寻找，这里围绕每座城门各举少量作品稍加解说，从中可以窥见北京城门的某些文化痕迹。诗题中包含的地名，或交代与诗中所涉人或事相关的地点，或显示作者吟诗时所在的位置，由此引起对眼前所见的地理风物的描写，借以展开联想、抒发情感。以北京城门之名为题的清代诗词，大体就是以城门作为地理位

[①]《清高宗实录》卷一千九十三，乾隆四十四年十月甲戌。

置的参照,描写的重点不在城门本身甚至与城门本身无关,而是此地此时的所思所想。此外,有些诗词不以城门为题,但在题下直接写到了城门之名与相关景象。无论属于哪种情形,这些作品都把城门与文学连在了一起。

1. 皇城天安门与大清门

天安门最重要的政治活动是"金凤颁诏",毛奇龄(1623—1716)《天安门颁诏》诗写道:

> 双阙平明卷雾开,九重颁诏出层台。
> 幡悬木凤衔书舞,仗立金鸡下赦来。
> 彩椟横时天宇豁,黄封展尽圣心裁。
> 策灾本是贤良事,何处还寻杜谷才。[1]

结合对历史上的法律和礼仪制度的理解,这首诗描述了在天安门宣布大赦令的场面。大意是:皇城的两扇大门卷着早晨的雾气打开,来自皇宫的诏书在高高的城楼上颁布。悬挂在彩带上的木制金凤,口衔着诏书随着微风舞动缓缓降下。在朝会的仪仗队以南竖立长竿,竿子顶上立着金鸡,象征天上主管大赦的金鸡星。犯罪者集合在竿子下,听候宣读朝廷的大赦令。看到装着诏书的彩色盒子到

---

[1] 毛奇龄:《西河集》卷一百八十《天安门颁诏》,《四库全书》本。

来，感觉天空豁然开朗、充满希望。听完大赦的诏书，更能充分体会皇上的仁爱之心。预防灾难本来就是贤明智慧的朝臣应尽的责任，完全无须再到别处寻找能够像遏止山谷洪水那样为国解难的人才。

大清门是国家与朝廷的象征，清初重臣范文程之子范承谟（1624—1676），曾任浙江巡抚、福建总督，在百姓中颇有政声。康熙十年（1671）、十二年（1673），他两度因病请求辞职而被召回京。下面这首《草褥》诗，应当写于某次回京后等待觐见之前。诗云：

> 棱层榻板瘠腰臀，那得温柔稻草痕。
> 烦检香根勤洗濯，藉予待罪大清门。[1]

诗中表现了他在外勤勉理政的辛劳，大意是：时常睡在高低不平的木板上，感觉还不如铺着稻草舒服，搞得腰腿都很干瘦。现在因为要觐见皇帝，这才把带有香气的香根草放入水中洗澡，以便干干净净地在大清门等候皇帝问罪。所谓"待罪大清门"，是自谦的说法，实际指的是回答皇帝的询问。

乾隆十九年（1754）《御制大清门诗》，追溯清太祖在盛京设立大清门的历史，称颂其延续到北京大清门而"法

---

[1] 范承谟：《范忠贞集》卷五《草褥》，《四库全书》本。

贻百世"的意义①，同类诗文还有不少。

2. 内城诸门的诗词记录

（1）正阳门

全祖望（1705—1755）《都城正阳门西大士祠，予向尝游焉，近乃知为故明洪督师祠也》，包括四首绝句。这个诗题表明，作者曾经游览过北京正阳门西边的大士祠，也就是观音庙，最近才知道这里曾是明朝的"洪督师祠"。

明崇祯十五年（1642），统兵十三万出山海关救援锦州的蓟辽总督洪承畴，相继兵败杏山与松山。初闻洪承畴在松山战死殉国，崇祯帝在北京设十六坛祭祀，建立"洪督师祠"并准备亲临祭奠。孰料洪已降清并反戈一击，转而成为招抚江南诸省、主持进攻南明的"经略大学士"，此事前前后后成为绝大的讽刺。全祖望的散文名篇《梅花岭记》赞颂史可法坚贞不屈，并记下另一抗清志士孙兆奎当面嘲讽洪承畴之言："经略从北来，审知故松山殉难督师洪公果死耶，抑未死耶？"②当全祖望得知曾经到过的大士祠居然是明末的"洪督师祠"，在深感滑稽或上当之外，怎能不引起他对历史和现实的感慨，进而继续写出对洪承畴充满嘲讽与鄙夷的诗作？其第二首云：

---

① 《日下旧闻考》卷九《国朝宫室》，第128页。
② 全祖望：《鲒埼亭集外编》卷二十《梅花岭记》，清嘉庆十六年刻本。

松杏沦亡罪岂轻，累臣分应死危城。

偷生视息非无为，欲报吾皇香火情。①

作者刻意假借洪承畴的口吻写道：我深知战败于松山和杏山的罪过不轻，作为朝廷重臣理应战死在将被攻破的边城。但是，我贪生怕死、苟且活命并非漫无所求，而是打算回报大明皇上为我建立祠庙、上香设拜的无尽恩情啊！

引起如此联想的祠庙在正阳门边，尽管诗的内容与这座城门无关，却也不失为它的文化记忆之一。此外，劳之辨《琉璃厂行》有"正阳门外闹元宵，金犊花骢意气骄。十里香尘迷锦幛，三更烟火走虹桥"②等句，描绘了正月十五元宵节时的京城繁华景象，此类作品同样值得注意。

（2）崇文门

崇文门是著名的税关，也是出北京在通州登船沿着大运河南下的节点，以此为题的诗词不少。姚燮（1805—1864）的组诗《都门春感杂诗二十章，寓崇文门试邸作》，诗题显示这是他进京参加科举考试期间住在崇文门外会馆时所作。比如，第一首描述到京等待应试的居住环境与思乡之情，透露出对参加科举的无奈。大意是：住在后院偏僻的一间小屋里备考，风吹窗纸的声音取代了琴弦的鸣

---

① 全祖望：《鲒埼亭诗集》卷七《都城正阳门西大士祠，予向尝游焉，近乃知为故明洪督师祠也》，《四部丛刊》本。
② 劳之辨：《琉璃厂行》，《晚晴簃诗汇》卷二十五，1929年刻本。

声。早晨的茶饮虽能带来像鲜花绽放一样的愉悦心情，每到夜晚却只有清冷如水的烛光照在我的被子上。如果此时在南方的家乡，正是穿戴整齐、踏青引蝶，欣赏桑枝吐绿、杜鹃啼叫的时节。但是，时运不济的书生还没有消除北来经受风沙的宿债，为了参加科举考试，又一次浪费了茶䕷花盛开的大好春光。诗云：

> 小构蜗居后院偏，微风窗纸代鸣弦。
> 如花心借晨杯养，似水衾邀夜烛怜。
> 敝袖粉痕曾媚蝶，故乡桑节正啼鹃。
> 穷生未扫尘沙债，辜负香䕷又一年。[1]

（3）宣武门

清代宣武门外的护城河是每年春季象房洗象之地，宣南琉璃厂是烧制专供皇家建筑所用的黄绿琉璃瓦件的窑厂，乾隆年间纂修《四库全书》以后成为图书文玩的集散之地。在这样的背景下，宣武门多次出现在清代诗人的作品里。

毛奇龄在康熙年间曾到北京参加博学鸿儒科考试，其后居住北京为官多年。《春词四首和觉罗博公所贻原韵》之四云：

---

[1] 姚燮：《复庄诗问》卷十九《都门春感杂诗二十章，寓崇文门试邸作》，清刻本。

> 宣武门高十丈尘，马蹄踏尽未归人。
> 故园桃李如相待，为我花前问呵新。[1]

诗人通过描写宣武门前的尘土飞扬，引出对家乡桃李芬芳的思念，然后请诗友转达对家乡亲人的问候。

冬季在宣武门外护城河上滑冰，是旧时的体育与娱乐活动之一。陈维崧（1625—1682）《宣清慢·玉河冰》一词，描绘了北京居民在宣武门边西河沿滑冰、往来乘坐冰床的情景。作者自注："长安腊月，玉河冰结时，水面多设冰床，往来络绎，以供行客，其捷如飞，较之坐骑乘车，远胜多矣。"河湾之水已被冻得结结实实，风吹无波，月照闪光。人们在夏季争相购买的冰块，现在已经到处堆满。只见冰床比帆船还要飞快地划过，上面坐着服装鲜艳的女子，互相之间悄悄比赛。猛然间发出的滑冰声，就像手拿乐器弹奏出的乐曲回荡在空旷寂静的河面。词曰：

> 结定银湾，冻合铜沟，装成玉玲珑砦。到月明，转觉嵯峨；便风吹，何曾澎湃。回思客夏，翠椀凉瓷，千家赌卖。只今朝，堆满径，文园纵渴谁爱。见宣武门边，西河沿上，有冰床一带。更紫罽猩绒，稳垫娇铺，滑笏瑶京，若比风樯尤

---

[1] 毛奇龄：《西河集》卷一百四十二《七言绝句五》，《四库全书》本。

快。是谁家，茜裙斜载。逗香肌，冰前偷赛。还将四弦，猛弹破空潭，问吟龙安在。①

在宣武门前护城河里洗象，是京城百姓的节日，男女老少纷纷前来观看（图6-2），诗人吟咏洗象情景者众多。屈大均（1630—1696）《洗象行》称："倾都观者皆欢娱，宣武门外铺氍毹。"②沈树本（1671—1743）《浴象行》描述观者如云的盛况："故人僦屋宣武门，邀我来观玉河畔。一笑登楼快倚栏，楼下千人万人看。"③宋祖昱《洗象行》赞叹"宣武门边尘十丈，御河六月观洗象"④。宋荦（1634—1713）《满江红》词有小序称："初伏雨中，上幸宣武门观洗象。闻信趋至，乘舆已返，象亦洗毕矣。赋以寄慨。"初伏期间天降大雨，听说康熙帝要到宣武门观看洗象，他就立即前去。赶到宣武门时，皇帝已经坐轿回宫，洗象也告结束。宋荦傍晚回家后作词一首，从联想洗象的场面入手，继而感叹自己迟到未能一睹天颜的遗憾。写成这首词仍觉失落与寂寞，只能苦笑平生屡屡错失机遇，安慰自己对万事不要有过高的期望。词曰：

---

① 陈维崧：《湖海楼词集》卷二十四《玉河冰》，清刊本。
② 屈大均：《屈翁山诗集》卷二《洗象行》，清刻本。
③ 沈树本：《浴象行》，沈德潜编：《清诗别裁集》卷二十三，河北人民出版社1997年版，第438页。
④ 宋祖昱：《洗象行》，《晚晴簃诗汇》卷三十九，1929年刻本。

伏日炎蒸,长安道、喧传洗象。正翻盆急雨,御河新涨。隔岸乍闻吹画角,归途已见排仙仗。有乌蛮、赤脚跨将来,肖然状。飞楼启,乘舆上。天颜喜,宸游畅。奈冲泥后至,翠华徒望。暮返柴扉仍寂寞,吟成斗室添萧爽。笑吾生、万事总蹉跎,休痴想。[1]

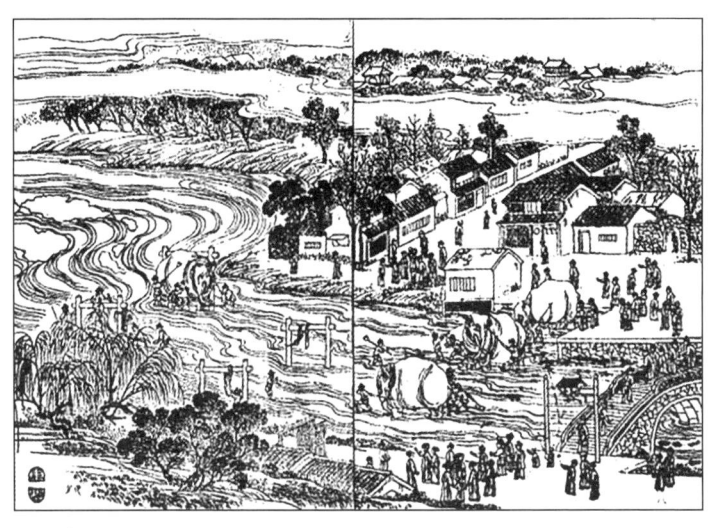

图6-2 宣武门外洗象

(选自《唐土名胜图会》)

(4)朝阳门与阜成门

清代仍有不少人把朝阳门叫作齐化门,这里是出京至

---

[1] 宋荦:《满江红》,聂先编:《百名家词钞》之《枫香词》,清康熙间刻本。

通州或京东其他州县的通道之一，朝阳门外通惠河的二闸也是夏季乘船游览之地。乾隆时人何人鹤《与刘芳皋昆仲出齐化门放舟二闸》，咸丰六年（1856）状元翁同龢（1830—1904）《出朝阳门次通州宿燕郊》四首，就是这两种情况的反映。叶昌炽（1849—1917）《琐寒窗·送蒿隐归榇出朝阳门，词以志哀》，是一首悼亡词，有"刮面惊沙，朝阳门外，素车南下。丹旐飘扬，桥畔萧萧鸣马"①等句。

康熙年间毛奇龄《清明日请沐西郊，与同馆汪春坊、乔侍读、汪检讨主事作》，描写清明节与几位同僚到西郊踏青的见闻，其二写道："阜城门外有荒台，紫幕红茵竞举杯。多少纵横林下路，花竿挑送纸钱来。"②举酒祭奠、上坟烧纸，这正是清明节的传统，当然也并非阜成门外所独有。清人有时仍称阜成门为平则门，汪沆（1704—1784）《七烈行》追溯明末事迹："平则门开逆闯入，朝士纷纷争拜贼。查家烈妇周夫人，慷慨堂前大义申。"③蒋士铨（1725—1785）《迈陂塘》，有"青磷如雨，指太仆街头，阜成门内，死算得其所"④之句，颂扬古代妇女不惧一死的贞心烈性。晚清姚燮《阜成门外利玛窦坟》，称赞明代意

---

① 叶昌炽：《奇觚庼诗集》遗词《琐窗寒·送蒿隐归榇出朝阳门，词以志哀》，1926年刻本。
② 毛奇龄：《西河集》卷一百四十二《清明日请沐西郊，与同馆汪春坊、乔侍读、汪检讨主事作》，《四库全书》本。
③ 汪沆：《七烈行》，《晚晴簃诗汇》卷七十三，1929年刻本。
④ 蒋士铨：《忠雅堂文集》卷二十九《迈陂塘》，清嘉庆间刻本。

大利传教士利玛窦的精神与功绩。

(5)东直门与西直门

在迄今所见涉及东直门的诗中,姚燮《东直门散步》描绘了春天的地理风物,大意是:城门内外都有美丽的风景,彩云、绿树、花朵围绕城边,报春的燕子飞来飞去。轻轻敲击的鼓乐,伴着茶棚里休憩的游客。装饰华美的车辆驶过,带起轻微的尘土。不知不觉间,太阳已经降到城头所插的旌旗之下。弯曲如眉的城堞映照在落日余晖之中,远远望去就像粉色的条带划过银白的沙滩一样动人。诗曰:

> 九天丽色启闉闍,风土凭谁记梦华。
> 抱郭嫣云南邸树,衔春娇燕上阳花。
> 闲闲细鼓催茶局,款款轻尘送钿车。
> 落日乍横城斾底,一眉粉堞划银沙。[①]

西直门是出北京到西山及附近多处名胜游览的经行之地,以此为地理坐标展开对城外风物描述或抒情的诗词远比东直门多。乾隆帝以《西直门外》之类为题的十多首诗大多写景,曹贞吉(1634—1698)《摸鱼儿·西直门外作》重在怀古。姚燮记下在西直门外天仙庙的见闻,钱应

---

① 姚燮:《复庄诗问》卷八《东直门散步》,清刻本。

溥（1824—1902）携友出西直门至极乐寺看海棠，陈曾寿（1878—1949）携友出西直门至西山大觉寺看杏花，都有诗纪行。乾隆六年（1741）辛酉科举人、大兴人田志苍《早行西直门外》，大意是：带着浓重的晨雾，穿行在西直门外的乡间小路。沿途所见的小桥、谯楼，与绿色的树林、芦苇，红色的野花相映成趣。京西的翠微山被雨水洗过，远远看去更显得高耸入云。诗云：

晓发雾蒙蒙，垂鞭野径通。
平桥烟水北，谯阁树林东。
剩有蒹葭绿，还生菡萏红。
翠微经雨后，高巘倚天中。[1]

（6）安定门与德胜门

魏裔介（1616—1686）是顺治三年（1646）进士，他的五律《自安定门旋由水关南望德胜门述目所见》显示，作者起初站在安定门向四周观察，不久来到水关南侧，向西瞭望德胜门，记下了他所看到的景象：早晨的远山映照在初升的太阳下，眼前可见城郊寂寥的村落。安定门、德胜门城楼残破不全，在明末战争中被焚后尚未修复。附近的寺院毁于战火，里面的古钟依然还在。此时正是冰河刚刚

---

[1] 田志苍：《早行西直门外》，《晚晴簃诗汇》卷七十五，1929年刻本。

解冻的春天,已经有人骑马架鹰在城外行猎。战争已经结束了好几年,仍能听到受害的百姓失声痛哭。诗云:

> 晓嶽映朝暾,人家野水村。
> 楼残遗堞立,寺废古钟存。
> 解冻春云漾,呼鹰猎马驯。
> 干戈息数载,犹有哭声吞。①

德胜门外既有驻扎军队的营地,也有可观的乡野景色,乾隆帝写了不少以《德胜门外即景》或《德胜门外》为题的诗。嘉庆二十五年(1820)进士张祥河(1785—1862),有《卜算子·出德胜门,沿堤过雨,轻尘不飞,新绿在树,澹以夕照。纵辔丛薄间,极潇爽之致》二首,描述了雨后德胜门外护城河堤空气清新、树木绽绿的景象,以及在夕阳映照下纵马河堤绿树之间的愉快心情。其第二首大意是:雨水把沙堤冲刷得比银子还白净,所有的青草都被滋润。两旁栽着垂杨柳的官道,也无须净水泼街了。黄昏悄悄降临,唯恐西风早到。这时又见数人在松林间下马休憩,原来是要寻找秋天的景色。词云:

---

① 魏裔介:《自安定门旋由水关南望德胜门述目所见》,《晚晴簃诗汇》卷二十三,1929年刻本。

沙白净于银,润遍青青草。过雨何须泼水来,官路垂杨扫。暮色转冥冥,多恐西风早。亦有松间解带人,数骑寻秋到。①

3. 诗词所见的外城诸门

外城正南门永定门是交通要道,吟咏者自然大有人在。钱载《寻春同家侍读大昕三首》,是乾隆二十七年(壬午,1762)春天与钱大昕一起郊游的纪行之作。其一《经隆禧废寺至弘善寺憩静观堂》显示,他们在永定门前骑驴向东南行,到达郊外的东皋村时已是中午,其间经过废弃的隆禧寺,来到弘善寺的静观堂休息。寺外小溪边的芦苇正在抽芽,他们在静观堂的东墙看到康熙四十七年(1708)陈奕禧书写的徐渭《画鹤赋》,西墙有禹之鼎画的《双鹤老松蕉石》,墙上还有二十三王子(号桂峰)的《看海棠》诗十首。钱载这组诗的第一首云:

永定门前驾蹇驴,东皋村午已春舒。
芦芽欲见溪围处,奈子犹思雪压初。
赋写青藤陈太守,画存白鹤禹鸿胪。

---

① 张祥河:《卜算子·出德胜门,沿堤过雨,轻尘不飞,新绿在树,澹以夕照。纵辔丛薄间,极潇爽之致》,黄燮清辑:《国朝词综续编》卷八,清同治间刻本。

西斋题句休怅触，短发胜簪且笑余。①

右安门是外城南墙靠近西端的城门，姚燮《饮右安门酒肆同何绍毅醉感书壁四章》，姚华《虞美人·上巳与印昆出右安门，访渔洋禊迹，遂饮花之寺》等，描述郊游所见城外风景。史学家王鸣盛有记载他和几位朋友出右安门游览丰台附近万泉庄的五言长诗一首，长达144句720字，诗题《金文学启南，招同钱编修载、韦舍人谦恒、谢编修墉、吴舍人烺、钱赞善大昕、家舍人昶，游万泉庄》，其中称史学家钱大昕（1728—1804）为"钱赞善"，这次游览是乾隆二十四年（1759）二月之事，钱大昕在一年前擢升右春坊右赞善；所谓"家舍人昶"，即与自己同姓的中书舍人王昶。当时，王鸣盛是内阁学士兼礼部侍郎，钱载、谢墉是翰林院编修，韦谦恒、吴烺、王昶是内阁中书舍人，由这些学富五车的著名学者组成了一支春游队伍。招呼各位一起春游的金启南，被王鸣盛称作"金生"，是安徽全椒县人，当时可能在做文学侍从。诗中先说春游缘起，再述所经地方，然后交代沿途所见荒废的残碑、坟冢、道观，描述万泉庄泉水之美与朋友野外聚会之乐。前24句写到，春季三个月的九十天匆匆过去了一半，我整天

---

① 钱载：《萚石斋诗集》卷二十四《寻春同家侍读大昕三首》，清乾隆间刻本。

枯坐书斋浑然不觉只顾读书。金启南前来告诉我："今天已到了花朝，也就是二月十五的花神节。北京城南有万物复苏的美景，我们可以带上酒食前去欣赏，在芦苇塘里钓鱼，在山野间登攀。您何必钻在故纸堆里，白白浪费时间精力呢？"这话说得很有道理，我听完把书扔下，笑得前仰后合："你勾起了我游览的极大兴趣，这就有劳你买酒破费了。"我们一行经过地势高高的白纸坊，路上很少有尘土落在衣服上。穿过高大的右安门，出城走在河堤上。远山近水就像我旧日的朋友，进京几年来很少会面。今天早晨彼此欣然相会，感觉远山顶上也增添了绿色。我们乘坐的两轮车一路颠簸、走走停停，昨晚的睡梦一会儿被震醒一会儿又迷糊。兹截取该段如下，诗云：

九十春忽半，枯坐成书痴。
金生来唤我，今日花朝期。
城南足烟景，斗酒聊可携。
芦塘可游钓，苔磴可攀跻。
何苦掷心力，钻此故纸堆。
抛书笑绝倒，此语良复佳。
撩拨我狂兴，破费君酒赀。
迢迢白纸坊，渐少尘侵衣。
峨峨右安门，出城行长堤。
山水我故人，数载会面稀。

今晨喜相见，翠色浮须眉。

双轮簸复停，残梦醒复迷。①

广渠门外有私家园林、通惠河可游，张祥河《庆宫春·出广渠门游金氏园归，柬徐少鹤、李芝龄丈》一词，述及"编槿篱疏，结茅亭小，此间胜宇初辟"与"湾头虹断，荡孤艇，微波自碧"的田园风光与运河景色。②

广宁门通常是送别朋友南行或迎接朋友北来之地，李天馥（1635—1699）《送宋荔裳按察四川》，有"软尘漠漠广宁门，如云供帐罗高轩"等句，③引出在广宁门送别远行朋友的感怀。朱筠（1729—1781）《五月十四日得石君自清风店寄诗，明日逆之广宁门外，和韵持示》，是他准备在广宁门外迎候朋友到来的和诗。④钱载《清流关》，应当是他乾隆四十八年（1783）致仕时所写。从北京出广宁门到他的故乡浙江秀水（嘉兴），中间经过安徽滁州以西、长江以北的清流关。此关始设于南唐，因此引出南唐统一于

---

① 王鸣盛：《金文学启南，招同钱编修载、韦舍人谦恒、谢编修墉、吴舍人烺、钱赞善大昕、家舍人昶，游万泉庄》，《晚晴簃诗汇》卷八十三，1929年刻本。
② 张祥河：《小重山房诗词全集·诗馀词录》卷一《庆宫春·出广渠门游金氏园归，柬徐少鹤、李芝龄丈》，清道光间刻本。
③ 李天馥：《送宋荔裳按察四川》，《晚晴簃诗汇》卷二十八，1929年刻本。
④ 朱筠：《笥河诗集》卷十三《五月十四日得石君自清风店寄诗，明日逆之广宁门外，和韵持示》，清刻本。

北宋的联想。诗的大意是：从广宁门出发，已经走了两千里。经由齐鲁大地，跨过黄河淮河，一路都在平坦的大道上行进。突然登临占据高山险要的清流关，吴楚之地尽收眼底，长江就像横在脚下。从南唐到北宋都在这里修筑城堡，使者的旌旗伴着落日与旋风由此穿行。南归的我已经衰老，如果再经秣陵（南京）对柳题诗，不知是否还有与当年北上京城时相似的心情。诗云：

广宁门外二千程，齐鲁河淮坦迤行。
突据冈峦高垒险，全收吴楚大江横。
南唐入宋沿州堞，西日回风度使旌。
老我重题秣陵柳，不知犹似昔年情！[①]

东便门位于内外城的衔接处，曾广钧（1866—1929）《驱车入东便门》，应当作于八国联军入侵北京的光绪二十六年（1900），描述东郊在庚子之变过后被残害的惨状。大意是：在东郊路旁为老友设帷帐饯行，劫后余生的景况太过残破凋零。太平年间的鸡犬很少活到现在，乌鸦和老鹰在啄食道路上腥臭的腐肉。今年庄稼收成很好，百姓却非常贫困瘦弱。面对此情此景，即将远去的朋友没有喝醉，前来送行的我却好像沉睡不醒。应该把社会凋敝的

---

① 钱载：《萚石斋诗集》卷二十八《清流关》，清乾隆间刻本。

景象记下来给帝王观看,告诫他们切莫在朝堂做出错误的决策,否则国家就像漆黑的夜晚看不清方向却还在一路狂奔那样岌岌可危!诗云:

> 祖帐东郊旧客星,劫余风景太伶俜。
> 承平鸡犬留遗少,衢路乌鸢啄食腥。
> 禾黍甚穰人甚瘠,茱萸非醉我非醒。
> 合留涧壤供宸览,莫骋涂髹误在庭。①

清代与北京城墙城门相关的诗词不胜枚举,诗人写景、抒情、纪事、吊古的创作,不仅为它们留下了文学的镜像,而且记录了历史的风云变幻。在这个意义上,这些诗词也是反映城墙城门变迁的"诗史"。

---

① 曾广钧:《环天室诗后集·驱车入东便门》,清宣统元年刻本。

七、当时城迹已无多

唐代刘禹锡诗云:"休唱贞元供奉曲,当时朝士已无多。"[1]况之于北京历代城墙和城门,经过近百年来的改造之后,或可称"当时城迹已无多"。在世界范围内的近代化潮流影响下,北京古老的城墙逐渐被视为发展新式交通的阻碍。自民国初年以来,城墙的改造在争论中不断推进,直至在20世纪中叶基本消失,城门也随之只有个别存留。在此前后,天安门的政治象征意义上升到前所未有的程度。除了永定门在2004年复建之外,消失的城墙和城门已化作非物质的城市文化记忆。现当代的史料触手可及,相关事件的线索相当清晰,因此这里只须显示其基本过程。

(一)城墙城门从改造到拆除

城墙与城门的改造只是城市近代化过程中的一部分内容,但它们具有突出的标志性意义,因而容易引起社会各

---

[1] 刘禹锡:《听旧宫中乐人穆氏唱歌》,《全唐诗》卷三百六十五,第4117页。

界的关注。

1. 大清门改为中华门的反复

与大明门改为大清门一样，中华民国元年（1912），天安门前最具政治象征意义的大清门，顺理成章地改称"中华门"，标志着一个时代的结束与另一个时代的开始。2月15日临时参议院选举袁世凯为临时大总统，《顺天时报》2月25日第5版报道：

> 临时筹备处以中央政府成立在迩，拟将京师大清门取销，改为中华门；取销宣武门，改为顺治门。其余七门暂仍旧不改。并定嗣后铸造银币，其原有龙式花文改铸大总统肖像，原有宣统三年改铸中华国元年字样，刻已决定日内呈请袁总统核定实行云。[1]

上述报道中的"宣统三年改铸中华国元年字样"不确，应为"宣统四年改铸中华民国元年字样"，宣武门也未正式更名为"顺治门"。这座城门始建于明永乐十七年（1419），嗣后将近20年都在沿用元大都时代与它南北相对的"顺承门"之名，直到正统二年（1437）才更名为"宣

---

[1] 《大清门之改名》，《顺天时报》1912年2月25日第5版。

武门",此前的"顺承门"则变为民间对它的俗称。由于清朝定都北京后的第一个年号是"顺治",作为城门俗称的"顺承门"又进一步讹称为"顺治门"。1912年10月,大清门改称"中华门"之事得以落实。《顺天时报》10月12日报道:

> 前清皇城正面大清门,于国庆日已将其匾额撤下。另悬一额,题曰中华门,并在门前安设黄亭一座,内悬前清宣统三年十二月二十五日清皇宣布共和之谕旨,俾人民一体遵守云。[①]

10月10日大清门匾额被中华门取代,皇室人员向隆裕太后表达不满,外界也在猜测退位皇帝等将即日出宫。《顺天时报》10月16日报道:

> 内廷人云,当政府欲将大清门撤下改悬中华门匾额时,在京各清族大不谓然,群至清太后前,请与内务部交涉,并言与优待条件有违。清太后从容答曰:"五族一家,何分你我!现在自保尚不暇顾,又要因此小端挑起恶感耶?汝等何不顾大局如是!"各清族叩首,唯唯而退。

---

① 《中华门之揭幕》,《顺天时报》1912年10月12日第2版。

> 自大清门改中华门后，外间纷传清太后、清帝有日内出宫迁移颐和园之说。兹闻最近确实消息，清帝出宫之期，曾经已由民国政府与皇室总长世伯轩议定，待各国承认中华民国后，清帝方议择期出宫。至外间所传清帝日内出宫一节，系属子虚云。①

上述情况实际上更加凸显了大清门的政治象征意义，因此，1917年7月1日张勋复辟后，北京街头挂起了代表清朝的龙旗。身在北京亲历此事的许指严亲眼看到，7月4日，大清门匾额重新被悬挂起来：

> 大清门自共和后，其匾额久已撤换，改为中华门者。复辟中人物谓国体既变，名称不可不符。于是急急派工人多名，将门匾再换大清。今午过其下者，见各工正支搭木架，将中华门匾立换大清门，金碧辉耀，亦短期帝制之一纪念品也。②

不仅如此，许指严7月4日在现场还看到，有人对悬挂大清门匾额表示不满，立即遭到逮捕乃至被枪毙，于是

---

① 《大清门改称中华门之影响》，《顺天时报》1912年10月16日第7版。
② 许指严：《复辟半月记》，交通图书馆1917年版，第38—39页。

不禁感叹专制又回来取代了刚刚兴起的共和：

> 昨日午后二时，前门内、中华门前，有工人多名支搭木架，正将门匾撤换大清门，往来行人莫不停足以观。人丛中忽有某甲指天画地、大肆讥评，谓撤换门匾事，实属不满人意。不料有某机关探兵二名，以某甲造谣惑众，立即扭去，或云枪毙矣。噫，相怒以目之专制怪相，不图复见于今日矣哉！①

复辟闹剧开始后遭到多路军队讨伐，战败后的张勋7月12日逃入荷兰使馆，13日溥仪宣布退位，14日段祺瑞回到北京执政。在此之前的7月11日，中华门的匾额已经重新代替了大清门。许指严12日记载了与更换门匾有关的一则趣闻：

> 昨日撤大清门复换为中华门，当时一事颇有趣味。先是，实行复辟第二日，土木工人等撤中华门换为破旧大清门后，工人等即将支塔架子之木杆放置于该门之左右，始终并未搬回。至辫兵投降，张勋逃匿，复于昨日撤大清门换为中华门。

---

① 《复辟半月记》，第49页。

而支搭架子之木杆，仍是初次支搭架子之木杆未搬回者。于是，一般好事人等多所批评。有人谓，该工人等当换中华门时，即知大清门不能持久。所以，搭架木杆即不搬回，以便下次再用。亦有人谓该工人等怠惰成性，此事适与性合，上言未免过誉。两说均有理由，未知孰当。要之，亦一趣闻也。①

至此，匾额之争宣告结束。中华门在1958—1959年改造天安门广场期间拆除，1976年在其原址修建毛主席纪念堂。

2. 民国年间的城墙城门改造

中华民国成立后，昔日皇宫变为故宫博物院。1912年12月，将长安左门、长安右门的汉白玉石槛拆除。1913年1月，东、西长安街正式通行。1914年以后，内务总长朱启钤主持改建正阳门、拆除瓮城、改社稷坛为中央公园（后改中山公园）、修建环城铁路等工程，打通皇城两侧的南池子、南长街的南口，拆除千步廊改建天安门广场。朱启钤回忆道：

---

① 《复辟半月记》，第130—131页。

时方改建正阳门，撤除千步廊，取废材输供斯园构造，故用工称事所费无多。乃时论不察，訾余为坏古制、侵官物者有之，好土木、恣娱乐者有之。谤书四出，继以弹章，甚至为风水之说，耸动道路听闻。百堵待举而阻议横生，是则在此一息间，又百感以俱来矣。①

拆除正阳门瓮城并在两侧城墙上打洞穿行，是发展新式交通的标志性事件。虽有多方非议与反对，但朱启钤得到了袁世凯的强力支持。大总统赐予特制的银镐。照片显示，上面镌刻的51字分10行竖排，极具权力象征和纪念意义："内务部朱总长启钤奉大总统命令修改正阳门，朱总长爰于一千九百十五年六月十六日用此器拆去旧城第一砖，俾交通永便。"②1915年6月16日朱启钤在瓮城主持仪式，手持这把银镐（现存清华大学建筑系）拆下第一块城砖。在这之后的1923年，皇城的东、北、西三面城墙被拆掉，从自成一体的封闭空间走向对外开放。

城市近代化的探索推动了和平门的开辟，1913年临时国会决定以中南海为总统府，于是打开与西长安街平行的皇城南城墙，把清乾隆年间的宝月楼改建为中南海正门，

---

① 朱启钤：《一息斋记》，北京市政协等编《蠖公纪事》，中国文史出版社1991年版，第12页。
② 林洙：《叩开鲁班的大门》，中国建筑工业出版1995年版，第7页。

两侧新砌八字墙与皇城相接，命名为"新华门"以显示中华民国的新兴气象。1914年6月23日，朱启钤等呈交《拟修改京师前三门城垣工程办法》，在提出"正阳门瓮城东西月墙分别拆改，于原交点处东西各开二门"以及改良正阳门箭楼的同时，建议在宣武门与正阳门之间，"另于西城根化石桥附近添辟城洞一处，加造桥梁以缩短城内外之交通"。[①]准备开凿的这座新城门，北面与中南海的新华门相对，因此最初也拟称为"新华门"，未来穿过城门的街道随之命名为"南新华街"与"北新华街"。陈宗蕃《燕都丛考》显示，政商两界人士以风水之说阻滞袁世凯实施这项计划，导致南北新华街之间的"新华门"迟迟没有打开。[②]根据《世界日报》与《京报副刊》等媒体的报道，1924年11月在鹿钟麟主持下挖断了城墙，但未及修建通行必需的城门与桥梁等设施，根据冯玉祥的和平主张命名的"和平门"却已被公众使用。1926年4月张作霖的奉军入京后再度兴工，到1927年1月24日举行开通典礼[③]，嗣后一度称之为"兴华门"（图7-1）。1928年国民政府军队进驻后，复称"和平门"，此后与南、北新华街一起沿用至今。

---

① 《内务交通部会呈拟修改京师前三门城垣工程办法文并批令》，《政府公报分类汇编》1915年第40期，第92页。
② 陈宗蕃：《燕都丛考》，北京古籍出版社1991年版，第18—19页。
③ 唐晓峰等：《北京和平门的开辟》，《北京档案》2017年第4期。

图7-1　和平门开通仪式

（选自《北京档案》2017年第4期）

建国门与复兴门的开辟，始于北平沦陷时期。1939年日伪在内城东西墙上凿开两个豁口，分别叫作"启明门"与"长安门"。两个语词本身并无贬义，却是必须予以扫除的敌伪统治痕迹。抗战胜利后的1945年11月9日，《华北日报》以《"建国""复兴"平市两新城改名》为题，做了如下报道：

> ［北平社讯］本市市民曹君，以平市在沦陷期中，经敌伪所辟"启明""长安"东西两新城门，其命名之初意，暗寓侵略性质。今抗战胜利，特呈请市府，另命新名。熊市长据呈后，特准所请，将"启明"门命名为"建国"门，"长安"门命名为"复兴"门。不但一扫过去侵略遗痕，且寓有抗战建国之意。闻将于一二日内两门所镌"启明""长

安"字样,即改镌"建国""复兴"新名。①

熊市长即熊斌(1894—1964),1945年8月至1946年10月任北平市市长。另据沈忍庵回忆,1945年深秋他在社会局任主任科员,奉局长之命,以"现今日本投降,正是复兴建设时期",拟定两座城门为"复兴门"与"建国门",被局方采纳。②

3. 城墙城门的大规模拆除

古老的北京如何适应新时代的新要求,关系到城墙城门的命运。早在1950年5月7日出版的《新建设》杂志上,梁思成发表《关于北京城墙存废问题的讨论》一文,提出从整体上保护北京城,并对未来如何利用城墙为人民服务,提出了一个美妙的设想:

> 城墙上面,平均宽度约10米以上,可以砌花池,栽植丁香、蔷薇一类的灌木,或铺些草地,种植草花,再安放些园椅。夏季黄昏,可供数十万人的纳凉游息。秋高气爽的时节,登高远眺,俯视全城,西北苍苍的西山,东南无际的平原,

---

① 《"建国""复兴"平市两新城改名》,《华北日报》1945年11月9日第2版。
② 沈忍庵:《北京复兴门、建国门的来历》,北京市政协文史委编:《文史资料选编》第25辑,北京出版社1985年版,第269页。

居住于城市的人民可以这样接近大自然，胸襟壮阔。还有城楼、角楼等可以辟为陈列馆、阅览室、茶点铺。这样一带环城的文娱圈，环城立体公园，是全世界独一无二的。①

随后，梁思成又在1951年4月出版的《新观察》第2卷第7、8期，发表了《北京——都市计划的无比杰作》，再次提出可以利用城墙建设供人民休憩的公园。"它将是世界上最特殊的公园之一——一个全长达39.75公里的立体环城公园！"此文配发了下面一幅令人神往的设想图（图7-2），寄托着建筑学家对北京未来发展的热切期望。

图7-2　梁思成的北京城墙利用设想

---

① 梁思成：《关于北京城墙存废问题的讨论》，《新建设》1950年第2卷第6期。

1949年以后北京城墙城门的大规模拆除，始于1952年8月11日至15日召开的北京市各界人民代表会议通过决议拆除长安左门和长安右门。在古老的首都发展现代交通、安排党政机关办公地，是决策者的基本出发点。尽管梁思成、林徽因等专家早就建议可以多开几个城门解决交通问题，由此也出现过多次激烈的学术争论与势所难免的非学术冲突，但北京绝大多数城门终究摆脱不了随着城墙一起被拆掉的命运。大量的当代档案以及王军《城记》等论著，真切记录与详细讨论了这个过程，[①]这里不再赘述。

　　城门通常由城楼、瓮城、箭楼组成一个防御系统，1915年由于修建环城铁路等缘故拆除了多座城门的瓮城，有些城门的箭楼毁于战火或被作为危险建筑拆除，到1949年时大多已不再完整配套。1966年前后修筑地铁推动了内城城墙与多座城门的消失，20世纪50年代筑路对外城城墙与城门同样具有决定性的影响。北京内、外城诸门的城楼被拆除的年代，大略如下：皇城的长安左门与长安右门（1952年8月），地安门（1955年2月），中华门（1959）。内城崇文门（1966），宣武门（1965），朝阳门（1956），阜成门（1965），东直门（1965），西直门（1969），安定门（1969），德胜门（1921）。正阳门城楼和箭楼1900年被八

---

① 王军：《城记》，生活·读书·新知三联书店2004年版。

国联军焚毁，1903年重建，1965年经周恩来总理指示得以保留。德胜门箭楼在1979年经全国政协委员郑孝燮等呼吁免于被拆。外城的永定门（20世纪50年代末）、左安门（20世纪50年代）、右安门（20世纪50年代末）、广渠门（20世纪50年代）、广安门（1956）、东便门（1958）、西便门（1952）。①1999年3月在政协北京市第九届委员会第二次会议上，时任常委的北京市社会科学院王灿炽先生作为第一提案人，提出了0536号提案《重建永定门，完善北京中轴线文物建筑案》②。2004年，永定门城楼得以重建。

（二）城墙城门的文化记忆

北京城墙与城门的绝大多数已经逝去，包括喜仁龙《北京的城墙和城门》等中外文献与照片、绘画、影像等资料，为此留下了丰富的历史文化记忆。由城门之名派生出来的道路街巷与区片名称，也在延续着源远流长的区域文脉。与以往的其他时代一样，涉及城墙城门的诗词等文学作品，虽与史实不免偏差却对大众影响深远的民间文学和曲艺作品，都可视为物质实体衍生出来的精神成果。与北京大多数城门的走势截然不同，天安门在1949年以后具备了无与伦比的象征意义。

---

① 参考王军《城记》第314—316页整理的资料。
② 张小英：《复建永定门》，《北京日报》2022年8月9日第9版。

1. 城门所涉旧体诗词举隅

民国时期旧体诗词的创作,保持着传统文化的韵味。登临或穿行城门的思绪付诸笔端,成为以写景、吊古、抒怀为主的篇章。这里仅举两例。

陈家庆(1903—1970),字秀元,是民国年间著名的女词人。她的《齐天乐·春日出西直门访钓鱼台》,描绘"凝情访古"过程中见到的西郊春色,格调清新雅致。词曰:

> 东风吹绿西郊柳,行行渐多芳绪。燕子人家,斜阳巷陌,都在好花深处。低徊不语。看杏嫩桃娇,乱飞红雨。容易流光,鹃啼只恐怨春暮。望中一片黛色,翠微遥指点,似斗眉妩。曲径通幽,虚堂习静,蜡屐时忘归去。凝情访古。便回首前朝,亭台如故。坐暝松林,晚寒添几许。[①]

陈世宜(1884—1959),号匪石,是法学与新闻界学者。《惜红衣·永定门秋望》一词应是他1919年以后到北京从事教学工作期间所写。站在秋天的北京永定门,看到护城河边的芦苇、周围的坛庙等,不免生出沧桑沉郁之感。词曰:

[①] 陈家庆:《齐天乐·春日出西直门访钓鱼台》,徐英、陈家庆:《澄碧草堂集》,黄山书社2012年版,第180页。

过眼云孤，寻秋地窄，凤城今夕。岸苇无情，盈颠为谁白。荒坛废宇，斜照外，神鸦颜色犹昔。灯火几家，矗高楼西北。尘香九陌，如梦笙歌，春深旧京国。兰台再试，赋笔惘然忆。谱入水风残调，一片鼓笳声急。算燕鸿来去，乔木百年能识。①

2. 北京城门的民间印象

旧时普通百姓对历史的了解，大多出自话本、戏曲、曲艺、评书以及口耳相传的民间故事。其间通常会加入很多演义成分，自然不能以严格的历史看待它们。但是，这些俗文学范畴的作品往往生动有趣、雅俗共赏，历来被广大人民群众喜闻乐见。在涉及北京城门的众多民间艺术作品中，相声大师刘宝瑞先生（1915—1968）表演过的单口相声《漫话燕京》，足以作为典型代表。从下面节录的"内城九座城门走九种车"一段，可见其一斑：

> 每天清早头一个进城的是水车，走西直门。明清两代皇上喝玉泉山的水，这是经过比较才选定的。那时候又没科学仪器，怎么比较呢？有办法：特制了一个"银斗"，盛满了水称分量。各处

---

① 陈匪石：《陈匪石先生遗稿》，黄山书社2012年版，第59—60页。

的水,挨个儿称。扬子泉,一两三;虎跑泉,一两二;珍珠泉,一两一。哎,玉泉山的水,才一两!最轻,证明含杂质最少,水质优良,味儿纯,甘甜,所以被称为"天下第一泉"。每天哪,从玉泉山拉水进城,走西直门。西直门城门洞顶上还刻着水波纹儿,寓意"水",西直门走水车。

朝阳门走"粮车"。古代没有铁路,全靠着运河,从水路南粮北调,供应北京。先用船运到通县,然后装车进城,走朝阳门。现在朝阳门里还有俩地名儿:禄米仓、海运仓,就是当初盛粮食的仓库。朝阳门城门洞顶上,刻着个谷穗儿。

阜成门哪,走"煤车"。煤矿在京西门头沟哇,得进阜成门。这城门洞顶上,也刻着个图案,是一枝"梅花",就代表煤了。您说什么?画块儿"蜂窝煤"?嗐,那多难看哪!

东直门走"砖车"。那时候,砖、瓦窑都设在东直门外,城里头不让搁。为什么呢?怕烧窑一冒烟,把皇上熏着!城里用砖都由东直门往里拉,东直门走砖车。

崇文门走"酒车"。那阵儿不管从哪儿运来的酒,都得先到崇文门去上税。崇文门是北京南面的城门,故此,过去北京卖酒的招牌全写"南路烧酒",就是表明这酒是从南面城门这条路进来的，上税了。要是写"北路烧酒",那……那就不让卖啦!

宣武门走"囚车"。在封建时代,宣武门外菜市口是刑场。开刀问斩,杀人的地方。城门洞顶上刻着仨字儿——"后悔迟"。要是细一研究,还真对。您想啊,犯人押在囚车里,一出宣武门就交代啦,再"后悔",可不"迟"了吗?

德胜门和安定门,走"兵车"。是一"出"、一"进"。发兵打仗出德胜门;回来的时候,收兵进安定门。这是借字抄音找吉利:出兵得胜了;收兵,那儿安定了,多好啊。可也不准,有时候出的是德胜门……也让人家给揍回来!

正阳门俗称前门,走什么车呀?走"龙车",皇上坐的车。皇上一年要出两次正阳门:"冬至"去天坛焚表祭天,"惊蛰"到先农坛耕地。那儿有块儿"演耕田",皇上耕地,娘娘送饭。当然,这都是象征性的,走个形式,表示普天之下该种五谷啦。先农坛的"演耕田"有多少地呢?一亩三分地!咱们日常生活中爱说"就趁一亩三分地儿",哎,就是从这儿留下来的。[①]

[①] 刘宝瑞口述、殷文硕整理:《漫话燕京》,鲁直选编:《珍珠翡翠白玉汤》,大众文艺出版社1998年版,第691—692页。

3. 无与伦比的当代天安门

1949年10月1日在北京天安门广场，举行了中华人民共和国开国大典。毛泽东主席在天安门城楼上庄严宣告："中华人民共和国中央人民政府已于本日成立了！"[①]这是天安门载入当代史册的最重大的历史事件（图7-3）。

图7-3 《人民日报》1949年10月2日第一版

（中国军网—解放军报2022-09-25郑学富《新闻记者笔下的开国大典》）

---

① 《中华人民共和国中央人民政府成立》，《人民日报》1949年10月2日第一版。

天安门广场改造后，成为世界上最大的广场，是国家举行大规模群众活动的场所。当正阳门之外的其他城门相继拆除的时候，天安门于1969年12月15日落架重修，1970年4月7日竣工后显得更加辉煌。

中华人民共和国成立后，古老的天安门城楼的形象，成为林徽因教授等专家设计的新中国国徽的主体图案，它的政治象征意义达到了无与伦比的高度。1954年9月20日第一届全国人民代表大会第一次会议通过的《中华人民共和国宪法》，第四章第一百零五条写道：

> 中华人民共和国国徽，中间是五星照耀下的天安门，周围是谷穗和齿轮。[1]

天安门不仅是北京与中国的象征，更被人民群众与开国领袖毛泽东主席紧密连在一起。20世纪70年代，产生了两首流传广泛、影响深远的歌曲。一首是虽然仅有短短的四句歌词，却从幼儿园小朋友到成年人都耳熟能详的《我爱北京天安门》，当时还是小学生的金果临作词，他的堂姐金月苓作曲。几经修改后在1972年定稿的歌词是：

> 我爱北京天安门，天安门上太阳升。伟大领

---

[1] 《中华人民共和国宪法》，人民出版社1954年版，第23页。

袖毛主席，指引我们向前进。①

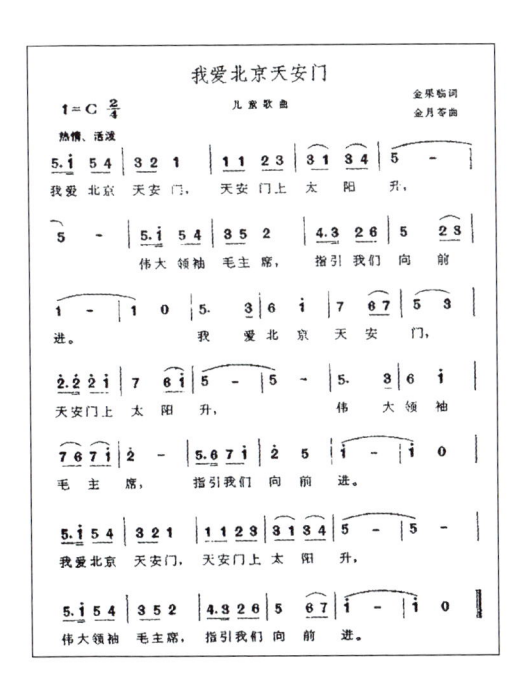

这首儿童歌曲不仅在中国家喻户晓，而且还传播到了国外。1979年1月29日，美国在肯尼迪中心举办欢迎我国领导人来访的文艺表演，新华社报道说："当二百名华盛顿儿童用汉语唱起《我爱北京天安门》这支歌曲时，晚会达到了高潮。这些儿童为进行这次演出准备了两个

---

① 金果临词、金月苓曲：《我爱北京天安门》，国务院文化组革命歌曲征集小组编：《战地新歌》，人民文学出版社1972年版，第153页。

另一首既具鲜明政治含义又有很高艺术水准的独唱歌曲，是乔羽作词、梁克祥作曲的《雄伟的天安门》。词作家从"雄伟的天安门"入手，依次吟咏"雄伟的广场"、"宽阔的广场"与"壮丽的广场"，继而揭示其历史意义与时代价值，由此构成了一首庄严豪迈的对北京天安门与人民领袖的赞歌。词曰：

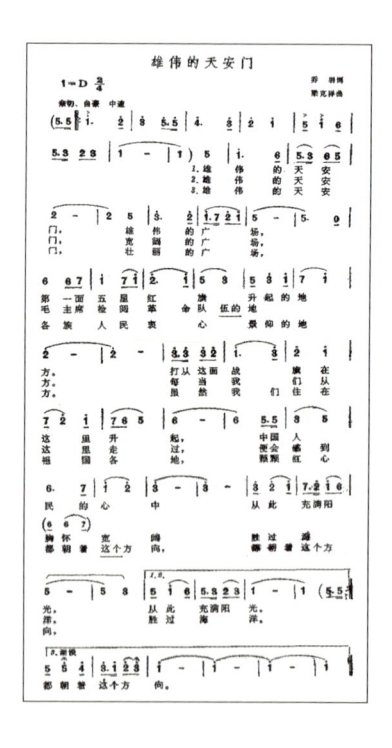

雄伟的天安门，雄伟的广场，第一面五星红旗升起的地方。打从这面战旗在这里升起，中国人民的心中从此充满阳光。

雄伟的天安门，宽阔的广场，毛主席检阅革命队伍的地方。每当我们从这里走过，便会感

---

① 《在卡特总统和夫人、蒙代尔副总统和夫人陪同下，邓副总理和夫人观赏文艺表演》，《人民日报》1979年1月31日第4版。

到胸怀宽阔胜过海洋。

雄伟的天安门，壮丽的广场，各族人民衷心敬仰的地方。虽然我们住在祖国各地，颗颗红心都朝着这个方向。①

---

① 乔羽词、梁克祥曲：《雄伟的天安门》，《战地新歌》（续集），人民文学出版社1973年版，第10—11页。

参考书目

一、古代文献

《春秋公羊传注疏》,上海古籍出版社1997年影印《十三经注疏》本。

《春秋左传正义》,《十三经注疏》本。

《大清会典事例》,清光绪二十五年刻本。

《韩非子》,中华书局1954年影印《诸子集成》王先慎《韩非子集解》本。

《礼记正义》,《十三经注疏》本。

《论语》,上海古籍出版社1983年《黄侃手批白文十三经》本,上海古籍出版社1983年版。

《孟子》,《诸子集成》焦循《孟子正义》本。

《明实录》,台湾"中研院"史语所影印本。

《钦定总管内务府现行则例》,海南出版社2000年版。

《清实录》,中华书局1986年影印本。

《尚书》,《黄侃手批白文十三经》本,上海古籍出版社1983

年版。

《顺天府志》,北京大学出版社1983年影印《永乐大典》抄本。

《晏子春秋》,《诸子集成》本。

《仪礼》,《十三经注疏》本。

《周礼》,《黄侃手批白文十三经》本,上海古籍出版社1983年版。

《周易》,《黄侃手批白文十三经》本,上海古籍出版社1983年版。

《周易正义》,《十三经注疏》本。

《左传》,《黄侃手批白文十三经》本,上海古籍出版社1983年版。

班固:《汉书》,中华书局1997年版。

孛兰肹等撰、赵万里辑:《元一统志》,中华书局1966年版。

曹丕:《与朝歌令吴质书》,中华书局1977年影印萧统编《文选》本。

曹之谦:《北宫》,房祺《河汾诸老诗集》本。

长谷真逸辑:《农田余话》,《四库存目丛书》本。

陈孚:《陈刚中诗集》,《四库全书》本。

陈寿:《三国志》,中华书局1997年版。

陈维崧:《湖海楼词集》,清刊本。

陈秀民:《滦阳道中》,清刻朱彝尊编《明诗综》本。

陈之遴:《燕京杂诗》,徐世昌辑《晚晴簃诗汇》1929年刻本。

窦巩:《奉使蓟门》,彭定求编《全唐诗》本,中华书局1960

年版。

杜甫:《后出塞五首》,《全唐诗》本。

杜甫:《小寒食舟中作》,《全唐诗》本。

范成大:《揽辔录》,中华书局2002年《范成大笔记六种》本。

范承谟:《范忠贞集》,《四库全书》本。

范梈:《德机集》,《元诗选》本。

范晔等:《后汉书》,中华书局1997年版。

方以智:《哀哉行》,《明诗综》本。

房祺:《河汾诸老诗集》,商务印书馆1936《丛书集成初编》本。

傅若金:《傅与砺诗集》,清抄本。

高适:《蓟门不遇王之涣郭密之因以留赠》,《全唐诗》本。

高适:《蓟门行五首》,《全唐诗》本。

高诱注:《淮南子》,《诸子集成》本。

谷应泰:《明史纪事本末》,中华书局1977年版。

顾祖禹:《读史方舆纪要》,中华书局1955年版。

何中:《知非堂稿》,清抄本。

胡广:《胡文穆公文集》,《四库全书存目丛书》本。

蒋士铨:《忠雅堂文集》,清嘉庆间刻本。

蒋一葵:《长安客话》,北京古籍出版社1994年版。

揭傒斯:《秋宜集》,《元诗选》本。

金幼孜:《金文靖集》,《四库全书》本。

劳之辨:《琉璃厂行》,《晚晴簃诗汇》本。

李白：《出自蓟北门行》，《全唐诗》本。

李贺：《李凭箜篌引》，《全唐诗》本。

李梦阳：《东华门偶述》，《明诗综》本。

李梦阳：《发京师》，《明诗综》本。

李梦阳：《石将军战场歌》，《明诗别裁集》本。

李焘：《续资治通鉴长编》，中华书局1979年版。

李天馥：《送宋荔裳按察四川》，《晚晴簃诗汇》1929年刻本。

李希仲：《蓟门行》，《全唐诗》本。

李贤等：《大明一统志》，影印明天顺五年刻本。

李心传：《建炎以来朝野杂记》，中华书局2000年版。

李心传：《建炎以来系年要录》，中华书局1956年版。

李益：《送客还幽州》，《全唐诗》本。

郦道元：《水经注》，上海古籍出版社1990年版。

梁潜：《三月十七日送驾出德胜门》，《四库全书·御定咏物诗选》本。

林熙春：《林宣忠公全集·赐还草》，《四库全书》本。

刘昂：《都门观别》，元好问编《中州集》本。

刘基：《诚意伯刘文成公文集》，商务印书馆《四部丛刊》本。

刘若愚：《酌中志》，北京古籍出版社1994年版。

刘崧：《刘槎翁先生诗选》，明刻本。

刘崧：《送别叔铭出顺承门》，《明诗综》本。

刘崧：《早春燕城怀古》，《明诗综》本。

刘昫等：《旧唐书》，中华书局1997年版。

刘禹锡:《听旧宫中乐人穆氏唱歌》,《全唐诗》本。

柳宗元:《送崔子符罢举诗序》,中国书店2000年影印《柳宗元集》本。

陆机:《汉高祖功臣颂》,《文选》本。

陆文圭:《墙东类稿》,《四库全书》本。

毛奇龄:《西河集》,《四库全书》本。

孟浩然:《同张将蓟门看灯》,《全唐诗》本。

乃贤:《金台集》,《元诗选》本。

南叙:《悯忠寺重藏舍利记》,国家图书馆藏拓片。

倪谦:《倪文僖集》,《四库全书》本。

欧大任:《登宣武门楼》,中华书局1973年影印沈德潜等编《明诗别裁集》本。

欧大任:《欧虞部集》,清刻本。

区大相:《区太史诗集》,明崇祯间刻本。

欧阳修:《欧阳修全集》,中华书局2001年版。

欧阳修:《新唐书》,中华书局1997年版。

欧阳修:《新五代史》,中华书局1997年版。

欧阳玄:《圭斋集》,《元诗选》本。

彭时等:《寰宇通志》,明景泰间刻本。

钱大昕:《潜研堂文集》,上海古籍出版社1989年版。

钱载:《箨石斋诗集》,清乾隆间刻本。

丘云霄:《止山集》,《四库全书》本。

屈大均:《屈翁山诗集》,清刻本。

屈原：《离骚》，《文选》本。

全祖望：《鲒埼亭集外编》，清嘉庆十六年刻本。

全祖望：《鲒埼亭诗集》，《四部丛刊》本。

沙克什：《河防通议》，国家图书馆藏民国抄本。

邵远平：《元史类编》，清乾隆六十年扫叶山房刻本。

申时行等：《大明会典》，明万历十五年内府刻本。

沈榜：《宛署杂记》，北京古籍出版社1983年版。

沈德符：《万历野获编》，中华书局1958年版。

沈括：《梦溪笔谈》，文物出版社1975年《元刊梦溪笔谈》本。

沈树本：《浴象行》，河北人民出版社1997年沈德潜编《清诗别裁集》本。

司马迁：《史记》，中华书局1997年版。

宋本：《大都杂诗》，商务印书馆1958年苏天爵编《元文类》本。

宋聚：《燕石集》，清抄本。

宋濂等：《元史》，中华书局1997年版。

宋荦：《满江红》，清康熙间刻聂先编《百名家词钞》本。

宋祖昱：《洗象行》，《晚晴簃诗汇》本。

孙承泽：《天府广记》，北京古籍出版社1984年版。

唐文凤：《唐氏三先生集》，明正德间刻本。

陶宗仪：《南村辍耕录》，中华书局1959年版。

田志苍：《早行西直门外》，《晚晴簃诗汇》本。

脱脱等：《金史》，中华书局1997年版。

脱脱等：《辽史》，中华书局2016年修订本。

脱脱等：《宋史》，中华书局1997年版。

汪沆：《七烈行》，《晚晴簃诗汇》本。

王醇：《日珥录五首》，《列朝诗集》民国刻本。

王嘉谟：《蓟丘集》，国家图书馆藏明刻本。

王立道：《具茨诗集》，《四库全书》本。

王鸣盛：《金文学启南，招同钱编修载、韦舍人谦恒、谢编修墉、吴舍人烺、钱赞善大昕、家舍人昶，游万泉庄》，《晚晴簃诗汇》本。

王恽：《秋涧集》，《四库全书》本。

魏大中：《良乡县》，《明诗综》本。

魏裔介：《自安定门旋由水关南望德胜门述目所见》，《晚晴簃诗汇》本。

吴莱：《渊颖集》，清康熙三十三年刻顾嗣立编《元诗选》本。

吴师道：《吴礼部文集》，清抄本。

鲜于必仁：《折桂令·燕山八景》，国家图书馆藏《乐府群珠》明抄本。

萧洵：《故宫遗录》，北京出版社1963年版。

辛弃疾撰、邓广铭笺注：《稼轩祠编年笺注》，上海古籍出版社1993年版。

熊梦祥：《析津志》，北京古籍出版社1983年《析津志辑佚》本。

徐梦莘编：《三朝北盟会编》，上海古籍出版社2019年影印本。

许慎:《说文解字》,中华书局1963年版。

薛瑄:《夏日出文明门》,吴长元辑《宸垣识略》引,北京古籍出版社1983年版。

严嵩:《钤山堂集》,清刻本。

杨士奇:《东里诗集》,《四库全书》本。

杨士奇:《东里诗集》续集,《四库全书》本。

杨云翼:《阳春门堤上》,中华书局1959年版元好问编《中州集》本。

杨子器:《早朝》,孙承泽《天府广记》引。

姚燮:《复庄诗问》,清刻本。

叶昌炽:《奇觚庼诗集》,1926年刻本。

叶隆礼:《契丹国志》,上海古籍出版社1985年版。

叶梦熊:《蓟门》,屈大均辑《广东文选》,广东人民出版社2009年版。

应劭:《风俗通义》,《四部丛刊》影印元大德间刊本。

于敏中等:《日下旧闻考》,北京古籍出版社1985年版。

宇文懋昭:《大金国志》,中华书局1986年《大金国志校证》本。

庾信:《庾子山集》,上海涵芬楼《四部丛刊》影印明刻本。

元好问:《元好问全集》,山西古籍出版社2004年版。

袁褧:《大明门候驾》,孙承泽《天府广记》引。

乐史:《太平寰宇记》,影印清光绪八年金陵书局刻本。

曾广钧:《环天室诗后集》,清宣统元年刻本。

曾棨：《冬日扈从还南京随驾出丽正门马上作》，曹学佺编《石仓历代诗选》，《四库全书》本。

张棣：《金虏图经》，《三朝北盟会编》本。

张棣：《正隆事迹记》，《四库全书存目丛书》本。

张衡：《东京赋》，《文选》本。

张爵：《京师五城坊巷衚衕集》，北京古籍出版社1982年版。

张师颜：《南迁录》，清汲古阁抄本。

张宪：《大都即事》，《明诗综》本。

张宪：《怯薛行》，《明诗综》本。

张祥河：《卜算子·出德胜门，沿堤过雨，轻尘不飞，新绿在树，淡以夕照。纵辔丛薄间，极潇爽之致》，《国朝词综续编》本。

张祥河：《小重山房诗词全集》，清道光间刻本。

张昱：《张光弼诗集》，清抄本。

赵吉士：《寄园寄所寄》，清刻本。

赵完璧：《海壑吟稿》，《四库全书》本。

朱国祚：《东朝侍直》，《明诗综》本。

朱一新：《京师坊巷志稿》，北京古籍出版社1982年版。

朱筠：《笥河诗集》，清刻本。

朱祖谋：《彊村词前集》，清光绪间刻本。

祖咏：《望蓟门》，《全唐诗》本。

二、晚近著作

奥斯伍尔德·喜仁龙：《北京的城墙和城门》，许永全译、宋惕冰校，北京燕山出版社1985年版；宋惕冰、许永全译，北京联合出版公司2017年版。

北京市文物研究所：《北京考古四十年》，北京燕山出版社1990年版。

北京图书馆金石组、中国佛教图书文物馆石经组编：《房山石经题记汇编》，书目文献出版社1987年版。

陈匪石：《陈匪石先生遗稿》，黄山书社2012年版。

陈平：《古都变迁说北京》，华艺出版社2013年版。

陈平：《燕文化》，文物出版社2006年版。

陈宗蕃：《燕都丛考》，北京古籍出版社1991年版。

冯承钧译：《马可波罗行纪》，上海书店出版社2001年版。

金受申：《北京的传说》第一集，通俗文艺出版社1957年版。

李萨雪如编：《北平歌谣集》，明社出版部1928年版。

林海音：《城南旧事》，北京出版社1984年版。

林洙：《叩开鲁班的大门》，中国建筑工业出版1995年版。

马王堆汉墓帛书整理小组编：《战国纵横家书》，文物出版社1976年版。

王军：《城记》，生活·读书·新知三联书店2004年版。

吴承洛：《中国度量衡史》，商务印书馆1937年版。

夏商周断代工程专家组：《夏商周断代工程1996—2000年阶段成果报告》（简本），世界图书出版公司北京公司2000年版。

徐英、陈家庆：《澄碧草堂集》，黄山书社2012年版。

许指严：《复辟半月记》，交通图书馆1917年版。

雪如女士编：《北平歌谣续集》，明社出版部1930年版。

尹钧科等：《古代北京城市管理》，同心出版社2002年版。

于德源：《北京历代城坊·宫殿·苑囿》，首都师范大学出版社1997年版。

赵其昌：《京华集》，北京燕山出版社2014年版。

中国文物研究所、北京石刻艺术博物馆编：《新中国出土墓志·北京卷壹》，文物出版社2004年版。

三、晚近论文和通讯等

《"建国""复兴"平市两新城改名》，《华北日报》1945年11月9日第2版。

《大清门改称中华门之影响》，《顺天时报》1912年10月16日第7版。

《大清门之改名》，《顺天时报》1912年2月25日第5版。

《内务交通部会呈拟修改京师前三门城垣工程办法文并批令》，《政府公报分类汇编》1915年第40期。

《在卡特总统和夫人、蒙代尔副总统和夫人陪同下，邓副总理和夫人观赏文艺表演》，《人民日报》1979年1月31日第4版。

《中华门之揭幕》，《顺天时报》1912年10月12日第2版。

《中华人民共和国宪法》，人民出版社1954年版。

《中华人民共和国中央人民政府成立》，《人民日报》1949年10

月2日第一版。

北京市文物工作队：《北京西郊白云观遗址》,《考古》1963年第3期。

北京市文物工作队：《北京西郊西晋王浚妻华芳墓清理简报》,《文物》1965年第12期。

北京市文物管理处：《北京又发现燕饕餮纹半瓦当》,《考古》1980年第2期。

北京市文物管理处写作小组：《北京地区的古瓦井》,《文物》1972年第2期。

北京市文物局考古队：《建国以来北京市考古和文物保护工作》,文物编辑委员会编《文物考古工作三十年》,文物出版社1979年版。

杜学林：《〈农田余话〉作者考》,《陕西学前师范学院学报》2016年第12期。

奉宽：《燕京故城考》,《燕京学报》1929年第5期。

韩光辉：《蓟聚落起源与蓟城兴起》,《中国历史地理论丛》1998年第1期。

侯仁之：《北京都市发展过程中的水源问题》,《北京大学学报》（人文科学）1955年第1期。

侯仁之：《关于古代北京的几个问题》,《文物》1959年第9期。

侯仁之：《关于京东考古和北京建城的年代问题——致北京市领导的一封信》,《北京史研究通讯》1987年9月8日第2期。

侯仁之：《论北京建城之始》,《北京社会科学》1990年第3期。

金果临词、金月苓曲:《我爱北京天安门》,国务院文化组革命歌曲征集小组编《战地新歌》,人民文学出版社1972年版。

李宝臣:《明京师十王邸考——兼证永乐营建北京宫殿总量》,《北京文博》2004年第3期。

梁思成:《北京——都市计划的无比杰作》,《新观察》1951年第2卷第7、8期。

梁思成:《关于北京城墙存废问题的讨论》,《新建设》1950年第2卷第6期。

刘宝瑞口述、殷文硕整理:《漫话燕京》,鲁直选编《珍珠翡翠白玉汤》,大众文艺出版社1998年版。

刘浦江:《再论〈大金国志〉的真伪兼评〈大金国志校证〉》,《文献》1990年第3期。

罗保平:《唐檀州街辨正》,《北京地方志》2005年第1期。

乔羽词、梁克祥曲:《雄伟的天安门》,《战地新歌》(续集),人民文学出版社1973年版。

沈忍庵:《北京复兴门、建国门的来历》,北京市政协文史委编《文史资料选编》第25辑,北京出版社1985年版。

孙秀萍等:《北京城区全新世埋藏沟坑的分布及演变》,《北京史苑》第二辑,北京出版社1985年版。

唐晓峰等:《北京和平门的开辟》,《北京档案》2017年第4期。

王国维:《殷周制度论》,浙江教育出版社2014年《王国维手定观堂集林》本。

王乃梁等:《北京西山山前平原永定河古河道迁移、变形及其和全新世构造运动的关系》,《第三届全国第四纪学术会议论文集》,科学出版社1982年版。

阎文儒:《金中都》,《文物》1959年第9期。

张天虹:《中晚唐幽州城的"檀州街"》,房山石经博物馆等编《石经研究》第一辑,北京燕山出版社2017年版。

张小英:《复建永定门》,《北京日报》2022年8月9日第9版。

赵福生:《琉璃河遗址访谈录》,《北京文博》1997年第1期。

赵光贤:《武王克商与周初年代的再探索》,《人文杂志》1987年第2期。

赵正之、舒文思:《北京广安门外发现战国和战国以前的遗迹》,《文物参考资料》1957年第7期。

中国科学院考古研究所、北京市文物管理处元大都考古队:《元大都的勘查和发掘》,《考古》1972年第1期。

中国社会科学院考古研究所、北京市文物研究所琉璃河考古队:《北京琉璃河1193号大墓发掘简报》,《考古》1990年第1期。

朱启钤:《一息斋记》,北京市政协等编《蠖公纪事》,中国文史出版社1991年版。

后　记

北京城墙和城门的变迁，是这座城市在早期聚落的基础上逐渐成长为商周时代的封国都城、汉唐军事重镇、辽代陪都、金代北半个中国的首都，直至元代以后基本连续地作为统一国家首都的标志性记录。

早期城墙与城门的踪迹虽然稍觉渺茫，却是讨论北京城墙与城门发展进程的基础。因此，我们尽量吸收历史地理、考古学、古代史等领域提供的线索，以较多篇幅讨论蓟城的城址何在，蓟门在文学等领域的深远影响，兼及今人比较关注的北京城市起源问题。辽代以后关于城墙与城门的记载日渐清晰，相关研究成果也比较丰富，这样就可以把关注的重点放在对于城门设置、命名语词的分析，特别是对它们之所以如此布局、如此命名的文化渊源的追溯方面。在清理迄今所见似是而非或不明就里的谬误之后，力求给读者一个溯源合乎逻辑、判断相对准确的说明。至于城墙与城门的建筑技术、历代形制等，大体属于解读文化问题的背景知识，无须本书过多叙述。

城墙和城门的物质与非物质的文化，只有与创造者、利用者的活动密切联系起来才会充满活力。但是，载入古代文献的文化创造活动，通常很少涉及数量最多的普通劳动者，他们也不是城门内外发生的历史事件的主角，这都是无可如何的事情。城墙与城门的文学记忆存在于各种体裁的作品之中，本书选取最常被人们诵读、记忆和流传的诗词一类稍加解读，尽量钩稽年代较远的作品而对量多易见的晚近诗词仅取一二聊作示例，但都努力找到能够保持原貌的版本以减少字句讹误。近百年来的社会巨变，彻底改变了北京城墙与城门的面貌，这里以最宏观的线索略加提示。书中的照片除了注明出处者，其他都是我聊胜于无的粗略"创作"。

2022年下半年，从前的同事王建伟教授向北京出版社推荐我撰写《北京文化通志·城墙与城门卷》。稍后，同类的工作《北京历代城墙与城门变迁研究》得以列为北京市社会科学院面向部分科研人员的2023年度"激励课题"之一，为比较清晰地梳理多年来对于北京城墙与城门变迁尤其是城门命名的文化渊源等问题的认识提供了更加充分的条件，本书因此也就同时成了这项课题的最终成果。朋友的高度信任，学术的规范要求，出版的质量标准，都使我不敢懈怠，但书中依然可能难免错漏，敬请方家批评指正。

我和同事们2021年在《前线》杂志的《北京文脉》栏

目，发表了一组关于城门的文章，第2期的《宣武门外十丈尘》是其中之一。这里抄下旧作的结尾，作为本卷的结束，对于其他各个城门大概也可作如是观：

  宣武门自六百年前开辟后历经岁月沧桑，曾经巍峨耸立的城楼在1965年已化作"此情可待成追忆"的过往。尽管如此，有形或无形的宣武门，始终是把各类历史文化信息连接起来的地理枢纽。它的兴衰过程和时代命运，连同由城门派生命名的街巷、区片以及它们所指范围内的社会发展，各类人群在城门内外进行的活动及其创造的物质与非物质的文化遗产，在吹尽岁月的尘埃之后，都在微观尺度上展现着古都北京的历史文脉。

2023年5月25日识于北京市社会科学院历史所